Parzinger

Falltraining Insolvenzrecht

Josef Parzinger

Falltraining Insolvenzrecht

2. neu bearbeitete Auflage

CFM C.F. Müller

Dr. Josef Parzinger, Rechtsanwalt und Partner im Restrukturierungsteam bei Kirkland & Ellis International LLP, München; seit Januar 2017 Arbeitsgemeinschaftsleiter Insolvenzrecht im OLG Bezirk München; vormals wissenschaftlicher Mitarbeiter bei Professor Horst Eidenmüller LMU München und bei Jaffé Rechtsanwälte Insolvenzverwalter; Dr. jur., Bankkaufmann, Promotion zum Thema „Fortführungsfinanzierung in der Insolvenz“ 2013 (Fakultätspreis der LMU München, Wissenschaftspreis des Gravenbrucher Kreises).

Bibliografische Information der Deutschen Nationalbibliothek
Die Deutsche Nationalbibliothek verzeichnet diese Publikation in der Deutschen Nationalbibliografie; detaillierte bibliografische Daten sind im Internet über <http://dnb.d-nb.de> abrufbar.

ISBN 978-3-8114-5571-9

E-Mail: kundenservice@cfmueller.de
Telefon: +49 6221 1859 599
Telefax: +49 6221 1859 595

www.cfmueller.de
www.cfmueller-campus.de

Satz: TypoScript, München
Druck: CPI Books GmbH, Leck

Vorwort

Das Insolvenzrecht umfasst eine große Bandbreite juristischer Themen. Es ist eng mit anderen juristischen Bereichen wie dem Schuldrecht, Sachenrecht und Gesellschaftsrecht, aber auch dem Arbeitsrecht, Steuerrecht und Urheberrecht verwoben und bringt zahlreiche wirtschaftlichen Fragestellungen mit sich.

Dieses Falltraining macht Sie mit der Materie aus juristischer Sicht vertraut. Neben den klassisch insolvenzrechtlichen Themen, wie dem Ablauf des Insolvenzverfahrens, den Befugnissen des (vorläufigen) Insolvenzverwalters und den unterschiedlichen Rangklassen der Gläubiger werden Ihnen die zahlreichen Reformen des Insolvenzrechts der vergangenen Jahre (Planverfahren, Eigenverwaltung, Anfechtung, Konzerninsolvenz, Verbraucherinsolvenz) nähergebracht. Das internationale Insolvenzrecht wird in den Grundzügen abgedeckt. Zudem erwerben Sie Kenntnisse zum Schuldverschreibungsgesetz und dem zum 1.1.2021 in Kraft getretenen StaRUG, dem für die Restrukturierung finanzieller Verbindlichkeiten wie Konsortialdarlehen und Anleihen hohe Relevanz zukommen wird. Zum 1.1.2021 traten weiterhin zahlreiche Änderungen der Insolvenzordnung in Kraft.

Die Fragen zur Einführung in die InsO, die Einführungsfälle und die Abschlussfälle geben Ihnen die Möglichkeit, einen Überblick zu gewinnen. Der Vertiefung dienen zwölf ausführliche Übungsfälle. Zu empfehlen ist die Kombination dieser umfassend bearbeiteten 2. Auflage mit dem „Grundriss des Insolvenzrechts" von Herrn Zimmermann und dem Juriq Erfolgstraining von Frau Gleußner, auf das verschiedentlich verwiesen wird. Für einen detaillierten Einblick empfiehlt sich das Lehrbuch von Klaus Reischl.

Anregungen und Hinweise für die 3. Auflage nehme ich gerne entgegen (josef.parzinger@kirkland.com).

München, Januar 2021 *Josef Parzinger*

Inhaltsverzeichnis

Übersicht der Themen

Fall	Inhalt
Einige Fragen zur Einführung in die InsO	– Einführung in das Insolvenzrecht
Einführungsfälle	– Überblick über die Regelungsbereiche der Insolvenzordnung
Übungsfall 1	– Übergang der Verfügungsbefugnis, § 80 InsO – Gutgläubiger Erwerb, §§ 81 I, 91 II InsO – (Nicht-)Erfüllungswahl durch den Verwalter und Ausnahmetatbestände, §§ 103 ff. InsO – Insolvenzanfechtung wegen kongruenter und inkongruenter Deckung, §§ 129 ff. InsO
Übungsfall 2	– Absonderungs- und Aussonderungsrechte – Ersatzaussonderung, Ersatzabsonderung – Eigentumsvorbehalt und Insolvenz – Verarbeitungsklauseln in der Insolvenz
Übungsfall 3	– (Nicht-)Erfüllungswahl §§ 103 ff. InsO – Aufrechnung in der Insolvenz, – Ausschluss der Aufrechnung, §§ 94–96 InsO
Übungsfall 4	– Insolvenzanfechtung im Detail – Die Unterbrechung und Aufnahme von Prozessen, § 240 ZPO, §§ 85, 86 InsO – Insolvenzanfechtung wegen vorsätzlicher Benachteiligung §§ 133, 143 InsO – Anfechtung Gesellschafterdarlehen, § 135 InsO – Kapitalerhaltung bei der GmbH, §§ 30 ff GmbHG
Übungsfall 5	– Unternehmensverkauf in der Insolvenz (Distressed M&A) – Asset Deal und Share Deal – Übertragende Sanierung – Haftungskontinuität, § 25 HGB, § 75 AO, § 613a II BGB – Übernahme von Arbeitsverhältnissen, Transfergesellschaft – Gewährleistung beim Unternehmenskauf – Debt-Equity-Swap
Übungsfall 6	– Prozessführungsbefugnis des Insolvenzverwalters – Geltendmachung eines Gesamtschadens – Haftung wegen Insolvenzverschleppung – Haftung aus c.i.c. – Quotenschaden

Fall	Inhalt
Übungsfall 7	– Planverfahren
Übungsfall 8	– Eigenverwaltung
Übungsfall 9	– Konzerninsolvenz
Übungsfall 10	– Internationale Zuständigkeit und anwendbares Insolvenzrecht nach der EuInsVO – Internationale Zuständigkeit und anwendbares Insolvenzrecht außerhalb der EuInsVO
Übungsfall 11	– Privatinsolvenz – Restschuldbefreiung
Übungsfall 12	– Die Instrumente des StaRUG – Der Restrukturierungsplan: Inhalt und Abstimmung – Die Pflichten des Schuldners und seiner Geschäftsleitung – Zuständiges Gericht und Rechtsmittel – Das Schuldverschreibungsgesetz (SchVG)
Der letzte Schliff	– 24 Abschlussfälle zur Wiederholung

Kommentierungsvorschläge

Eine sorgfältige Kommentierung wird Sie schnell mit dem Gesetz vertraut machen und steht daher am Beginn dieses Fallbuches. Es ist zu empfehlen, die Verweise jeweils nachzuschlagen. Soweit kein Gesetz angegeben ist, handelt es sich um die Insolvenzordnung (InsO). Ein Hinweis für Studenten und Referendare: Bitte achten Sie darauf, inwieweit Kommentierungen zugelassen sind.

Bei §	Kommentieren	Unterstreichungen in „…" und Erläuterungen in (…)
1 S. 1		„gemeinschaftlich zu befriedigen" (Im Gegensatz zur individuellen Befriedigung nach der ZPO)
1 S. 2	286 ff.	„zu befreien" (Im Wege der Restschuldbefreiung)
2 I		„Amtsgericht", „ausschließlich" (Die sachliche Zuständigkeit ergibt sich aus der InsO, nicht aus ZPO/GVG.)
3 I 1		„örtlich zuständig"
3 I 1	13, 17 ZPO	„allgemeinen Gerichtsstand"
3 I 1	Art. 3 I EuInsVO	(Für die internationale Zuständigkeit im Bereich der EU mit Ausnahme Dänemarks.)
4a I 1		„natürliche Person" (Verfahrenskostenstundung nur für natürliche Personen.)
6 I 1	4 InsO, 567 ff. ZPO	
6 III	72 I GVG	An „Beschwerdegericht"
12 I Nr 2	Art. 77 BayGO	
13 I 2	15	An „Schuldner"
14 I 1		„rechtliches Interesse an der Eröffnung" „Forderung und den Eröffnungsgrund glaubhaft"
14 I 1	294 ZPO	An „glaubhaft"
15 I 2	10 II	An „Führungslosigkeit" (Legaldefinition)
15a I	823 II BGB, 42 I 1 StaRUG	
15a I 1	17	An „zahlungsunfähig"
15a I 1	19	An „Überschuldung"
15a I 2		„spätestens drei Wochen" „sechs Wochen"

Bei §	Kommentieren	Unterstreichungen in „…“ und Erläuterungen in (…)
15a III		„Gesellschaft mit beschränkter Haftung“ (Nur bei der GmbH sind die Gesellschafter verpflichtet.)
15a III	10 II	An „Führungslosigkeit“ (Legaldefinition)
15b I	69 AO, 266a StGB	(Pflichtenkollision des Zahlungsverbots mit der Pflicht zur Zahlung von Steuern und des Arbeitnehmeranteils zur Sozialversicherung)
15b I	IV 1	(§ 15b InsO ersetzt § 64 GmbHG. Abs. 4 regelt die Ersatzpflicht für Zahlungen nach Eintritt der Insolvenz.)
15b I 2	II, III	
15b II 2		„gilt dies nur, solange“ „oder“
15b IV 2		„geringerer Schaden“ (Gesamtbetrachtung, aber Beweislast bei der Geschäftsführung)
15b VIII	69 AO	
16	17, 18, 19	
19 I		„juristischen Person“
19 II 1		„es sei denn“, „Fortführung“, „zwölf Monaten“ „überwiegend“ (überwiegend meint mehr als 50%)
19 II 2		„Rückgewähr von Gesellschafterdarlehen“, „für die gemäß § 39 Abs. 2“, „nicht“, „berücksichtigen“
21 I 1		„alle Maßnahmen“ „erforderlich“
21 I 2	6, 567 ff. ZPO	„sofortige Beschwerde“
21 II 1		„insbesondere“
21 II 1 Nr. 1	Nr. 3, 22 II, 5 I 2	„vorläufigen Insolvenzverwalter bestellen“
21 II 1 Nr. 1	22a	(im Fall des § 22a InsO ist der vorläufiger Gläubigerausschuss jedenfalls zu bestellen)
21 II 1 Nr. 2 Var. 1	240 S. 2 ZPO; 22 I, 23, 24 I, II	„allgemeines Verfügungsverbot“ (Sogenannter „starker“ vorläufiger Verwalter)
21 II 1 Nr. 2 Var. 2	22 II, 23, 24 I	„oder anordnen, daß Verfügungen“, „nur mit Zustimmung“ „wirksam“ (Sogenannter „schwacher“ vorläufiger Verwalter)
21 II 1 Nr. 3	88 ff.	„Zwangsvollstreckung“, „untersagen“

Bei §	Kommentieren	Unterstreichungen in „…“ und Erläuterungen in (…)
21 II 1 Nr. 5		„nicht verwertet“
22a	56a	
23 I 1	9	
23 I 2	8	
27	34	
29 I Nr. 1	156 I	
29 I Nr. 2	176	
34 I, II	6	
34 I, II	571 II 2 ZPO	(Keine Überprüfung der örtlichen Zuständigkeit durch das Beschwerdegericht.)
34 II	15	(Für den Schuldner sind die Antragsteller beschwerdebefugt, vgl. § 15 InsO)
35		„zur Zeit der Eröffnung“, „und“, „erlangt“, „(Insolvenzmasse)“
38	87-89, 174 ff., 187 ff.	„zur Zeit der Eröffnung“, „begründeten“ „Insolvenzgläubiger“
39 I 1		„in folgender Rangfolge“ (es sind 5 eigene Klassen)
39 I 1 Nr. 5	IV 2, V, 135	„Gesellschafterdarlehens“ „wirtschaftlich entsprechen“ (IV 2 ist das Sanierungsprivileg, V ist das Kleinbeteiligtenprivileg)
39 I 2		„staatliche Förderbank“ (z.B. kein Nachrang für die KfW, auch wenn sie Gesellschafterin würden)
39 II	19 II 2	„Nachrang“ „vereinbart worden ist“
39 IV 1		„als persönlich haftenden“
39 IV 2		„führt dies“, „nicht zur Anwendung von Absatz 1 Nr. 5“
39 V		„nicht geschäftsführenden Gesellschafter“, „zehn Prozent oder weniger“
41 I		„gelten als fällig“
45		„Forderungen, die nicht auf Geld gerichtet sind“
47	985 BGB	„dinglichen“
47	48	

Bei §	Kommentieren	Unterstreichungen in „…" und Erläuterungen in (…)
49	165	
49	1, 30d, 153b ZVG, 165 InsO	
51 Nr. 1		„bewegliche Sache übereignet", „Recht übertragen" (Das meint insb. Sicherungsübereignungen und Globalzessionen.)
51	165 ff.	
52	190	
53	54	An „Kosten des Insolvenzverfahrens"
53	55	An „sonstigen Masseverbindlichkeiten"
53	90, 209 f.	(Nur bei Masseunzulänglichkeit relevant)
54 I Nr. 1	58 GKG, Nr. 2320 KV GKG	
54 I Nr. 2	63 ff., InsVV	
55 I Nr. 1	61	„Handlungen des Insolvenzverwalter"
55 I Nr. 2	103 I	„gegenseitigen Verträgen", „soweit", „Erfüllung", „verlangt"
55 II 1	22 I 2 Nr. 2 Alt. 1	„vorläufigen Insolvenzverwalter", „Verfügungsbefugnis", „übergegangen ist"
60 I		„schuldhaft"
65	InsVV	
80 I	81, 117	„Vermögen zu verwalten und über es zu verfügen", „Insolvenzverwalter"
81 I 1		„Verfügung unwirksam"
81 I 2		„unberührt", „§ 892"
81 I 3	55 I Nr. 3	
85 I	240, 250 ZPO	
86 I	87	
86	240 ZPO	
87	174 ff.	

Bei §	Kommentieren	Unterstreichungen in „…“ und Erläuterungen in (…)
88 I	129 ff.	„durch Zwangsvollstreckung“, „Sicherung“, „unwirksam“
89 I		„Zwangsvollstreckungen“, „weder“ „noch“
92 S. 1	823 II BGB, 15a	
92 S. 2	60	
93	171 HGB	
94	95, 96	„zur Zeit der Eröffnung“, „nicht berührt“
103 I	55 I Nr. 2	„gegenseitiger Vertrag“, „und vom anderen Teil“
103 II	104 ff., 174 ff.	„Lehnt“, „ab“
106 I		„kann der Gläubiger für seinen Anspruch Befriedigung“, „verlangen“
107 I		„Schuldner“, „verkauft“, „Besitz an der Sache übertragen“
107 II		„Schuldner“, „gekauft“, „Besitz erlangt“ „erst“
108 I 1		„unbewegliche Gegenstände“
113 2		„drei Monate zum Monatsende“
129 I	130 ff., 143	„Rechtshandlungen“, „vor der Eröffnung“, „Insolvenzgläubiger benachteiligen“
129 I	140, 147	An „vor der Eröffnung“
129 I	142 I	An „benachteiligen“
130 I		„Rechtshandlung“, „Insolvenzgläubiger“
130 I Nr. 1		„in den letzten drei Wochen vor dem Antrag auf Eröffnung“, „wenn“, „und“
130 I Nr. 2		„nach dem Eröffnungsantrag“
131 I		„Rechtshandlung“, „Insolvenzgläubiger“, „die er nicht“, „zu beanspruchen hatte“
132		„Rechtsgeschäft des Schuldners“, „unmittelbar“
135 I		„Sicherung“, „Befriedigung“
135 II	143 III	
142 I		„unmittelbar eine gleichwertige Gegenleistung“
143 I 2	819 I, 818 IV, 291, 292, 987 ff. BGB	„gelten entsprechend“, (Schadensersatz und Nutzungsherausgabe des Anfechtungsgegners.)

Bei §	Kommentieren	Unterstreichungen in „…" und Erläuterungen in (…)
143	144	
144 II 1	55 I Nr. 3	
156 I	29 I Nr. 1	
165	49 InsO 10 I Nr. 5, 30d ZVG	
166 I	173	„bewegliche Sache", „Besitz"
166 II	173	„Forderung", „abgetreten hat" (nicht bei Rechten und nicht bei Verpfändung)
166	170	
170	171 I, II	
174	28 I	
176	29 I Nr. 2	
178 I	179	
178 III	201 II	
178 III		„rechtskräftig"
178 III	580, 767 ZPO	(Nur noch die Rechtsmittel gegen ein rechtskräftiges Urteil sind möglich.)
179 I	256 ZPO	(Feststellungsklage auf Feststellung der Forderung zur Insolvenztabelle.)
179	189	
179 II		„vollstreckbarer Schuldtitel oder ein Endurteil", „Bestreitenden" (Bei titulierten Forderungen obliegt es dem Bestreitenden, die Feststellung zu verhindern.)
180	182	(Der Streitwert richtet sich nach der voraussichtlichen Quote.)
184	201 II	(Nach Bestreiten der Forderung durch den Schuldner muss sich der Gläubiger einen Titel für die Zeit nach Aufhebung des Verfahrens erstreiten.)
189 II	198	
201 II	178 III, 257 I	
201 II 1		„vom Schuldner"
217 I 1		„absonderungsberechtigten Gläubiger", „Insolvenzgläubiger"

Bei §	Kommentieren	Unterstreichungen in „…" und Erläuterungen in (…)
217 I 2	225a	„auch die Anteils- oder Mitgliedschaftsrechte"
217 II	220 III, 222 Nr. 5, 223a, 230 IV, 238b	An „Schlusstermin"
218 I 3	197	An „Schlusstermin"
243	222, 244	„Gruppe", „gesondert"
244	245	
245 I Nr. 2	II, III	
251 I Nr. 2	II	
251 II	294 ZPO	
251 III		„Mittel", „bereitgestellt werden"
253 IV		„Beschwerde unverzüglich zurück"
270a II	270b II	
270b I Nr. 1	270a I	An „Eigenverwaltungsplanung"
270d I 1	18	„drohender Zahlungsunfähigkeit" „und", „nicht offensichtlich aussichtslos", „Vorlage eines Insolvenzplans"
274	275, 280	
286		„natürliche Person"
287	II	„Antrag" „Antrag auf Eröffnung … verbunden"
287a II		„unzulässig"
302 Nr. 1		„vorsätzlich begangenen unerlaubten Handlung"
304 I 1	II	„natürliche Person" „keine selbstständige wirtschaftliche Tätigkeit" „soweit"
304 I 2	II	An „überschaubar"
305 I Nr. 1		„außergerichtliche Einigung mit den Gläubigern über die Schuldenbereinigung"
335	EuInsVO	

Bei §	Kommentieren	Unterstreichungen in „…“ und Erläuterungen in (…)
335		„Recht des Staats“, „Verfahren eröffnet“
335	3	(Die internationale Zuständigkeit folgt aus entsprechender Anwendung des § 3 InsO.)
343 I 1		„Insolvenzverfahrens“, „wird anerkannt“, „gilt nicht“

Von der Krise bis zur Insolvenz

Insolvenzantrag → Eröffnungsbeschluss des Insolvenzgerichts →

Krise	Eröffnungsverfahren	Eröffnetes Verfahren
• Handlungen sind eventuell. anfechtbar. Die Anfechtung nach § 133 I InsO reicht zehn Jahre zurück. • Insolvenzantragspflicht, § 15a I InsO. • Schadensersatzpflicht nach §§ 15a I InsO, 823 II BGB. • Ersatzpflicht der Geschäftsführung für Zahlungen, § 15b IV InsO.	• Das Insolvenzgericht prüft die Eröffnungsvss., u.a. ob ein Eröffnungsgrund vorliegt. • Häufig: Einsetzung eines „schwachen" vorläufigen Insolvenzverwalters, § 22 II 1 Nr. 1, 2 Var. 2 InsO. • Verbindlichkeiten, die im Eröffnungsverfahren begründet werden, sind grundsätzlich Insolvenzforderungen, § 38 InsO. • Ausnahme: Einzelermächtigung durch das Insolvenzgericht oder Begründung durch einen „starken" vorläufigen Verwalter, §§ 21 II 1 Nr.2 Var.1, 22 II Nr. 1, 2 Alt. 1 InsO, 55 II InsO.	• Übergang der Verfügungsbefugnis auf den Insolvenzverwalter, § 80 InsO. • Gutgläubiger Erwerb nur sehr beschränkt möglich, §§ 81 I, 91 II InsO. • Anfechtung von Vermögensabflüssen nach §§ 129 ff. InsO. • (Nicht-)Erfüllungswahl für beiderseits nicht vollständig erfüllte Geschäfte, §§ 103 ff. InsO. • Gläubiger, die jetzt erst Geschäfte mit dem Schuldner abschließen, sind Massegläubiger, § 55 I InsO.

Einige Fragen zur Einführung in die InsO – Teil 1

Rechtsanwältin Stephanie Simon wurde vom Verband des Mittelstands (VdM) gebeten, einen Vortrag mit dem Titel „Einführung in das Insolvenzrecht“ zu halten. Im Interesse der Mandantenakquise hat Frau Simon ohne Zögern eingewilligt. Sie bittet einen Referendar, die folgenden Fragen stichpunktartig zu beantworten.

1. Was ist das Ziel eines Insolvenzverfahrens nach der InsO?
2. Welche drei Möglichkeiten der gemeinschaftlichen Befriedigung der Gläubiger sieht die InsO im Fall einer Unternehmensinsolvenz vor?
3. Was ist der Sinn einer gemeinschaftlichen Befriedigung der Gläubiger?
4. Man stelle sich vor, es gäbe keine Insolvenzordnung. Würden die Gläubiger der InsO vergleichbare Regelungen vertraglich vereinbaren?
5. Welche Argumente könnten im Einzelfall für eine Reorganisation sprechen?
6. Inwiefern unterscheidet sich die Vollstreckung nach der InsO zur Vollstreckung nach den §§ 704 ff. ZPO?
7. Wie läuft ein Insolvenzverfahren ab? Bringen Sie die folgenden Begriffe in eine chronologische Abfolge: *„Berichtstermin, Anfechtung, Verwertung der Masse, Eröffnungsverfahren, Eröffnungsbeschluss, Beendigung des Verfahrens, Prüfungstermin, Verteilung der Masse, Insolvenzantrag“*.
8. Darf ein Prokurist einen Insolvenzantrag stellen? Wie verhält es sich bei einem Gesellschafter?
9. In welche Gruppen lassen sich die Gläubiger des Schuldners einordnen (§§ 38 ff. InsO)? Was ist für die jeweilige Gruppe kennzeichnend?
10. Wie unterscheiden sich aussonderungs- und absonderungsberechtigte Gläubiger?

Lösung Fragen 1 – 10

1. Was ist das Ziel eines Insolvenzverfahrens nach der InsO?

Gemäß § 1 InsO dient das Insolvenzverfahren dazu, „die Gläubiger eines Schuldners gemeinschaftlich zu befriedigen“. Das Insolvenzverfahren dient also der kollektiven Befriedigung der Gläubiger. Darin unterscheidet es sich wesentlich von der Einzelzwangsvollstreckung nach den §§ 704 ff. der ZPO.

Der Erhalt eines Unternehmens (oder der Erhalt von Arbeitsplätzen) ist kein primäres Ziel der InsO. Nur soweit der Erhalt eines Unternehmens, verglichen mit der Liquidation, zu einer höheren Befriedigung der Gläubiger führt, ist er geboten, um die Gläubiger zu befriedigen.

Um die gleichmäßige Befriedigung der Gläubiger zu gewährleisten, wird ein Insolvenzverwalter eingesetzt. Die Kosten für den Insolvenzverwalter schmälern das Vermögen, das für die Verteilung an die Gläubiger zur Verfügung steht. Dennoch werden die Gläubiger in vielen Fällen bessergestellt, als wenn der Schuldner sich selbst überlassen bliebe.

Natürlichen Personen wird die Gelegenheit gegeben, sich von ihren restlichen Verbindlichkeiten zu befreien, soweit sie im Insolvenzverfahren nicht befriedigt werden und daher weiter ausstehen (siehe zur Restschuldbefreiung die §§ 286 ff. InsO).

Der Verwalter hat die Aufgabe, das zur Insolvenzmasse gehörende Vermögen des Schuldners zu verwerten (§ 159 InsO). Gegen Ende des Verfahrens müssen alle verwertbaren Vermögensgegenstände des Schuldners in Geld umgewandelt worden sein, da nur Geld an die Gläubiger ausgezahlt werden kann, um die Forderungen der Gläubiger zumindest anteilig zu befriedigen. Spiegelbildlich können auch die Gläubiger nur auf Geld gerichtete Forderungen zur Insolvenztabelle anmelden (§ 174 II InsO, zur Umrechnung von Forderungen in Geldforderungen siehe § 45 InsO).

2. Welche drei Möglichkeiten der gemeinschaftlichen Befriedigung der Gläubiger sieht die InsO im Fall einer Unternehmensinsolvenz vor?

§ 1 InsO sieht zum einen die Liquidation des Vermögens vor („indem das Vermögen des Schuldners verwertet und der Erlös verteilt“ wird). Die Liquidation kann auf zweierlei Weise vonstattengehen.

Die erste und häufigste Variante der Liquidation ist die Verwertung der einzelnen Vermögensgegenstände. Bei einem Unternehmen bedeutet das meist die Verwertung zu einem Bruchteil der Buchwerte.

Die zweite Möglichkeit der Liquidation ist bei einem Unternehmen die Verwertung des gesamten Unternehmens zu Fortführungswerten. Das ist einerseits möglich durch eine „übertragende Sanierung“. Die Vermögensgegenstände des Unternehmens (Aktiva) werden auf einem neuen Unternehmensträger fortgeführt. Das heißt anstelle des Unternehmensträgers „Blau GmbH“ wird das Unternehmen beispielsweise auf dem Unternehmensträger „Grün GmbH“ fortgeführt. Der alte Unternehmensträger, bei dem die Schulden (Passiva) verblieben sind, wird liquidiert.

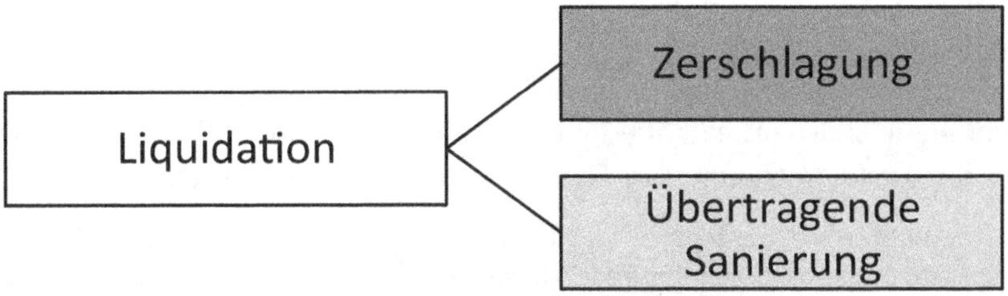

Zum anderen erwähnt § 1 InsO, dass „in einem Insolvenzplan eine abweichende Regelung insbesondere zum Erhalt des Unternehmens getroffen wird.“ Im Fall dieser Reorganisation bleibt der alte Unternehmensträger erhalten, indem die Gesellschaftsanteile auf die Gläubiger oder einen Plansponsor übertragen werden.

Die drei Möglichkeiten der gemeinschaftlichen Befriedigung der Gläubiger sind damit Zerschlagung, übertragende Sanierung und Reorganisation des Rechtsträgers.

(Siehe auch Übungsfall 5 „Unternehmensverkauf und Insolvenz“)

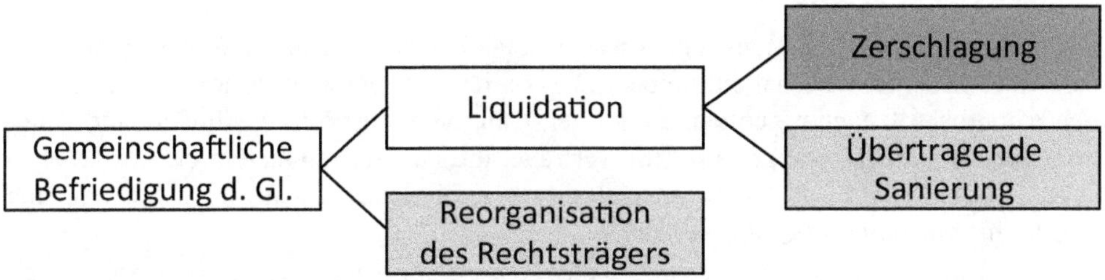

3. Was ist der Sinn einer gemeinschaftlichen Befriedigung der Gläubiger?

Ohne ein kollektives Vorgehen droht ein „Wettlauf“ der Gläubiger, um in einer Situation, in der nicht für alle Gläubiger genug vorhanden ist, rechtzeitig zum Zuge zu kommen. Dieser Wettlauf hätte negative Auswirkungen:

- Die schnellsten Gläubiger würden voll befriedigt, die langsameren Gläubiger erhielten gar nichts.
- Mehrere Verfahren führen zu höherem Zeit-/Kostenaufwand.
- Um rechtzeitig zum Zuge zu kommen, müssten von jedem Gläubiger (theoretisch) höhere Risikoüberwachungskosten aufgewendet werden, um schnell reagieren zu können.[1] Diese Kosten könnten zum Beispiel Kredite teurer machen.

1 Diese Überwachung ist mit Kosten verbunden und lohnt sich in erster Linie für Gläubiger mit größeren Forderungen wie z.B. Banken, die sich in den Kreditverträgen entsprechende Informationsrechte (*Information Undertakings*) einräumen lassen.

- Dem Schuldner würde durch die Einzelzwangsvollstreckung notwendiges Betriebsvermögen entzogen. Die Fortführung des Unternehmens wird auf diese Weise schnell unmöglich. Ein stillgelegtes Unternehmen ist häufig fast nichts mehr wert.
- Individuell rationales Verhalten wäre für alle Gläubiger suboptimal (Kollektivhandlungsproblem).

4. Man stelle sich vor, es gäbe keine Insolvenzordnung. Würden die Gläubiger der InsO vergleichbare Regelungen vertraglich vereinbaren?

Vermutlich nicht, auch wenn das Ergebnis der Vereinbarung für alle einen Vorteil hätte. Doch die Transaktionskosten für das Aushandeln dieses Vertrags sind hoch. Denn es müssten alle (wesentlichen) Gläubiger an dem Vertrag teilnehmen.

Verschiedene Finanzgläubiger eines Unternehmens (erstrangige Gläubiger (*senior creditors*), Mezzanine Gläubiger, nachrangige Gläubiger (*junior creditors*), Anleihegläubiger) einigen sich allerdings regelmäßig in einer separaten Vereinbarung, der sogenannten Intercreditor Vereinbarung, über den Rang ihrer Verbindlichkeiten außerhalb der Insolvenz und in der Insolvenz.

5. Welche Argumente könnten im Einzelfall für eine Reorganisation sprechen?

Der Erhalt des Unternehmensträgers ist vorteilhaft, wenn auf diese Weise unübertragbare Rechtspositionen erhalten bleiben. Dies ist der Fall bei Konzessionen oder öffentlich-rechtlichen Genehmigungen, die an den Unternehmensträger gebunden sind. Gleiches gilt für Zertifizierungen und für Verträge, die neu zu ungünstigeren Konditionen abgeschlossen werden müssten. Als relevanter steuerlicher Aspekt kann die Nutzung von Verlustvorträgen relevant werden.[2]

Gegen die Reorganisation spricht die Möglichkeit der übertragenden Sanierung, nur das Vermögen ohne die Verbindlichkeiten auf den neuen Rechtsträger zu übertragen.

6. Inwiefern unterscheidet sich die Vollstreckung nach der InsO zur Vollstreckung nach den §§ 704 ff. ZPO?

Die InsO sieht eine gemeinschaftliche Befriedigung der Gläubiger vor, § 1 S. 1 InsO. Die ZPO regelt hingegen die Individualvollstreckung. Nach der ZPO gilt das Prioritätsprinzip. Nach der InsO ist ein Gläubiger nur von der Teilnahme an der Verteilung ausgeschlossen, wenn er nach der Veröffentlichung und Niederlegung des Schlussverzeichnisses noch eine Forderung anmelden möchte, §§ 177, 189 I, 196, 197 I InsO.[3]

Nach § 87 InsO können die Insolvenzgläubiger (§ 38 InsO) ihre Forderungen nur nach den Vorschriften über das Insolvenzverfahren verfolgen, d.h. die Forderungen zur Tabelle

---

2 Vgl. *Eidenmüller*, ZHR 175 (2011), 11, 17.
3 BGH, NZI 2007, 401.

anmelden, §§ 174 ff. InsO. Konsequenterweise ist nach § 89 InsO für die Dauer des Insolvenzverfahrens für Insolvenzgläubiger keine Einzelzwangsvollstreckung möglich.[4]

Durch Anordnung des Insolvenzgerichts nach § 21 II 1 Nr. 3 InsO kann das Zwangsvollstreckungsverbot in das Eröffnungsverfahren vorgezogen worden.

Eine Ausnahme von dem Vollstreckungsverbot gibt es für Massegläubiger (§§ 53–55 InsO), die lediglich für sechs Monate ab der Eröffnung des Verfahrens nicht vollstrecken können § 90 I, II InsO.[5] Dieses Vollstreckungsverbot wird bei Masseunzulänglichkeit auf bis zur Anzeige der Masseunzulänglichkeit bereits angelaufene Masseverbindlichkeiten erweitert, § 210 InsO.

7. Wie läuft ein Insolvenzverfahren ab? Bringen Sie die folgenden Begriffe in eine chronologische Abfolge: *„Berichtstermin, Anfechtung, Verwertung der Masse, Eröffnungsverfahren, Eröffnungsbeschluss, Beendigung des Verfahrens, Prüfungstermin, Verteilung der Masse, Insolvenzantrag“.*

Die zutreffende Reihenfolge ist wie folgt:

1. **Insolvenzantrag:** Der Schuldner (Eigenantrag, §§ 13, 15 InsO) und/oder ein Gläubiger (Fremdantrag, §§ 13, 14 InsO) stellen einen Antrag auf Eröffnung des Insolvenzverfahrens.[6] Für die Eigenverwaltung müssen zudem die Voraussetzungen des § 270a InsO erfüllt sein.

2. **Eröffnungsverfahren:** Es folgt das Eröffnungsverfahren, das auch als vorläufiges Insolvenzverfahren bezeichnet wird. Die Zulässigkeit und Begründetheit des Insolvenzantrags werden durch das Gericht geprüft, insbesondere die örtliche Zuständigkeit des Insolvenzgerichts und das Vorliegen eines Insolvenzgrundes nach den §§ 16 ff. InsO. Üblicherweise wird ein Sachverständiger (§ 5 I 2 InsO) damit beauftragt, zu prüfen, ob einer oder mehrere Insolvenzgründe vorliegen und ob die Insolvenzmasse die Kosten des Verfahrens (§ 54 InsO) deckt (§ 26 I InsO). Dieser Sachverständige ist häufig zugleich der vorläufige Insolvenzverwalter (vgl. § 21 I, II Nr. 1, Nr. 2 InsO).

Exkurs: Eröffnungsverfahren und Insolvenzgeld. Im Eröffnungsverfahren kann das Gericht gemäß § 21 InsO Sicherungsmaßnahmen anordnen. Als gängige Sicherungsmaßnahme setzt das Gericht einen „schwachen“ vorläufigen Verwalter,[7] selten auch einen „starken“ vorläufigen Verwalter ein.[8] Auch die Untersagung der Zwangsvollstreckung gegen den Schuldner ist möglich. Das Eröffnungsverfahren, das auch vorläufiges Insolvenzverfahren genannt wird, beginnt mit der Antragstellung und endet mit der Eröffnung

4 Vgl. *Zimmermann*, Grundriss des Insolvenzrechts, 11. Aufl. 2018, Rn. 292 ff.
5 Aber nur, solange nicht Masseunzulänglichkeit angezeigt wurde, § 210 InsO.
6 Vgl. *Gleußner*, Insolvenzrecht, 2015, S. 151 ff.
7 Anordnung eines Zustimmungsvorbehalts nach § 21 II 1 Nr. 1 u. Nr. 2 Alt. 2 i.V.m. § 22 II InsO.
8 Auferlegung eines allgemeinen Verfügungsverbotes nach § 21 II 1 Nr. 1 u. Nr. 2 Alt. 1 i.V.m. § 22 I InsO.

des Insolvenzverfahrens oder der Abweisung des Eröffnungsantrags mangels Masse, § 26 InsO. Das Eröffnungsverfahren nimmt in den meisten Fällen zwei bis vier Monate in Anspruch. Da das Insolvenzgeld für maximal drei Monate gezahlt wird, erstreckt sich das Eröffnungsverfahren häufig über diese drei Monate.

Das Insolvenzgeld umfasst die weitgehende Übernahme der Lohnkosten durch die Bundesagentur für Arbeit, finanziert durch eine durch Verordnung des Bundesministeriums für Arbeit und Soziales (§ 361 SGB III) jährlich neu festgelegte Umlage der Arbeitgeber. Geregelt wird das Insolvenzgeld in den §§ 165 ff. SGB III (Drittes Buch Sozialgesetzbuch).

3. **Eröffnungsbeschluss:** Das Insolvenzgericht beschließt über die Verfahrenseröffnung (§ 27 InsO) oder die Abweisung der Eröffnung mangels Masse (§ 26 InsO). Auch nach Eröffnung des Verfahrens kann es zur Einstellung des Verfahrens mangels Masse (§ 207 I InsO) oder wegen Masseunzulänglichkeit (§ 211 I InsO) kommen. Die Einstellung des Verfahrens erfolgt ebenfalls durch einen Beschluss des Insolvenzgerichts.
4. **Insolvenztabelle:** Der Insolvenzverwalter erfasst die Forderungen der Insolvenzgläubiger in der Insolvenztabelle (§§ 174 ff. InsO). Festgestellte Forderungen nehmen an der Verteilung im Insolvenzverfahren teil.
5. **Anfechtung:** Der Insolvenzverwalter maximiert die Insolvenzmasse (u.a. durch (Nicht-)Erfüllungswahl nach den §§ 103 ff. InsO und Insolvenzanfechtung nach den §§ 129 ff. InsO. Zudem zieht er die ausstehenden Forderungen des Schuldners ein. Bilanziell erfolgt damit ein Aktivtausch, d.h. die Barposition erhöht sich und die Forderungen werden weniger.
6. **Berichtstermin:** Im Berichtstermin stellt der Insolvenzverwalter den Stand der Dinge dar und es wird unter Umständen die Fortführung des Unternehmens beschlossen (§§ 29 I Nr. 1, 156, 157 InsO).
7. **Prüfungstermin:** Im Prüfungstermin werden die angemeldeten Forderungen festgestellt oder bestritten (§§ 29 I Nr. 2, 176 ff. InsO). Bisweilen fallen Berichts- und Prüfungstermin auch zusammen.
8. **Verwertung der Masse:** §§ 156 ff. InsO. Für Gegenstände an denen Absonderungsrechte (Sicherungsrechte) bestehen, §§ 165 ff. InsO
9. **Verteilung des Erlöses:** §§ 187 ff. InsO.
10. **Beendigung des Verfahrens:** Aufhebungsbeschluss des Insolvenzgerichts (§ 200 InsO).

8. Darf ein Prokurist einen Insolvenzantrag stellen? Wie verhält es sich bei einem Gesellschafter?

Die Antragsberechtigung bei juristischen Personen ergibt sich aus § 15 InsO. Der Insolvenzantrag ist ein Geschäft des Prinzipals. Es handelt sich nicht um ein Geschäft, das der Betrieb eines Handelsgewerbes mit sich bringt (§ 49 I HGB). Prokuristen dürfen daher keinen Insolvenzantrag stellen.

Gesellschafter juristischer Personen sind nur dann antragsberechtigt, wenn die Gesellschaft führungslos ist (§ 15 I 2 InsO; Antragsrecht für Aktionäre umstritten). Führungslosigkeit liegt nicht bereits dann vor, wenn sich der Geschäftsführer weigert, den Insolvenzantrag zu stellen. Die Gesellschaft darf keinen Geschäftsführer mehr haben (vgl. § 10 II InsO).

Mit dem Antragsrecht korrespondiert die Antragspflicht, wobei die Aktionäre der Aktiengesellschaft keine Antragspflicht haben (vgl. § 15a III InsO).

9. In welche Gruppen lassen sich die Gläubiger des Schuldners einordnen (§§ 38 ff. InsO)? Was ist für die jeweilige Gruppe kennzeichnend?

a) Aussonderungsberechtigte Gläubiger

Die erste Gruppe ist diejenige der aussonderungsberechtigten Gläubiger, §§ 47, 48 InsO:[9]

Hierzu zählen zunächst dingliche Aussonderungsansprüche. Dies sind insbesondere Eigentümer von Sachen, die sich im Besitz des Schuldners befinden. Die Gläubiger können hier die Herausgabe nach § 985 BGB verlangen, sobald das Recht zum Besitz erloschen ist.

Eine wichtige Fallgruppe sind Vorbehaltseigentümer (vgl. auch § 107 II InsO), d.h. Lieferanten, die vor der Insolvenz unter Eigentumsvorbehalt an den Schuldner geliefert haben. Wichtig zu beachten ist, dass der Vorbehaltskäufer zum Besitz berechtigt ist, solange der Insolvenzverwalter nicht die Erfüllung des Geschäfts abgelehnt hat. Für diese Entscheidung wird dem Insolvenzverwalter eine Zeit bis nach dem Berichtstermin eingeräumt. So kann er das betriebsnotwendige Vermögen zunächst erhalten und den Betrieb fortführen (§ 107 II 1 InsO).

Daneben gibt es schuldrechtliche Aussonderungsansprüche. Sie umfassen die „persönlichen" (schuldrechtlichen) Rückgabeansprüche beispielsweise des Vermieters nach § 546 InsO oder des Verleihers nach § 604 I BGB.

Die aussonderungsberechtigten Gläubiger können die Gegenstände aus der Insolvenzmasse herausverlangen. Im Eröffnungsverfahren kann das Gericht als Sicherungsmaßnahme (§ 21 I, II 1 Nr. 5 InsO) anordnen, dass die entsprechenden Gegenstände vorerst

9 Vgl. *Zimmermann*, Grundriss des Insolvenzrechts, 11. Aufl. 2018, Rn. 94, 207 ff.; *Gleußner*, Insolvenzrecht, 2015, Rn. 14 ff.

nicht ausgesondert werden dürfen. Auf diese Weise soll die Fortführung des Unternehmens ermöglicht werden. Ein dadurch entstehender Wertverlust ist dem Gläubiger zu ersetzen.

Die entsprechende Vorschrift in der Einzelzwangsvollstreckung ist § 771 ZPO.

b) Absonderungsberechtigte Gläubiger, §§ 49 bis 52 InsO

Die meisten Sicherungsnehmer sind absonderungsberechtigte Gläubiger.[10] Wichtige Beispielsfälle sind die Sicherungsübereignung und Sicherungsabtretung (vgl. § 51 Nr. 1 InsO). Hintergrund: Der Sicherungsnehmer erhält zwar Volleigentum am Sicherungsgegenstand. Dies ist notwendig, da das deutsche Recht kein rechtsgeschäftliches besitzloses Pfandrecht vorsieht (Faustpfandrecht, § 1205 BGB).[11] Wirtschaftlich gesehen steht das Sicherungseigentum aufgrund der Sicherungsvereinbarung jedoch einem besitzlosen Pfandrecht gleich.[12]

Personalsicherheiten, wie die Bürgschaft, die Garantie oder ein Patronat führen in der Insolvenz des Sicherungsgebers lediglich zu einer Insolvenzforderung. Die Sicherheit für den Gläubiger, sein Geld zurückzuerhalten, liegt in dem Umstand begründet, dass er einen zusätzlichen Schuldner erhält (Bürgen, Garanten, Patron).

Gemäß § 50 I InsO darf der Sicherungsnehmer auch seine Zinsen befriedigen.

Die freihändige Verwertung beweglicher Sachen erfolgt durch den Insolvenzverwalter, soweit er die Sachen in seinem Besitz hat (§ 166 I InsO). Anschließend kehrt der den Erlös, abzüglich eines Kostenbeitrags von 9 % (§§ 170, 171 InsO),[13] an den Gläubiger aus. Anders verhält es sich für unbewegliche Gegenstände (§ 49 InsO). Sie werden durch den Sicherungsnehmer oder den Insolvenzverwalter nach dem ZVG verwertet.[14]

Auch zur Sicherheit abgetretene Forderungen kann der Insolvenzverwalter einziehen, § 166 II InsO. Hier müssen Sie aufpassen: § 166 II InsO erfasst vom nicht zur Sicherheit verpfändete Forderungen; diese kann der Sicherungsnehmer einziehen.

§ 166 II InsO erfasst zudem nicht zur Sicherheit abgetretene oder verpfändete Rechte, wie insbesondere zur Sicherheit abgetretene oder verpfändete Gesellschaftsanteile, die aufgrund der Möglichkeit „über" der Gesellschaft „abzuschneiden" und den Geschäftsbetrieb selbst nicht zu beeinträchtigen, ein sehr wertvolles Sicherungsrecht darstellen.[15]

---

10 Vgl. *Zimmermann*, Grundriss des Insolvenzrechts, 11. Aufl. 2018, Rn. 238 ff.

11 Die gesetzlichen Einbringungspfandrechte des Vermieters oder Gastwirtes sind besitzlose Pfandrechte. Anstelle des Besitzes wird an die Einbringung der Sache angeknüpft.

12 § 51 Nr. 1 InsO gibt damit ein Argument, Sicherungseigentum nicht als Drittrecht im Sinn des § 771 I ZPO zu betrachten. Gegenargument: rechtliches Eigentum.

13 Häufig wird vertraglich ein höherer Kostenbeitrag vereinbart.

14 *Gleußner*, Insolvenzrecht, 2015, Rn. 55-57; *Zimmermann*, Grundriss des Insolvenzrechts, 11. Aufl. 2018, Rn. 459.

15 Der BGH, NZI 2016, 2, hat indiziert, dass der Insolvenzverwalter das Verwertungsrecht innehaben könnte, wenn die Anteile der wirtschaftlichen Einheit des Schuldnerunternehmens zuzurechnen sind.

Im Eröffnungsverfahren kann das Gericht als Sicherungsmaßnahme (§ 21 I, II 1 Nr. 5 InsO) anordnen, dass die entsprechenden Gegenstände nicht durch die Gläubiger verwertet werden dürfen. Ein durch die Nutzung der Gegenstände entstehender Wertverlust ist dem Gläubiger zu ersetzen.

Soweit die Erlöse aus der Verwertung des Sicherungsguts nicht ausreichen, um den Gläubiger zu befriedigen, nimmt er als Insolvenzgläubiger im Rang des § 38 InsO am Verfahren teil, §§ 52, 190 InsO.[16]

c) Massegläubiger, §§ 53 bis 55 InsO

Zu den Masseverbindlichkeiten zählen unter anderem die Kosten des Insolvenzverfahrens (insbesondere die Vergütung des Insolvenzverwalters) und die Verbindlichkeiten, die der Insolvenzverwalter eingegangen ist.[17] Damit soll, zum Beispiel für Lieferanten, ein Anreiz geschaffen werden, mit dem Verwalter zu kontrahieren. Auf diese Weise wird die (einstweilige) Fortführung des Geschäftsbetriebs ermöglicht.

Die Massegläubiger haben damit eine relativ gute Position und können häufig mit der vollen Befriedigung ihrer Forderung rechnen.

d) Insolvenzgläubiger, § 38 InsO

Insolvenzgläubiger sind alle Gläubiger, deren Forderung vor Eröffnung des Verfahrens begründet wurde.[18] Die Insolvenzgläubiger melden ihre Forderungen zur Insolvenztabelle an (§§ 174 ff. InsO). Sie erhalten häufig nur eine geringe Quote auf ihre Forderung, das heißt sie erhalten zum Beispiel 4 % ihrer Forderung zurück (sogenannte Insolvenzquote).

e) Nachrangige Insolvenzforderungen, § 39 InsO, § 174 III InsO

Hier sind insbesondere die Forderungen auf Rückgewähr von Darlehen, die die Gesellschafter gewährt haben (Gesellschafterdarlehen), oder Forderungen aus wirtschaftlich entsprechenden Rechtshandlungen nach § 39 I Nr. 5 InsO von Bedeutung.[19]

Wirtschaftlich entsprechende Rechtshandlungen sind beispielsweise Forderungen eines indirekten Gesellschafters (zum Beispiel der Konzernmutter) oder eines gesellschaftergleichen Dritten, das heißt einer Person, die einem Gesellschafter gleich am Gewinn beteiligt ist und zugleich gesellschaftergleichen Einfluss auf das Unternehmen ausüben kann.[20] Die zahlreichen Beteiligungskonstellationen und Möglichkeiten der Einflussnahme und die signifikante Konsequenz des Nachrangs (in der Regel nicht einmal teilweise Befriedigung) sorgen dafür, dass die Frage, ob eine Forderung aufgrund des § 39 I Nr. 5 InsO nachrangig ist, in der Praxis eine sehr große Rolle spielt. Eine Frage

---

16 *Gleußner*, Insolvenzrecht, 2015, Rn. 58.
17 Vgl. *Zimmermann*, Grundriss des Insolvenzrechts, 11. Aufl. 2018, Rn. 174 ff.
18 Vgl. *Zimmermann*, Grundriss des Insolvenzrechts, 11. Aufl. 2018, Rn. 142 ff.
19 Vgl. *Zimmermann*, Grundriss des Insolvenzrechts, 11. Aufl. 2018, Rn. 153.
20 Vgl. die sogenannte Pfandgläubigerentscheidung des BGH, NJW 1992, 3035, 3036.

ist beispielsweise, ob strenge Bedingungen (Covenants) zu einem Nachrang führen können. Mit Wirkung zum 1.1.2021 wurden staatliche Förderbanken aus dem Nachrang ausgenommen, § 39 I Nr. 5 S. 2 InsO. Das ist relevant, wenn die Förderbank Gesellschafter wird und nicht das Sanierungsprivileg (§ 39 IV 2 InsO) oder das Kleinbeteiligtenprivileg (§ 39 V InsO in Anspruch nehmen kann.

Nachrangige Insolvenzgläubiger werden in den meisten Fällen bei der Verteilung nicht berücksichtigt. Sie müssen ihre Forderung zu 100 % abschreiben.

f) Illustration der Befriedigungsreihenfolge

Die folgende Skizze illustriert die Befriedigungsreihenfolge. Man kann sich dies wie einen terrassenförmigen Brunnen vorstellen. Ist das oberste Becken voll, fließt das Wasser weiter in nächste Terrasse. Ist auch diese komplett gefüllt, schwappt Wasser auch in die dritte Terrasse. Die zeigt Ähnlichkeit mit dem sogenannten „Waterfall“, wie er rechtsgeschäftlich zwischen mehreren Gläubigerklassen (senior creditors, second lien creditors, mezzanine creditors, etc.) in Intercreditor Agreements festgelegt wird.

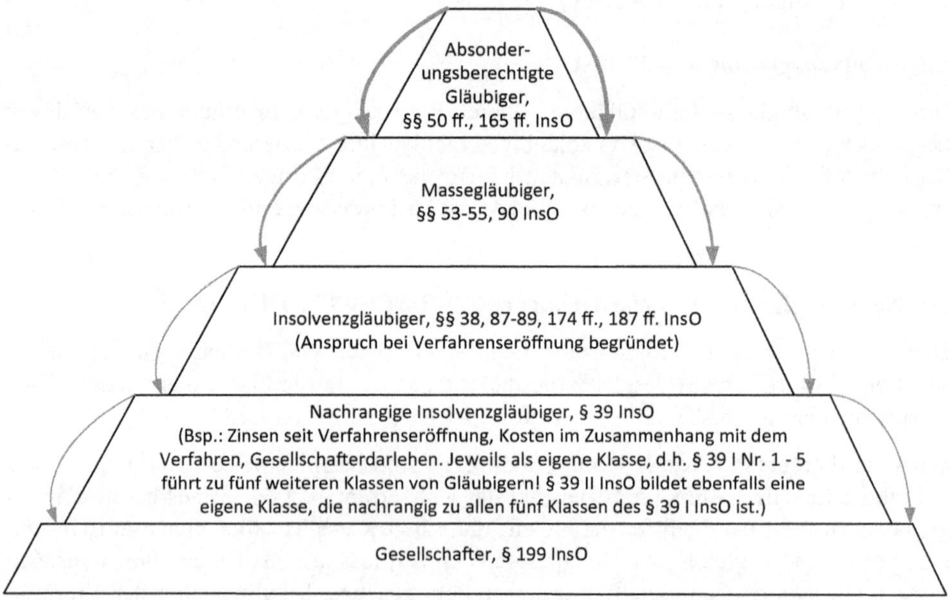

Gegenstände und Forderungen, die zur Absonderung berechtigen, werden zwar durch den Insolvenzverwalter verwertet, der Erlös wird jedoch anschließend an den jeweiligen absonderungsberechtigten Gläubiger ausgekehrt.

Aus der verbleibenden Masse werden die Massegläubiger befriedigt.

Falls dann noch etwas übrigbleibt, werden die Insolvenzgläubiger befriedigt. Häufig wird das „Becken“ der Insolvenzgläubiger bei Weitem nicht mehr gefüllt, denn eine

Insolvenzquote von weniger als 10% ist normal. Das „Becken“ der nachrangigen Insolvenzgläubiger bleibt dementsprechend trocken. So kommt das Statistische Bundesamt auf eine durchschnittliche Quote für die Insolvenzgläubiger von 3,8% für 2018 beendete Insolvenzverfahren.[21]

Nur, wenn tatsächlich nach vollständiger Befriedigung aller Verbindlichkeiten noch etwas übrigbleibt, erhalten die Gesellschafter den Überschuss bei der Schlussverteilung, § 199 InsO. Das ist sehr selten, da bereits das „Becken“ der Insolvenzgläubiger regelmäßig nur mit ca. 3%-5% gefüllt ist.

Die aussonderungsberechtigen Gläubiger lassen sich in dieser Pyramide nicht stringent unterbringen. Gegenstände, die ausgesondert werden, zählen nicht zur Insolvenzmasse (vgl. § 47 InsO: „ein Gegenstand nicht zur Insolvenzmasse gehört“). Aussonderungsberechtigte Gläubiger befinden sich grundsätzlich in einer guten Position.

10. Wie unterscheiden sich aussonderungs- und absonderungsberechtigte Gläubiger?

Während die aussonderungsberechtigten Gläubiger (§ 47 InsO) direkt auf die ihnen gehörenden Gegenstände zugreifen können (z.B. nach § 985 BGB oder, als persönliches Recht z.B., § 546 I BGB), verwertet der Insolvenzverwalter die Sachen und Forderungen an denen ein Absonderungsrecht besteht (§§ 166 ff. InsO). Anschließend kehrt er den Erlös abzüglich eines Kostenbeitrags an den absonderungsberechtigten Gläubiger aus, §§ 170, 171 InsO.

21 Vgl. https://www.destatis.de/DE/Themen/Branchen-Unternehmen/Unternehmen/Gewerbemeldungen-Insolvenzen/insolvenzverfahren-bis-2018.html (abgerufen 24.1.2021).

Einige Fragen zur Einführung in die InsO – Teil 2

Auch zu dem zweiten Teil der Fragen soll der Referendar Stichpunkte vorbereiten.

Die Fragen lauten:

11. Warum spielt § 80 InsO eine zentrale Rolle?
12. Ist nach Insolvenzeröffnung ein gutgläubiger Erwerb vom Schuldner möglich?
13. Wozu dient die Insolvenzanfechtung?
14. Welche Haftungsrisiken gibt es für GmbH-Geschäftsführer im Vorfeld der Insolvenz?
15. Wann kann ein Rangrücktritt die Überschuldung beseitigen?
16. Welche Wirkungen des eröffneten Verfahrens können durch das Gericht in das Eröffnungsverfahren vorverlagert werden?
17. Was geschieht mit Kapital- und Personengesellschaften in der Insolvenz?
18. Worum handelt es sich bei Hold-out Gläubigern?
19. Zu welchen Änderungen hat die Reform der InsO zum 1.1.2021 geführt?
20. Zu welchen Änderungen hatte das ESUG 2012 geführt?

Lösung Fragen 11 – 20

11. Warum spielt § 80 InsO eine zentrale Rolle?

§ 80 InsO regelt den Übergang der Verfügungsgewalt auf den Verwalter.[1] Verfügungen des Schuldners sind von nun an unwirksam, § 81 I InsO. Die Verpflichtungsgeschäfte bleiben hingegen wirksam, können aber nicht mehr aus der Insolvenzmasse erfüllt werden.

12. Ist nach Insolvenzeröffnung ein gutgläubiger Erwerb vom Schuldner möglich?

Ein gutgläubiger Erwerb des Vertragspartners ist mit wenigen Ausnahmen (Schiffe, Flugzeuge) nur für Grundstücke möglich (vgl. §§ 81 I 2, 91 I InsO). Der gute Glauben des Grundbuchs kann durch einen Vermerk nach § 32 InsO verhindert werden. Üblicherweise veranlasst der Insolvenzverwalter daher unverzüglich diese Eintragungen.

Bei beweglichen Sachen ist kein gutgläubiger Erwerb, jedoch die Genehmigung der Verfügung durch den Insolvenzverwalter möglich, § 185 II 1 Var. 1 BGB.

Über §§ 21 II Nr. 2 Alt. 1, 22 I 1 InsO kann die Wirkung des § 80 InsO in das Eröffnungsverfahren vorverlagert werden.

Übergang der Verfügungsbefugnis	
Im Eröffnungsverfahren	**Im Insolvenzverfahren**
§§ 21 II Nr. 2 Alt. 1, 22 I 1, 23, 24 InsO: Einsetzung eines „starken“ vorläufigen Verwalters. Im Gegensatz zu diesem „starken“ Verwalter hat der „schwache“ vorläufige Verwalter keine Verfügungsbefugnis, sondern lediglich einen Zustimmungsvorbehalt (vgl. § 21 II Nr. 2 Alt. 2 InsO).	**§ 80 InsO**: Übergang der Verfügungsbefugnis auf den Verwalter.

13. Wozu dient die Insolvenzanfechtung?

Während der Übergang der Verfügungsbefugnis nach § 80 InsO dazu führt, dass die Insolvenzmasse nach Verfahrenseröffnung nicht geschmälert wird,[2] ermöglicht es die Insolvenzanfechtung, Vermögensverschiebungen aus der Zeit vor der Eröffnung des Verfahrens rückgängig zu machen.[3] Die Insolvenzanfechtung nach den §§ 129 ff. InsO verfolgt damit denselben Zweck wie das AnfG im Rahmen der Einzelzwangsvollstreckung. Sie ist streng von der Anfechtung nach den §§ 119, 123, 142 BGB zu unterscheiden. Diese Vorschriften sollen die Privatautonomie schützen, während die Insol-

1 Vgl. *Zimmermann*, Grundriss des Insolvenzrechts, 11. Aufl. 2018, Rn. 280 ff.
2 Diese Wirkung kann über §§ 21 II 1 Nr. 1, Nr. 2 Alt. 2, 22 InsO in das Eröffnungsverfahren vorgezogen werden.
3 Vgl. *Zimmermann*, Grundriss des Insolvenzrechts, 11. Aufl. 2018, Rn. 392 ff.

venzanfechtung die Insolvenzmasse schützt, indem im Interesse der Gläubigergesamtheit Sondervorteile zugunsten einzelner Gläubiger unter bestimmten Umständen in die Masse zurückgefordert werden können.

Bei isolierter Anfechtung des Erfüllungsgeschäfts lebt die Forderung des Anfechtungsgegners nach Anfechtung des Erfüllungsgeschäfts wieder auf (§ 144 I InsO).

Exkurs: Reform des Anfechtungsrechts 2017. Zum 5.4.2017 trat eine Reform des Anfechtungsrechts in Kraft. Geändert wurden die §§ 133, 142 und 143 InsO.

§ 133 InsO: Die Anfechtung wegen vorsätzlicher Benachteiligung wurde die Absätze 2 und 3 ergänzt. Der bisherige Absatz 2 wurde zum Absatz 4. Der neue § 133 III 2 verkürzt die Anfechtungsfrist für kongruente und inkongruente Deckungsgeschäfte von zehn Jahren auf vier Jahre. Deckungsgeschäfte sind die Sicherung oder Befriedigung des Schuldners (siehe § 130 InsO). Nach Absatz 3 Satz 1 tritt bei kongruenten Deckungen anstelle der drohenden Zahlungsunfähigkeit die eingetretene Zahlungsunfähigkeit. Aus Absatz 3 Satz 2 folgt die Anerkennung von Zahlungserleichterungen bei vorübergehenden Liquiditätsengpässen durch die Vermutung der Nichtkenntnis der Zahlungsunfähigkeit des Schuldners. § 133 III InsO begrenzt damit die Vermutungswirkung des § 133 I 3 InsO.

Im Rahmen des § 142 InsO wurde der Schutz vor Anfechtung bei einem Bargeschäft ausgeweitet. § 142 I InsO schützt nun auch vor der Anfechtung nach § 133 InsO, es sei denn der Anfechtungsgegner hat erkannt, dass der Schuldner unlauter handelte (z.B. weil er Vermögen verschleudert hat oder kollusiv mit dem Anfechtungsgegner zusammengewirkt hat). Mit dem neu eingeführten § 142 II InsO entschied sich der Gesetzgeber mit Blick auf divergierende Entscheidungen von BGH und BAG zugunsten des BAG und ließ für die Unmittelbarkeit des Leistungsaustausches für Arbeitsleistung und Arbeitsentgelt drei Monate genügen.

§ 143 InsO wurde um den Satz 3 ergänzt, um einen Anspruch auf Prozesszinsen gegenüber dem Anfechtungsgegner erst ab der Geltendmachung des Anfechtungsanspruchs durch den Insolvenzverwalter zu gewähren und keinen Anreiz für eine bewusst verzögerte Geltendmachung von Anfechtungsansprüchen zu geben.[4]

14. Welche Haftungsrisiken gibt es für GmbH-Geschäftsführer im Vorfeld der Insolvenz?

§ 15a InsO, § 823 II BGB: Nach § 15a InsO, § 823 II BGB ist der Geschäftsführer den **Gläubigern** zum Schadensersatz verpflichtet, wenn er den Insolvenzantrag zu spät stellt.[5] Darüber hinaus drohen strafrechtliche Sanktionen nach § 15a IV, V InsO. Während der Rechtshängigkeit einer Restrukturierungssache nach dem StaRUG ruht die Insolvenzantragspflicht (siehe § 42 I 1 StaRUG). Die Geschäftsführer müssen den Eintritt der Zahlungsunfähigkeit bzw. Überschuldung ohne schuldhaftes Zögern anzeigen (§ 42 I 2 StaRUG, strafbewehrt nach § 42 III StaRUG).

4 Bisher gibt es den Anspruch auf Prozesszinsen bereits ab Verfahrensbeginn, da Forderungen mit Verfahrenseröffnung fällig werden (§§ 41, 143 Abs. 1 S. 2 InsO, 819 Abs. 1, 818 Abs. 4, 291, 288 BGB), vgl. BGH, NZI 2007, 230, beziehungsweise da ein Anspruch auf tatsächlich gezogene oder vorwerfbar nicht gezogene Nutzungen besteht (§§ 143 Abs. 1 S. 2 InsO, 819 Abs. 1, 818 Abs. 4, 291 Abs. 2, 987 Abs. 1, Abs. 2 BGB), vgl. BGH, NZI 2005, 679.

5 Siehe Übungsfall 6.

§ 15b IV 1 InsO:[6] Nach § 15b IV 1 InsO ist der Geschäftsführer der **Gesellschaft** zum Ersatz von Zahlungen verpflichtet, die nach Eintritt der Zahlungsunfähigkeit der Gesellschaft oder nach Feststellung ihrer Überschuldung geleistet werden, es sei denn die Zahlungen sind mit der Sorgfalt eines ordentlichen Geschäftsmanns vereinbar. Um eine Kollision zwischen der Pflicht der Geschäftsführer, keine Zahlungen mehr zu leisten und ihrer gegenläufigen Pflicht, den Arbeitnehmeranteil der Sozialversicherungsbeiträge (vgl. § 266a StGB) und Steuern (§ 69 AO) abzuführen, zu vermeiden, haften sie mit guten Gründen nicht nach § 15b IV 1 InsO, soweit sie die Arbeitnehmeranteile zur Sozialversicherung abführen.[7] Diese Haftung, die den § 64 S. 1 GmbHG ersetzt, hat in der Praxis höchste Relevanz und führt bei verspäteter Antragsstellung schnell zu hohen Ersatzansprüchen gegenüber Geschäftsführern und Vorständen.

§ 15b V InsO:[8] Nach § 15b V InsO ist der Geschäftsführer der **Gesellschaft** zum Ersatz von Zahlungen an Gesellschafter verpflichtet, soweit diese zur Zahlungsunfähigkeit der Gesellschaft führen mussten.

§ 43 II, III 1 GmbHG: Nach § 43 II, III 1 GmbHG ist der Geschäftsführer der **Gesellschaft** zum Ersatz von Zahlungen an Gesellschafter verpflichtet, die entgegen § 30 GmbHG geleistet wurden, das heißt die das zur Erhaltung des Stammkapitals erforderliche Vermögen der Gesellschaft angegriffen haben.[9]

Weitere Ansprüche können sich mit Blick auf Steuerforderungen ergeben (vgl. **§§ 34, 69 AO**).

Exkurs: Insolvenzgründe.

a) Zahlungsunfähigkeit

Die Zahlungsunfähigkeit wird in § 17 II InsO wie folgt definiert: „Der Schuldner ist zahlungsunfähig, wenn er nicht in der Lage ist, die fälligen Zahlungspflichten zu erfüllen. Zahlungsunfähigkeit ist in der Regel anzunehmen, wenn der Schuldner seine Zahlungen eingestellt hat.“[10]

Die umfasst sowohl eine Stichtags- wie eine Zeitraumbetrachtung.[11]

6 Bis zum 1.1.2021 war dies § 64 S. 1 GmbHG und für die AG §§ 92 II 1, 93 II, III Nr. 6 AktG. Seitdem rechtsformneutral in § 15b InsO normiert.

7 Vgl. BGH, ZIP 2007, 1265; BGH ZIP 2010, 368; zu § 266 StGB siehe BGH ZIP 2008, 1229.

8 Bis zum 1.1.2021 war dies § 64 S. 3 GmbHG und für die AG §§ 92 II 3, 93 II, III Nr. 6 AktG.

9 Für den Vorstand der AG: § 93 II, III Nr. 1 AktG.

10 Vgl. *Zimmermann*, Grundriss des Insolvenzrechts, 11. Aufl. 2018, Rn. 44 ff.

11 Durch den BGH mit Urteil vom 24.5.2005 (NZI 2005, 547) ausgestaltet (Drei-Wochen-Frist in Anlehnung an § 64 S. 1 GmbHG a.F., jetzt § 15a Abs. 1 InsO). Weiter konkretisiert mit Entscheidung vom 12.10.2006, (NZI 2007, 36, 37 f.; Verzicht auf Liquiditätsbilanz) und Beschluss vom 19.7.2007 (NZI 2007, 579, Wiedereinführung des „ernsthaften Einforderns“). Künftig Feststellung durch den IDW ES 11 Standard, der den IDW PS 800 ersetzt. Die IDW Standards sind Leitlinien im Rang einer Kommentierung, die durch den Fachausschuss Sanierung und Insolvenz des Instituts der Wirtschaftsprüfer (IDW) herausgegeben werden. Zu offenen Fragen bei der Feststellung der Zahlungsunfähigkeit siehe *Parzinger/Lappe/Meyer-Löwy*, ZIP 2019, 2143.

Schritt 1: Stichtagbetrachtung/Finanzstatus: Die verfügbare Liquidität und die fälligen Verbindlichkeiten werden gegenübergestellt. Verbindlichkeiten werden nicht berücksichtigt, wenn sie gestundet wurden oder eine Nichtvollstreckungsvereinbarung mit dem Gläubiger vereinbart wurde. Gesellschafterdarlehen werden als Verbindlichkeiten berücksichtigt, es sei denn ein Rangrücktritt mit Wirkung für die Zahlungsunfähigkeit wurde vereinbart. Wenn die Zahlungslücke kleiner als 10 % ist (vorsichtigere Ansicht: kleiner 0%), ist die Gesellschaft zahlungsfähig. Wenn die Zahlungslücke größer gleich 10 % ist (vorsichtigere Ansicht: größer 0% ist), muss man zum zweiten Schritt übergehen.

Schritt 2: Zeitraumbetrachtung/Finanzplan: Die in den nächsten drei Wochen verfügbare Liquidität und die fälligen Verbindlichkeiten werden gegenübergestellt. Es ist umstritten, ob nur die Verbindlichkeiten berücksichtigt werden, die am Beginn der Drei-Wochen-Periode fällig waren (Bugwellentheorie), oder ebenso die Verbindlichkeiten, die während der drei Wochen fällig werden.

Ausnahme 1: Keine Zahlungsunfähigkeit, wenn die Deckungslücke weniger als 10 % beträgt. Es handelt sich dann um eine bloße Zahlungsstockung. Allerdings liegt dennoch Zahlungsunfähigkeit vor, wenn die Lücke demnächst mehr als 10 % betragen wird. Der Prüfungszeitraum wird dann verlängert.

Ausnahme 2: Keine Zahlungsunfähigkeit, wenn mit an Sicherheit grenzender Wahrscheinlichkeit davon auszugehen ist, dass die Liquiditätslücke bald (vollständig) geschlossen wird und den Gläubiger das Zuwarten zugemutet werden kann.

Ausnahme 3: Keine Fälligkeit und damit unter Umständen keine Zahlungsunfähigkeit, wenn die Forderung nicht „ernsthaft eingefordert" wird.

Von Gläubigern geltend gemachte Ansprüche sind grundsätzlich in die Betrachtung einzustellen. Nur bei objektiv nachvollziehbaren Einwendungen unterbleibt die Einbeziehung. Es sollen also auch Forderungen berücksichtigt werden, gegen die der Schuldner nur schlecht begründete Einwendungen vorgeschoben hat.

b) Drohende Zahlungsunfähigkeit

Die drohende Zahlungsunfähigkeit wird in der zum 1.1.2021 geänderten Fassung des § 18 II InsO wie folgt definiert: „Der Schuldner droht zahlungsunfähig zu werden, wenn er voraussichtlich nicht in der Lage sein wird, die bestehenden Zahlungspflichten im Zeitpunkt der Fälligkeit zu erfüllen. In aller Regel ist ein Prognosezeitraum von 24 Monaten zugrunde zu legen."

Nur Antragsrecht (für Schuldner), keine Pflicht. Daher Spielraum für Gestaltung. (Beispiel Suhrkamp Verlag).[12] Berücksichtigung aller bestehenden oder auch künftigen Verbindlichkeiten? Nach h.M. nur bestehende Verbindlichkeiten. Die Dauer des Prognosezeitraums ist nicht höchstrichterlich geklärt.

c) Überschuldung

Die Überschuldung wird in der zum 1.1.2021 geänderten Fassung des § 19 II 1 InsO wie folgt definiert: „Überschuldung liegt vor, wenn das Vermögen des Schuldners die bestehenden Verbindlichkeiten nicht mehr deckt, es sei denn, die Fortführung des Unternehmens in den nächsten zwölf Monaten ist nach den Umständen überwiegend wahrscheinlich." Solange die Fortführungsprognose positiv ist, ist eine Gesellschaft daher nicht überschuldet, obwohl das Reinvermögen negativ ist.[13]

12 Vgl. *Westermann*, NZG 2015, 134.
13 Vgl. *Zimmermann*, Grundriss des Insolvenzrechts, 11. Aufl. 2018, Rn. 47 f.

1. Prüfungsstufe: Fortbestehungsprognose: Im Grunde ist die Fortbestehungsprognose wiederum ein Test der Zahlungsfähigkeit. Es muss wahrscheinlich sein, dass die Gesellschaft bis zum Ende des kommenden Geschäftsjahres (Zeitraum umstritten) zahlungsfähig ist.

2. Prüfungsstufe: Überschuldungsstatus: Zum Überschuldungsstatus kommt man nur bei negativer Fortbestehungsprognose. Auch nicht in der Handelsbilanz erfasste Vermögenswerte sind aufzunehmen (Bsp.: Rückzahlungspflichten, Kosten für den Sozialplan). Bestimmte Verbindlichkeiten sind nicht zu passivieren (Bsp.: Nachrangdarlehen nach § 39 Abs. 2 InsO). In der Regel erfolgt die Bewertung des Vermögens zu Liquidationswerten, beziehungsweise bei Pensionsverbindlichkeiten zum Ablösewert. Stille Reserven und Lasten werden aufgedeckt.[14]

15. Wann kann ein Rangrücktritt die Überschuldung beseitigen?

Ein Rangrücktritt, der die Anforderungen des § 39 II InsO berücksichtigt, führt dazu, dass die im Rang zurückgetretene Verbindlichkeit nicht länger in die Liquidationsbilanz zur Feststellung der bilanziellen Überschuldung eingestellt werden muss.

§ 19 II 2 InsO sagt: „Forderungen auf Rückgewähr von Gesellschafterdarlehen oder aus Rechtshandlungen, die einem solchen Darlehen wirtschaftlich entsprechen, für die gemäß § 39 Abs. 2 zwischen Gläubiger und Schuldner der Nachrang im Insolvenzverfahren hinter den in § 39 Abs. 1 Nr. 1 bis 5 bezeichneten Forderungen vereinbart worden ist, sind nicht bei den Verbindlichkeiten nach Satz 1 zu berücksichtigen."

Über den Wortlaut hinaus ist ein Rangrücktritt auch für Darlehen Dritter möglich. Der Rangrücktritt sollte auch eine Zahlungssperre vor Eintritt der Insolvenz umfassen, sofern die Zahlung zur Insolvenz führt. Die Befriedigung aus freiem Vermögen muss möglich bleiben, um eine steuerliche Ausbuchung der Verbindlichkeiten und einen steuerlichen Ertrag zu vermeiden.[15]

Beispiel: Die Rangrücktrittserklärung, die der wichtigen BGH Entscheidung vom 5.3.2015 zugrunde lag, lautete wie folgt:

„Die Gläubigerin tritt mit ihrem Anspruch auf Rückzahlung des Nominalbetrages und ihrem Anspruch auf Zinszahlung dergestalt im Rang hinter die Forderungen aller bestehenden und künftigen Gläubiger der Schuldnerin zurück, dass sie erst nach Befriedigung sämtlicher Gesellschaftsgläubiger und, soweit ein Liquidationsüberschuss oder ein die sonstigen Verbindlichkeiten übersteigen-des Vermögen der Gesellschaft hierfür zur Verfügung steht, nur zugleich mit, im Rang jedoch vor den Einlagerückgewähransprüchen der Gesellschafter der Schuldnerin Erfüllung dieser Ansprüche verlangen kann. Der Nachrang gilt auch im Insolvenzverfahren. Der Rangrücktritt gilt nur, solange und soweit durch eine teilweise oder vollständige Befriedigung des im Rang zurückgetretenen Anspruchs der Gläubigerin eine Überschuldung oder eine Zahlungsunfähigkeit im insolvenzrechtlichen Sinne der Schuldnerin entsteht oder zu entstehen droht."[16]

---

14 Feststellung durch den IDW ES 11 Standard, der den IDW St/FAR 1/1996 ersetzt hat.
15 Bestätigt durch BFH, DStR 2020, 2716.
16 BGH, NJW 2015, 1672, Rn. 2.

16. Welche Wirkungen des eröffneten Verfahrens können durch das Gericht in das Eröffnungsverfahren vorverlagert werden?

Insbesondere § 21 I, II InsO gibt dem Gericht die Möglichkeit, bestimmte Wirkungen des eröffneten Verfahrens in das Eröffnungsverfahren vorzuziehen.

§ 21 II 1 Nr. 1 InsO: Die Einsetzung eines **vorläufigen Insolvenzverwalters** ist nicht zwingend aber absoluter Standard. Die Bestellung eines vorläufigen Insolvenzverwalters geht in der Regel mit Verfügungsbeschränkungen bzw. der Anordnung eines Zustimmungsvorbehalts nach § 21 II 1 Nr. 2 InsO einher. Im Übrigen bestimmt das Gericht die Pflichten im Einzelnen gemäß § 22 II InsO. Häufig wird der vorläufige Insolvenzverwalter als Sachverständiger nach § 5 I 2 InsO damit beauftragt, für das Gericht ein Gutachten über das Vorliegen bzw. das Fehlen von Insolvenzgründen vorzubereiten.

§ 21 II 1 Nr. 1a InsO: Die Einsetzung eines **vorläufigen Gläubigerausschusses** zieht die Governance des eröffneten Verfahren in das Eröffnungsverfahren vor. Grundsätzlich kommt dem Gericht im Eröffnungsverfahren eine größere Rolle bei der Aufsicht über das Insolvenzverfahren zu, während im eröffneten Verfahren die Organe der Gläubiger, d.h. die Gläubigerversammlung und der Gläubigerausschuss, gemäß den §§ 160 ff. InsO an der Entscheidungsfindung beteiligt sind (beachte aber § 164 InsO, d.h. die Wirksamkeit im Außenverhältnis auch bei Missachtung der §§ 160 ff. InsO). Liegen die Voraussetzungen des § 22a InsO vor, ist der vorläufige Gläubigerausschuss obligatorisch. Der vorläufige Gläubigerausschuss kann sich u.a. zu der Person des vorläufigen Insolvenzverwalters äußern (§ 56a InsO); diese Vorschrift hat allerdings den Haken, dass der vorläufige Gläubigerausschuss dann streng genommen bereits vor der Bestellung des vorläufigen Insolvenzverwalters eingesetzt werden muss.

§ 21 II 1 Nr. 2 InsO: Im Fall eines „schwachen" oder „starken" vorläufigen Insolvenzverwalters nach § 21 II 1 Nr. 2 InsO, d.h. für den Fall, dass das Gericht dem Schuldner ein **Verfügungsverbot** auferlegt oder einen **Zustimmungsvorbehalt** anordnet, wird der Schutz der Insolvenzmasse über die §§ 81, 82 InsO in das vorläufige Verfahren vorverlagert. Dies sind die einzigen Maßnahmen, die öffentlich bekanntgemacht werden, § 23 InsO (www.insolvenzbekanntmachungen.de, bzw. im www.unternehmensregister.de).

§ 21 II 1 Nr. 3 InsO: Hier wird die Wirkung der §§ 88 ff. InsO in das Eröffnungsverfahren vorverlagert und der Schuldner durch ein **Moratorium** vor Zwangsvollstreckung geschützt. Nach § 89 I InsO sind Zwangsvollstreckungen für einzelne Insolvenzgläubiger sind während der Dauer des Insolvenzverfahrens weder in die Insolvenzmasse noch in das sonstige Vermögen des Schuldners zulässig. In zeitlich begrenztem Umfang gilt dieser Schutz auch für Massegläubiger. Hat ein Gläubiger im letzten Monat vor der Verfahrenseröffnung Sicherung (nicht Befriedigung) durch Zwangsvollstreckung erlangt, ist diese Sicherung unwirksam (Rückschlagsperre).[17] Diese Wirkungen werden über § 21 II 1 Nr. 3 InsO in das Eröffnungsverfahren vorverlagert.

17 Der Insolvenzverwalter kann zudem regelmäßig anfechten, was ein Gläubiger während des Eröffnungsverfahrens erhält.

§ 21 II 1 Nr. 5 InsO: Die **Verwertungssperre** ermöglicht dem Schuldner die Fortführung des Geschäftsbetriebs trotz der Belastung von Vermögensgegenständen mit Sicherungsrechten der Gläubiger.

§ 240 S. 2 ZPO zieht die **Unterbrechung eines Gerichtsverfahrens** auf den Übergang der Verwaltungs- und Verfügungsbefugnis auf den vorläufigen Insolvenzverwalter vor. § 24 II InsO ordnet für die Aufnahme der unterbrochenen Rechtsstreitigkeiten die Geltung der §§ 85, 86 InsO an.

17. Was geschieht mit Kapital- und Personengesellschaften in der Insolvenz?

Kapital- und Personengesellschaften werden durch die Eröffnung des Insolvenzverfahrens aufgelöst. Dies ergibt sich aus folgenden Normen:

- Für die GmbH aus § 60 I Nr. 4 GmbHG.
- Für die AG aus § 262 I Nr. 3 AktG.
- Für die OHG aus § 131 I Nr. 3 HGB.
- Für die KG aus §§ 161 II, 131 I Nr. 3 HGB.
- Für die GbR aus § 728 I 1 BGB.
- Für den Verein aus § 42 I 1 BGB.

Die Auflösung erfolgt ebenso bei einer Ablehnung der Insolvenzeröffnung mangels Masse. Dies folgt:

- Für die GmbH aus § 60 I Nr. 5 GmbHG
- Für die AG aus § 262 I Nr. 4 AktG
- Für die OHG aus § 131 II Nr. 1 HGB
- Für die KG aus §§ 161 II, 131 II Nr. 1 HGB
- Für den Verein aus § 42 I 1 BGB.
- Für die Genossenschaft aus § 81a Nr. 1 GenG

Die GbR wird gemäß § 728 I BGB nur bei Eröffnung des Insolvenzverfahrens zwingend aufgelöst, nicht aber bei Ablehnung der Eröffnung mangels Masse (§ 206 InsO).

Trotz der Auflösung existieren die Gesellschaften weiter.[18] Auf die Auflösung folgt die Liquidation. Auf die Liquidation im Insolvenzverfahren folgt in aller Regel die **Löschung** der Gesellschaft im Handelsregister wegen **Vermögenslosigkeit** gemäß § 394 I 2 FamFG. Erst mit der Löschung und dem Nichtvorhandensein jedwedes Vermögen endet die Existenz der Gesellschaft. Taucht nach der Löschung noch Vermögen auf, gibt es eine **Nachtragsverteilung**.

---

18 Der Unternehmenszweck ändert sich.

18. Worum handelt es sich bei Hold-out Gläubigern?

Hold-out Gläubiger (obstruierende Gläubiger) spielen bei außergerichtlichen Restrukturierungen eine große Rolle. Es handelt sich um Gläubiger, die sich der Teilnahme an einer Restrukturierung mit dem Ziel verweigern, den Schuldner oder die anderen Gläubiger dazu zu bewegen, ihre Forderung gegen den Schuldner vollständig oder zumindest weitgehend zu befriedigen.

Anders als bei Gesellschafter gibt es für Gläubiger keine Treuepflicht, sich an der Sanierung zu beteiligen.[19] Die rechtliche Stellung dissentierender Gläubiger kann außerhalb des Insolvenzverfahrens nur im Rahmen des Schuldverschreibungsgesetzes mit einer Mehrheit der anderen Gläubiger verändert werden. Auch das englische Scheme of Arrangement sieht diese Möglichkeit vor.

19. Zu welchen Änderungen hat die Reform der InsO zum 1.1.2021 geführt?

Artikel 5 des SanInsFoG führte, mit Wirkung zum 1.1.2021, unter anderem zu folgenden Änderungen der Insolvenzordnung:

- Die Antragsfrist für überschuldete Unternehmen wird von längstens drei auf längstens sechs Wochen verlängert. Für zahlungsunfähige Unternehmen bleibt es bei längstens drei Wochen.
- Die Vorschriften der § 64 GmbHG, §§ 92 II, 93 III Nr. 6 AktG, § 99 GenG, etc. welche die Erstattung von Zahlungen nach Insolvenzreife durch die Geschäftsführung bzw. den Vorstand vorsehen, werden in einen neu zu schaffenden § 15b InsO verlagert und gleichzeitig verändert. Insbesondere sind künftig mehr Zahlungen als bisher mit der Sorgfalt eines ordentlichen und gewissenhaften Geschäftsführers vereinbar (§ 15b I 1, II, III InsO).
- Der Prognosezeitraum für die Beurteilung der drohenden Zahlungsunfähigkeit nach § 18 II 2 InsO wird in aller Regel 24 Monate betragen.
- Der Prognosezeitraum für die Beurteilung der Überschuldung nach § 19 II 1 InsO wird 12 Monate betragen.
- Darlehen einer staatlichen Förderbank werden gemäß § 39 I 2 InsO vom Nachrang für Gesellschafterdarlehen ausgenommen.
- Der Insolvenzplan erlaubt die Entlassung von Tochterunternehmen aus Sicherheiten und Garantien für Verbindlichkeiten der Muttergesellschaft (§§ 217 II, 220 III, 223a, 245 IIa InsO).
- Die Voraussetzungen für die Eigenverwaltung werden erhöht, siehe insb. den Katalog des § 270a I InsO.

19 Vgl. BGH, ZIP 1992, 191 (Akkordstörer).

Ebenso mit Wirkung zum 1.1.2021 bzw. teilweise rückwirkend zum 1.10.2020 traten Änderungen des Restschuldbefreiungsverfahrens in Kraft. Hier ist insbesondere relevant, dass die Wohlverhaltensperiode, während der die pfändbaren Bezüge zur Befriedigung der Gläubiger abgetreten werden (§ 287 II 1 InsO), von sechs Jahren auf drei Jahre verkürzt wurde.

Mit diesen Änderungen und der Einführung des StaRUG wurde die „Richtlinie des Europäischen Parlaments (EP) und des Rates über präventive Restrukturierungsrahmen, über Entschuldung und über Tätigkeitsverbote sowie über Maßnahmen zur Steigerung der Effizienz von Restrukturierungs-, Insolvenz- und Entschuldungsverfahren…“ aus dem Jahr 2019 in das deutsche Recht umgesetzt.

Eine Synopse der Änderungen zur Insolvenzordnung kann auf www.buzer.de aufgerufen werden.

Art. 103m Einführungsgesetz InsO regelt den zeitlichen Anwendungsbereich. Demnach sind auf Insolvenzverfahren, die vor dem 1. Januar 2021 beantragt worden sind, die bis dahin geltenden Vorschriften weiter anzuwenden.

20. Zu welchen Änderungen hatte das ESUG 2012 geführt?

Die ebenfalls weitgehende Reform in 2012 (ESUG) hatte zu einer Stärkung der Gläubigermitbestimmung geführt. Ab einer gewissen Größenordnung bedarf es seitdem eines vorläufigen Gläubigerausschusses, § 22a InsO und dieser hat ein Vorschlagsrecht bei Bestellung von Insolvenzverwaltern, § 56a InsO. Das Insolvenzplanverfahren wurde ausgebaut. Fristen wurden verkürzt, um das Verfahren zu beschleunigen (§§ 231 I 2, 232 III 2 InsO). Die Gesellschafter wurden einbezogen. In ihre Rechte kann seitdem gegen ihren Willen eingegriffen werden (§§ 217 S. 2, 222 I Nr. 4, 225a und 246a InsO). Die Obstruktionsmöglichkeiten und Rechtsmittel gegen den Plan wurden eingeschränkt. Ebenso ist das Verfahren in Eigenverwaltung überarbeitet worden. So wurde das Schutzschirmverfahren eingeführt.[20] Das Schutzschirmverfahren soll eine frühzeitige Antragsstellung befördern. Künftig kann seit 2012 ein vorläufiger Sachwalter anstelle eines (starken) vorläufigen Verwalters bestellt werden.

20 Bei dem Schutzschirm geht es um eine Kombination aus Eigenverwaltung und Planverfahren, die zunächst in § 270b InsO geregelt war und seit dem 1.1.2021 in § 270d InsO normiert ist.

Der Grundsachverhalt

(*Dieser Grundsachverhalt liegt den meisten der Übungsfälle zugrunde.*)

Die Pellet GmbH entwickelt und produziert Elektroautos. Geschäftsführer ist Herr Dr. Glas.

Bereits im September 2021 ist die GmbH zahlungsunfähig.

Am 7. Oktober 2021 stellt der Geschäftsführer Dr. Glas Antrag auf Eröffnung des Insolvenzverfahrens. Das Insolvenzgericht München bestellt den renommierten Sanierer Herrn Ostler zum vorläufigen Insolvenzverwalter.

Das Insolvenzverfahren wird am 4. November 2021 eröffnet und Herr Ostler wird als Insolvenzverwalter bestellt.

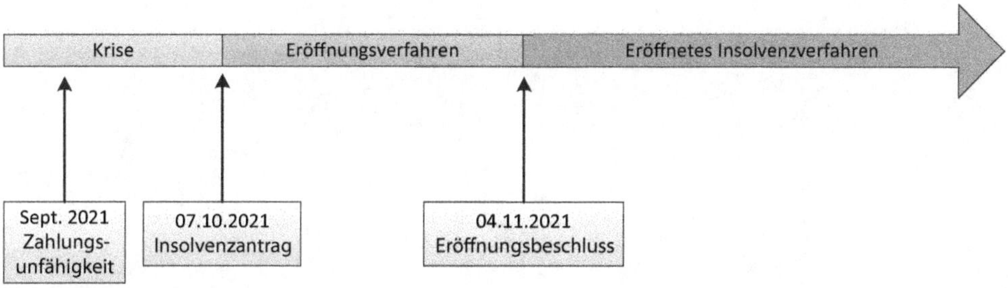

Elf kurze Einführungsfälle

Sachverhalte

1. Einführungsfall

Das Insolvenzverfahren über die Pellet GmbH, einer Herstellerin von Elektroautos, wird am 4.11.2021 eröffnet. Um welche Klasse von Forderungen handelt es sich jeweils?

a) Der Insolvenzverwalter schließt am 5.11.2021 mit der Oily AG einen Vertrag über Lieferung von Heizöl gegen einen Kaufpreis von 5 000 EUR.

b) Die Oily AG hat noch einen Zahlungsanspruch wegen einer Heizöllieferung aus dem Jahr 2014.

c) Die Südbank AG hatte am 20.8.2021 ein Darlehen an die Pellet-GmbH vergeben. Das Darlehen ist in Höhe von 500 000 EUR valutiert und am 8.12.2021 zur Rückzahlung fällig.

2. Einführungsfall

Die Lumos AG liefert der Pellet-GmbH Anfang 2021 Aluminium für die Herstellung von Anhängerkupplungen. Es wird vereinbart, dass die Ware bis zur Bezahlung Eigentum der Lumos AG bleiben soll und sich das vorbehaltene Eigentum am Endprodukt fortsetzen soll. Über das Vermögen der Pellet-GmbH wird am 4.11.2021 das Insolvenzverfahren eröffnet. Die Lumos AG verlangt Herausgabe der Anhängerkupplungen. Zu Recht?

3. Einführungsfall

Die Pellet-GmbH hat zur Sicherheit eines Kredits alle gegenwärtigen und künftigen Forderungen an ihre Hausbank abgetreten. Einige Zeit später liefert die Get-it AG der Pellet-GmbH GPS-Navigationsgeräte unter verlängertem Eigentumsvorbehalt. Die Get-it AG hatte vor der Lieferung deutlich gemacht, dass sie ohne die Sicherheit eines verlängerten Eigentumsvorbehalts nicht liefern würde. Die Pellet-GmbH veräußert die Navigationsgeräte umgehend weiter. Schließlich wird das Insolvenzverfahren über das Vermögen der Pellet-GmbH eröffnet. Welche Rechte hat die Get-it AG?

4. Einführungsfall

Am 17.8.2021 hat die Pellet-GmbH einen LKW an Herrn Sükat verkauft. Er sollte am 1.12.2021 geliefert werden. In der Zwischenzeit, am 4.11.2021, wird das Insolvenzverfahren über das Vermögen der Pellet-GmbH eröffnet. Herr Sükat hat den Kaufpreis bereits vollständig bezahlt. Welche Rechte hat Herr Sükat?

5. Einführungsfall

Eine Woche nach Verfahrensbeginn veräußert der Insolvenzschuldner ohne Mitwirkung des Verwalters sein Grundstück an Herrn Krause, der von der Insolvenz keinen Wind bekommen hatte. Das Grundbuch enthält keinen Insolvenzvermerk. Herr Krause wird als Eigentümer eingetragen. Ist die Veräußerung wirksam?

Variante: Wie wäre die Rechtslage, wenn der Insolvenzschuldner sein Grundstück bei im Übrigen gleicher Sachlage nach Stellung des Insolvenzantrags, aber noch vor Eröffnung des Verfahrens veräußert hätte?

a) Wenn kein Verfügungsverbot erlassen worden war?
b) Wenn das Gericht einen Zustimmungsvorbehalt angeordnet hatte?
c) Wenn das Gericht ein allgemeines Verfügungsverbot angeordnet hatte?

6. Einführungsfall

Nach Eröffnung des Verfahrens verkauft die Pellet-GmbH ohne Kenntnis des Verwalters Lagerbestände an die Kronum AG zum Verkehrswert von 70 000 EUR. Die Geschäftsführung der Pellet-GmbH leitet das Geld sofort an den Insolvenzverwalter weiter. Der Insolvenzverwalter ist mit dem Geschäft nicht einverstanden.

a) Kann der Verwalter das Geschäft mit der Kronum AG anfechten?
b) Muss die Kronum AG die erhaltenen Gegenstände zurückgeben?
c) Kann die Kronum AG den Kaufpreis zurückverlangen?
d) Wie verhält es sich, wenn die Kronum AG die Gegenstände wiederum an ihren Geschäftspartner, die FIHO-AG, weiterverkauft hat. Die FIHO-AG war gutgläubig und der Verwalter hatte die betroffenen Gegenstände noch nicht in seinen Besitz genommen, § 148 InsO.

7. Einführungsfall

Der Pheul KG verkauft der Pellet-GmbH im Oktober eine Drehmaschine für 80 000 EUR. Der Kaufpreis wird für zwei Monate gestundet. Die Übereignung der Drehmaschine steht unter dem Vorbehalt der Kaufpreiszahlung. Am 4.11.2021 wird das Insolvenzverfahren über das Vermögen der Pellet-GmbH eröffnet. Kann die Pheul KG Herausgabe oder Bezahlung der Maschine verlangen?

Variante: Die Maschine wurde gleich vollständig übereignet.

8. Einführungsfall

Herr Brock ist seit mehr als zehn Jahren in der Pellet-GmbH als Controller beschäftigt. Am 4.11.2021 wird über das Vermögen der Pellet-GmbH das Insolvenzverfahren eröffnet. Herr Brock hatte im September das letzte Gehalt bekommen.

a) Zu welchem Zeitpunkt kann ihm der Verwalter frühestmöglich kündigen oder sich anderweitig ohne das Einverständnis des Herrn Brock von dem Vertrag lösen?

b) Welche Ansprüche hat Herr Brock?
c) Aus Frust verprügelt Herr Brock einen Mitarbeiter des Insolvenzverwalters. Ist eine fristlose Kündigung möglich?

9. Einführungsfall

Am 25.8.2021 beantragt Herr Guldrun zur Vollstreckung einer Geldforderung in Höhe von 100 000 EUR die Eintragung einer Zwangshypothek an einem Grundstück der Pellet-GmbH (§§ 866 I, 867 ZPO, § 1184 BGB).[1] Die Hypothek wird am 20.10.2021 eingetragen. Am 7.10.2021 war die Eröffnung des Insolvenzverfahrens beantragt worden. Hat die Zwangshypothek in der Insolvenz Bestand?

10. Einführungsfall

Die Pellet-GmbH hatte zwei Wochen vor Eröffnung des Verfahrens einen neuen Gabelstapler für marktgerechte 12 000 EUR gekauft. Sie hatte im Einklang mit dem Kaufvertrag den Gabelstapler sofort erhalten und eine Woche später den Kaufpreis beglichen. Der Insolvenzverwalter möchte den Kauf anfechten. Zu Recht?

11. Einführungsfall

Die Tilger AG hat eine Forderung von 75 000 EUR gegen die Pellet-GmbH. Sie weiß, dass die Pellet-GmbH zahlungsunfähig ist. Kurz vor der Eröffnung des Verfahrens kauft die Tilger AG die EDV-Anlage der Pellet-GmbH für marktgerechte 80 000 EUR. Im wenig später eröffneten Verfahren rechnet die Tilger AG gegen die Forderung der Pellet-GmbH auf. Ist die Aufrechnung zulässig?

1 Sicherungshypothek, da sie dem Gläubiger nur eine Sicherung und keine Befriedigung verschafft.

Lösungen

1. Einführungsfall

Das Insolvenzverfahren über die Pellet GmbH, einer Herstellerin von Elektroautos, wird am 4.11.2021 eröffnet. Um welche Klasse von Forderungen handelt es sich jeweils?

a) Der Insolvenzverwalter schließt am 5.11.2021 mit der Oily AG einen Vertrag über Lieferung von Heizöl gegen einen Kaufpreis von 5 000 EUR.

b) Die Oily AG hat noch einen Zahlungsanspruch wegen einer Heizöllieferung aus dem Jahr 2014.

c) Die Südbank AG hatte am 20.8.2021 ein Darlehen an die Pellet-GmbH vergeben. Das Darlehen ist in Höhe von 500 000 EUR valutiert und am 8.12.2021 zur Rückzahlung fällig.

Lösung

Teilfrage a) Es handelt sich um eine Masseforderung nach § 55 I Nr. 1 Var. 1 InsO.

Teilfrage b) Da die Forderung vor der Eröffnung des Insolvenzverfahrens begründet wurde, handelt es sich um eine Insolvenzforderung, § 38 InsO.

Die Oily AG kann die Forderung zur Tabelle anmelden, § 174 InsO. Der Verwalter kann die Einrede der Verjährung geltend machen, § 214 I BGB.

Teilfrage c) Auch diese Forderung wurde vor der Verfahrenseröffnung begründet und ist damit eine Insolvenzforderung, § 38 InsO. Die Fälligkeit spielt für die Einordnung der Forderung keine Rolle, wie aus dem Wortlaut des § 38 InsO ersichtlich ist.[2]

2. Einführungsfall

Die Lumos AG liefert der Pellet-GmbH Anfang 2021 Aluminium für die Herstellung von Anhängerkupplungen. Es wird vereinbart, dass die Ware bis zur Bezahlung Eigentum der Lumos AG bleiben soll und sich das vorbehaltene Eigentum am Endprodukt fortsetzen soll. Über das Vermögen der Pellet-GmbH wird am 4.11.2021 das Insolvenzverfahren eröffnet. Der Verwalter wählt die Nichterfüllung des Vertrags. Die Lumos AG verlangt Herausgabe der Anhängerkupplungen. Zu Recht?

Lösung

Ein Anspruch der Lumos AG auf Herausgabe der Anhängerkupplungen könnte sich aus den §§ 985, 986 BGB ergeben. Die Lumos AG müsste Eigentümerin und der Insolvenzverwalter Besitzer ohne Recht zum Besitz sein. Diesen Anspruch könnte die Lumos AG im Insolvenzverfahren nur geltend machen, wenn Sie auf Grund eines dinglichen oder persönlichen Rechts geltend machen kann, dass die Anhängerkupplungen nicht zur Insolvenzmasse gehören, § 47 InsO, und zudem keine Sicherungsübereignung vorliegt, da diese nur zu einem Absonderungsrecht führt, § 51 Nr. 1 Alt. 1 InsO.

2 Mit Eröffnung wird die Forderung der Bank AG sofort fällig, § 41 I InsO. Sie kann zur Tabelle angemeldet werden, wird jedoch bis zur Fälligkeit abgezinst, § 41 II InsO.

(1) Die Lumos AG müsste Eigentümerin sein.

Ursprünglich war die Lumos AG Eigentümerin des Aluminiums, aus dem die Anhängerkupplungen hergestellt wurden. Aufgrund des Eigentumsvorbehalts stand der Übergang des Eigentums unter der aufschiebenden Bedingung der Kaufpreiszahlung, §§ 929, 158 I BGB. Die Lumos AG hat daher das Eigentum nicht mit der Lieferung an die Pellet GmbH verloren.

Die Pellet-GmbH könnte jedoch nach § 950 I 1 BGB Eigentümerin geworden sein. Danach erwirbt Eigentum, wer durch Verarbeitung oder Umbildung eines oder mehrerer Stoffe eine neue bewegliche Sache herstellt, die wertvoller als das Ausgangsprodukt ist. Indizien für eine Verarbeitung im Sinn des § 950 I 1 BGB sind eine höhere Verarbeitungsstufe, eine andere Bezeichnung oder eine Formveränderung des Ausgangsstoffs. Hier wurde aus Aluminium Anhängerkupplungen gefertigt. Nach den genannten Kriterien liegen eine Verarbeitung und damit die Voraussetzungen für einen gesetzlichen Eigentumserwerb vor.

Etwas anderes könnte sich aus der Vereinbarung über den verlängerten Eigentumsvorbehalt ergeben.

Man könnte den Parteien zugestehen, den Herstellerbegriff um subjektive Erwägungen anzureichern. In diesem Sinne hält es die Rechtsprechung, die darauf abstellt, in wessen Namen und wirtschaftlichen Interesse die Herstellung erfolgt.[3] So könnte die Lumos AG nach der objektiven Verkehrsanschauung zur Herstellerin geworden sein.[4] Allerdings umgeht man auf diese Weise den zwingenden Charakter und die Unabdingbarkeit des § 950 BGB sowie dessen Rechtsfolgen durch eine dem Rechtsverkehr in der Regel unbekannte Parteiabrede.

Vertretbar ist überdies die Auslegung als antizipierte Sicherungsübereignung, §§ 929, 930 BGB.[5] Die Verarbeitungsklausel enthält demnach bereits die antizipierte Einigung über den Eigentumsübergang und über ein Besitzkonstitut im Sinn des § 930 BGB. Folgt man dieser letzten Ansicht ist die Lumos AG Sicherungseigentümerin geworden.

(2) Der Insolvenzverwalter müsste außerdem Besitzer ohne Recht zum Besitz sein. Vorliegend ist das Recht zum Besitz durch die Nichterfüllungswahl des Verwalters erloschen, §§ 103 I, 107 II InsO, so dass diese Voraussetzung vorliegt.

(3) Die Lumos AG hat einen Herausgabeanspruch aus § 985 BGB.

Hinsichtlich der Folgen dieses Anspruchs muss differenziert werden.

Folgt man der Rechtsprechung, ist die Lumos AG Eigentümerin geworden und der Anspruch stellt ein Aussonderungsrecht dar. Auch in der Insolvenz der Pellet GmbH kann die Herausgabe gefordert werden.

---

3 Vgl. BGH, NJW 1991, 1480, 1481.

4 Banken können auf diese Weise nicht als Hersteller angesehen werden, Lieferanten schon.

5 Vgl. die ausführliche Diskussion dieser Frage in Übungsfall 2.

Folgt man der anderen Ansicht ist die Lumos AG Eigentümerin mit den Beschränkungen des Sicherungseigentums geworden. Obwohl sie rechtlich gesehen Eigentümerin ist, hat sie in der Insolvenz nur ein Absonderungsrecht, § 51 Nr. 1 Var. 1 InsO, da letztlich nur die Wirkungen eines Pfandrechts erzielt werden. Sie hat keinen Anspruch auf Herausgabe der Anhängerkupplungen, sondern auf den Erlös, der nach Verwertung der Anhängerkupplungen und Abzug der Kostenbeiträge verbleibt.[6] Dies entspricht der Funktion der Sicherungsübereignung als besitzloses Pfandrecht.

3. Einführungsfall

Die Pellet-GmbH hat zur Sicherheit eines Kredits alle gegenwärtigen und künftigen Forderungen an ihre Hausbank abgetreten. Einige Zeit später liefert die Get-it AG der Pellet-GmbH GPS-Navigationsgeräte unter verlängertem Eigentumsvorbehalt. Die Get-it AG hatte vor der Lieferung deutlich gemacht, dass sie ohne die Sicherheit eines verlängerten Eigentumsvorbehalts nicht liefern würde. Die Pellet-GmbH veräußert die Navigationsgeräte umgehend weiter. Schließlich wird das Insolvenzverfahren über das Vermögen der Pellet-GmbH eröffnet. Welche Rechte hat die Get-it AG?

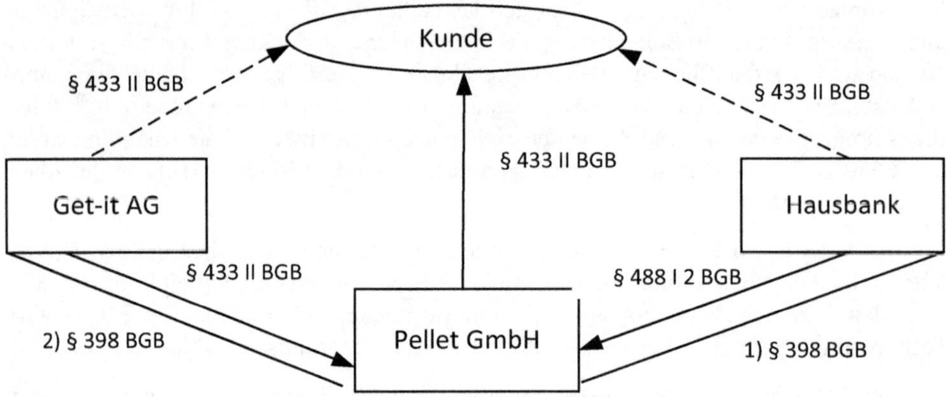

Lösung

Zu klären ist, ob die Get-it AG Inhaberin der Forderungen ist, die der Pellet GmbH infolge der Veräußerung gegen ihre Kunden zustehen.

6 § 170 I 1 InsO. Die Kostenbeiträge für Feststellung und Verwertung ergeben sich aus § 171 InsO. Sie betragen insgesamt 9 % des Verwertungserlöses. Häufig werden vertraglich aber noch höhere Kostenbeiträge vereinbart, wenn sich die Verwertung schwierig gestaltet (nur schwierig verwertbare Vorjahreskollektion, etc.).

Exkurs: Verlängerter Eigentumsvorbehalt. Ein verlängerter Eigentumsvorbehalt enthält eine Vereinbarung über (1) den Eigentumsvorbehalt, §§ 929, 158 I BGB, (2) die Einwilligung in die Veräußerung, § 185 I BGB, (3) die Vorausabtretung der durch Veräußerung erlangten Forderung, § 398 BGB, und (4) die Einwilligung in die Einziehung der Forderung.

Die Forderungen wurden zunächst an die Bank und erst anschließend im Rahmen des verlängerten Eigentumsvorbehalts an die Get-it AG abgetreten. Nach dem Prioritätsgrundsatz ist die Bank Forderungsinhaberin, sofern die Abtretung wirksam war. Mit Abschluss der Abtretung wäre sie dann an die Stelle der Pellet GmbH als Gläubigerin getreten, § 398 S. 2 BGB. Die Pellet GmbH könnte die Forderung nicht erneut abtreten. Der gutgläubige Erwerb einer Forderung kommt, abgesehen von der Abtretung unter Urkundenvorlage nach § 405 BGB, nicht in Betracht.

Die Abtretung an die Bank könnte jedoch nach § 138 I BGB unwirksam sein.[7]

Die Abtretung wäre sittenwidrig, wenn sie gegen das Anstandsgefühl aller billig und gerecht Denkenden verstoßen würde, wozu die herrschende Rechts- und Sozialmoral und die Wertordnung des Rechts (v.a. Grundrechte in ihrer objektiven Funktion) zu berücksichtigen sind. Es haben sich verschiedene Fallgruppen herausgebildet. Eine solche Fallgruppe ist die Verleitung zum Vertragsbruch. Sittenwidrigkeit läge demnach vor, wenn der Sicherungsgeber durch die Globalzession faktisch dazu gezwungen würde, seine Lieferanten dauerhaft über das Bestehen der Globalzession zu täuschen, um weiterhin Lieferungen von ihnen zu erhalten. Er könnte den Vertrag mit den Lieferanten als Sicherungsnehmern nicht einhalten. Eine derartige Verleitung zum Vertragsbruch ist objektiv sittenwidrig. Die Get-it AG würde ohne die Sicherheit eines verlängerten Eigentumsvorbehalts keine GPS-Geräte liefern. Die Pellet GmbH verletzt daher ihre vertraglichen Pflichten, wenn sie die Abtretung der Forderungen dennoch verspricht. Die objektiven Voraussetzungen des § 138 I BGB sind damit erfüllt.

In subjektiver Hinsicht reicht es für den Schädigungswillen aus, wenn der Bank die die Sittenwidrigkeit begründenden Umstände bewusst sind. Nicht zuletzt, da es sich hier um die Hausbank handelt, kann davon ausgegangen werden, dass ihr bewusst ist, dass die Pellet GmbH Waren unter verlängertem Eigentumsvorbehalt erhält.

Eine dingliche Verzichtsklausel, der gemäß die Bank als Sicherungszessionarin von vornherein auf die Abtretung von Forderungen verzichtet, die im Wege eines verlängerten Eigentumsvorbehalts abgetreten wurden, liegt nicht vor.[8] Die Globalzession ist daher nichtig.[9]

7 Im Fall von Allgemeinen Geschäftsbedingungen kann auch an § 307 I, II BGB angeknüpft werden.

8 Der BGH erkennt eine dingliche Teilverzichtsklausel gelegentlich im Wege der ergänzenden Vertragsauslegung an, um zumindest einen Teil der Zession zu retten. Dafür fehlt es hier aber an Sachverhalt.

9 Einen Freigabeanspruch gegenüber der Bank anstelle der Nichtigkeit gibt es nur bei Übersicherung, nicht bei der Kollision einer Globalzession mit verlängerten EVB.

Die Get-it AG ist Inhaberin der Forderungen geworden. Als solche kann sie ein Absonderungsrecht geltend machen, § 51 Nr. 1 Var. 2 InsO.[10]

> **4. Einführungsfall**
>
> Am 17.8.2021 hat die Pellet-GmbH einen LKW an Herrn Sükat verkauft. Er sollte am 1.12.2021 geliefert werden. In der Zwischenzeit, am 4.11.2021, wird das Insolvenzverfahren über das Vermögen der Pellet-GmbH eröffnet. Herr Sükat hat den Kaufpreis bereits vollständig bezahlt. Welche Rechte hat Herr Sükat?

Lösung

Herr Sükat hat gegen die Pellet GmbH einen Anspruch auf Übergabe und Übereignung des LKW aus § 433 I BGB. Im Gegensatz zu Herausgabeansprüchen fallen Verschaffungsansprüche nicht unter die „persönlichen", das heißt schuldrechtlichen, Ansprüche nach § 47 InsO.[11] Herr Sükat hat daher kein Aussonderungsrecht; dafür dürfte der LKW nicht zur Insolvenzmasse gehören. Die Forderung des Herrn Sükat wird stattdessen gemäß § 45 InsO in Geld umgerechnet und kann von ihm dann zur Tabelle angemeldet werden.

> **5. Einführungsfall**
>
> Eine Woche nach Verfahrensbeginn veräußert der Insolvenzschuldner ohne Mitwirkung des Verwalters sein Grundstück an Herrn Krause, der von der Insolvenz keinen Wind bekommen hatte. Das Grundbuch enthält keinen Insolvenzvermerk. Herr Krause wird als Eigentümer eingetragen. Ist die Veräußerung wirksam?
>
> **Variante:** Wie wäre die Rechtslage, wenn der Insolvenzschuldner sein Grundstück bei im Übrigen gleicher Sachlage nach Stellung des Insolvenzantrags, aber noch vor Eröffnung des Verfahrens veräußert hätte?
> a) Wenn kein Verfügungsverbot erlassen worden war?
> b) Wenn das Gericht einen Zustimmungsvorbehalt angeordnet hatte?
> c) Wenn das Gericht ein allgemeines Verfügungsverbot angeordnet hatte?

Lösung

Der Insolvenzschuldner war nicht verfügungsbefugt, § 80 I InsO. Verfügungen des Schuldners nach Verfahrenseröffnung sind gemäß § 81 I 1 InsO unwirksam. § 81 I 2 InsO schafft jedoch einen Gutglaubensschutz für den Erwerb von Grundstücken, sofern die entsprechenden Anforderungen der §§ 892 ff. BGB erfüllt sind. Da der Rechtsschein des Grundbuchs für ihn sprach, konnte das Grundstück wirksam an den gutgläubigen Dritten Herrn Krause veräußert werden, § 892 I BGB.

---

10 Es handelt sich nicht um ein Aussonderungsrecht. Obwohl der Get-it AG im Außenverhältnis alle Gläubigerrechte zukommen, ist sie im Innenverhältnis durch die Sicherungsabrede treuhänderisch gebunden. Die Forderungen sind wirtschaftlich gesehen der Pellet-GmbH zuzuordnen.

11 Ein Beispiel für ein solches persönliches Recht ist der Herausgabeanspruch des Vermieters auf Rückgabe einer vermieteten Sache, die ihm nicht gehört, § 546 I BGB.

Variante: a) Wenn kein Verfügungsverbot erlassen wird, bleibt der Schuldner verfügungsbefugt, so dass sich keine Probleme hinsichtlich der Veräußerungsbefugnis und der Wirksamkeit der Veräußerung ergeben.

b) In dieser Variante hat das Gericht einen Zustimmungsvorbehalt im Sinn des § 21 II Nr. 2 Var. 2 InsO angeordnet. Gemäß § 24 I InsO gilt bei einem Verstoß gegen eine der in § 21 II Nr. 2 vorgesehenen Verfügungsbeschränkungen § 81 InsO entsprechend. Wie bereits im Ausgangsfall war somit ein gutgläubiger Erwerb des Grundstücks gemäß § 81 I 2 InsO i.V.m. § 892 I BGB möglich.

c) Hier wurde dem Schuldner ein allgemeines Verfügungsverbot auferlegt, § 21 II 1 Nr. 1 u. Nr. 2 Alt. 1 InsO. Auch in dem Fall ist § 24 I InsO anwendbar, so dass wiederum ein gutgläubiger Erwerb möglich ist. § 24 I InsO unterscheidet nicht zwischen dem „starken" und dem „schwachen" vorläufigen Verwalter.

6. Einführungsfall

Nach Eröffnung des Verfahrens verkauft die Pellet-GmbH ohne Kenntnis des Verwalters Lagerbestände an die Kronum AG zum Verkehrswert von 70 000 EUR. Die Geschäftsführung der Pellet-GmbH leitet das Geld sofort an den Insolvenzverwalter weiter. Der Insolvenzverwalter ist mit dem Geschäft nicht einverstanden.

a) Kann der Verwalter das Geschäft mit der Kronum AG anfechten?
b) Muss die Kronum AG die erhaltenen Gegenstände zurückgeben?
c) Kann die Kronum AG den Kaufpreis zurückverlangen?
d) Wie verhält es sich, wenn die Kronum AG die Gegenstände wiederum an ihren Geschäftspartner, die FIHO-AG, weiterverkauft hat. Die FIHO-AG war gutgläubig und der Verwalter hatte die betroffenen Gegenstände noch nicht in seinen Besitz genommen, § 148 InsO.

Lösung
Teilfrage a)

Die insolvenzrechtliche Anfechtung richtet sich nach den §§ 129 ff. BGB.[12] Für ein Anfechtungsrecht des Verwalters müsste eine Rechtshandlung vor der Eröffnung des Insolvenzverfahrens vorgenommen worden sein und die Insolvenzgläubiger benachteiligt haben. Außerdem bedürfte es eines Insolvenzanfechtungsgrunds nach den §§ 130 ff. InsO.

Eine Rechtshandlung liegt mit der Veräußerung der Lagerbestände vor. Sie müsste auch aus der Zeit vor Eröffnung des Verfahrens stammen. Hier wurde erst nach der Verfahrenseröffnung verfügt. Eine Anfechtung scheidet damit aus, § 129 InsO. Es fehlt außerdem an der Gläubigerbenachteiligung, da die Insolvenzmasse mit dem marktgerechten Kaufpreis unmittelbar eine gleichwertige Gegenleistung erhalten hat, § 142 InsO.

---

12 Vgl. *Zimmermann*, Grundriss des Insolvenzrechts, 11. Aufl. 2018, Rn. 392 ff.

Teilfrage b)

Ein Anspruch könnte sich aus § 985 BGB ergeben. Die Pellet-GmbH müsste Eigentümerin, die Kronum AG Besitzerin ohne Recht zum Besitz sein.

Ursprünglich war die Pellet GmbH Eigentümerin der Gegenstände.

Die Pellet-GmbH könnte ihr Eigentum an die Kronum AG verloren haben. Eine dingliche Einigung liegt vor. Die Pellet-GmbH war jedoch nicht verfügungsbefugt, da die Verfügungsbefugnis auf den Insolvenzverwalter übergegangen war. Die Verfügung ist daher nach § 81 I 1 InsO unwirksam. Gutglaubensvorschriften sind im Insolvenzverfahren gemäß § 81 I 2 InsO nur für Immobilien, nicht aber für bewegliche Sachen, vorgesehen. Die Pellet-GmbH ist Eigentümerin geblieben.[13]

Die Kronum AG ist zudem Besitzerin ohne Recht zum Besitz. Der Kaufvertrag gibt kein Recht zum Besitz gegenüber dem Insolvenzverwalter. Der Anspruch aus § 985 BGB besteht.

Teilfrage c)

Der Anspruch der Kronum AG auf Rückzahlung des Kaufpreises könnte sich aus § 81 I 3 InsO ergeben. Nach dieser Norm ist die Gegenleistung aus der Insolvenzmasse zurück zu gewähren, soweit die Masse durch sie bereichert ist.

Dem Anspruch steht nicht entgegen, dass nach § 81 I 1 InsO nur die Verfügung des Schuldners, nicht jedoch das Verpflichtungsgeschäft unwirksam ist. Denn das wirksame Verpflichtungsgeschäft bindet nur den Schuldner, nicht die Insolvenzmasse, der gegenüber der Bereicherungsanspruch besteht.[14]

Die Masse müsste auch bereichert sein. Daran fehlt es, wenn der Erwerber an den Schuldner zahlt und dieser die Gegenleistung nicht an die Masse weiterleistet. Hier hatte die Geschäftsführung die Gegenleistung jedoch an den Insolvenzverwalter weitergeleitet.

Die Voraussetzungen des § 81 I 3 InsO liegen vor. Es handelt sich dabei um eine Masseverbindlichkeit, § 55 I Nr. 3 InsO.

(Wurde das schuldrechtliche Geschäft vor der Verfahrenseröffnung geschlossen, sind unter Umständen die §§ 103 InsO einschlägig, d.h. wenn noch keine Seite den Vertrag vollständig erfüllt hat.)

---

13 Anders verhielte es sich, wenn der Verwalter genehmigen würde, § 185 II 1 BGB.

14 Der Schuldner kann Verpflichtungsgeschäfte wirksam abschließen, denn § 81 I InsO erfasst nur Verfügungen, siehe BGH, NJW 2018, 2049, Rn. 17. Der Schuldner kann seine Verpflichtung ohne Mitwirkung des Insolvenzverwalters in der Regel allerdings nicht erfüllen, so dass der Vertragspartner Schadensersatz geltend machen kann. Die Schadensersatzforderung nimmt aber nicht am Insolvenzverfahren teil, denn es handelt sich weder um eine Insolvenzforderung gemäß § 38 InsO noch um eine Masseforderung nach § 55 InsO.

Teilfrage d)

Da der Verwalter den Besitz noch nicht ergriffen hatte, sind die Gegenstände nicht im Sinn des § 935 I BGB abhandengekommen. Die FIHO-AG konnte gutgläubig Eigentum an den Gegenständen erwerben, § 932 BGB.

> **7. Einführungsfall**
>
> Der Pheul KG verkauft der Pellet-GmbH im Oktober eine Drehmaschine für 80 000 EUR. Der Kaufpreis wird für zwei Monate gestundet. Die Übereignung der Drehmaschine steht unter dem Vorbehalt der Kaufpreiszahlung. Am 4.11.2021 wird das Insolvenzverfahren über das Vermögen der Pellet-GmbH eröffnet. Kann die Pheul KG Herausgabe oder Bezahlung der Maschine verlangen?
>
> **Variante:** Die Maschine wurde gleich vollständig übereignet.

Lösung

Der Anwendungsbereich von § 103 InsO könnte eröffnet sein.[15] Der Vertrag wurde von beiden Seiten noch nicht vollständig erfüllt, denn die Pheul KG hat die Maschine noch nicht übereignet und die Pellet-GmbH hat den Kaufpreis noch nicht bezahlt. Die Rechte der die Pheul KG hängen damit davon ab, ob der Insolvenzverwalter Erfüllung wählt oder nicht. Gemäß § 107 II 1 InsO, der für den Eigentumsvorbehalt den § 103 InsO leicht modifiziert,[16] braucht er die Erklärung erst nach dem Berichtstermin abzugeben.

Wählt der Verwalter Erfüllung, hat die Pheul KG als Massegläubigerin einen Anspruch auf Zahlung des Kaufpreises, § 55 I Nr. 2 InsO.

Lehnt der Verwalter die Erfüllung ab, erlischt der Kaufvertrag und die Pheul KG kann als Eigentümerin die Herausgabe der Maschine verlangen, § 47 InsO i.V.m. § 985 BGB.

Variante: Mit Übereignung der Maschine hat die Pheul KG ihre Pflichten vollständig erfüllt. Es ist damit kein Raum für § 103 InsO, der verlangt, dass der Vertrag „vom Schuldner **und** vom anderen Teil nicht oder nicht vollständig erfüllt“ ist. Ein Aussonderungsrecht an der Maschine scheitert daran, dass sie nicht mehr Eigentümerin ist.

Die Pheul KG hat lediglich eine Insolvenzforderung, da die Forderung bei Verfahrenseröffnung bereits begründet war, § 38 InsO. Sie muss ihre Forderung zur Insolvenztabelle anmelden, um an der Verteilung teilnehmen zu können, §§ 174 ff. InsO. Anstelle die Drehmaschine herausverlangen zu können, erhält die Pheul KG nur die Insolvenzquote auf die zur Insolvenztabelle angemeldeten 80 000 EUR, d.h. voraussichtlich nur etwa 3 000 EUR bis 5 000 EUR.[17]

---

15 Vgl. *Zimmermann*, Grundriss des Insolvenzrechts, 11. Aufl. 2018, Rn. 329 ff.

16 Vgl. *Zimmermann*, Grundriss des Insolvenzrechts, 11. Aufl. 2018, Rn. 347 ff.

17 Das Statistische Bundesamt nennt eine durchschnittliche Quote von 3,8% für 2018 beendete Insolvenzverfahren, vgl. https://www.destatis.de/DE/Themen/Branchen-Unternehmen/Unternehmen/Gewerbemeldungen-Insolvenzen/insolvenzverfahren-bis-2018.html (abgerufen 24.1.2021).

Dieses Beispiel veranschaulicht, wie wichtig der Eigentumsvorbehalt für den Lieferanten ist. In der Insolvenz des Kunden kann er den Unterschied bilden zwischen einer fast unversehrten Position durch die Möglichkeit, die bewegliche Sache heraus zu verlangen (mit Eigentumsvorbehalt) und dem Verlust der beweglichen Sache bei vernachlässigbar geringer Zahlung auf die Kaufpreisforderung (ohne Eigentumsvorbehalt).

Die Pheul KG sollte damit auf jeden Fall entweder einen Eigentumsvorbehalt oder Vorkasse vereinbaren, wobei sich der Eigentumsvorbehalt vermutlich deutlich leichter gegenüber der Pellet-GmbH durchsetzen lässt.

Exkurs: Der Kauf vom Schuldner unter Eigentumsvorbehalt, § 107 I InsO. § 107 I InsO schützt den Vorbehaltskäufer, d.h. eine Person, die vor der Insolvenz vom Schuldner unter Eigentumsvorbehalt gekauft hat. Der Vertrag ist von beiden Seiten noch nicht vollständig erfüllt, so dass § 103 InsO grundsätzlich anwendbar wäre. Hier macht § 107 I InsO eine Ausnahme von § 103 InsO und schützt das Anwartschaftsrecht des Vorbehaltskäufers. In ähnlicher Weise schützt § 106 InsO den Vormerkungsberechtigten.

8. Einführungsfall

Herr Brock ist seit mehr als zehn Jahren in der Pellet-GmbH als Controller beschäftigt. Am 4.11.2021 wird über das Vermögen der Pellet-GmbH das Insolvenzverfahren eröffnet. Herr Brock hatte im September das letzte Gehalt bekommen.

a) Zu welchem Zeitpunkt kann ihm der Verwalter frühestmöglich kündigen oder sich anderweitig ohne das Einverständnis des Herrn Brock von dem Vertrag lösen?
b) Welche Ansprüche hat Herr Brock?
c) Aus Frust verprügelt Herr Brock einen Mitarbeiter des Insolvenzverwalters. Ist eine fristlose Kündigung möglich?

Lösung
Teilfrage a)

Zu prüfen ist zunächst, ob dem Insolvenzverwalter anstelle einer Kündigung durch Wahl der Nichterfüllung des Arbeitsvertrags eine Trennung von Herrn Brock gelingt.

Nach dem Grundtatbestand des § 103 I InsO besteht das Wahlrecht, wenn ein gegenseitiger Vertrag zur Zeit der Eröffnung des Insolvenzverfahrens vom Schuldner **und** vom anderen Teil nicht oder nicht vollständig erfüllt ist. Bei einem Arbeitsverhältnis handelt es sich um einen gegenseitigen Vertrag, der, wie von § 103 I InsO gefordert, von beiden Vertragsparteien noch nicht vollständig erfüllt wurde. Insoweit liegen die Voraussetzungen der Nichterfüllungswahl vor.

Etwas anderes könnte sich aus den §§ 104 ff. InsO ergeben, die bestimmte Sachverhalte von der Erfüllungswahl ausnehmen. Gemäß § 108 I 1 Alt. 2 InsO bestehen Dienstverhältnisse des Schuldners mit Wirkung für die Insolvenzmasse fort.[18] Dem Insolvenzverwalter ist daher der Weg, Nichterfüllung zu wählen, versperrt.

Dennoch gibt das Insolvenzverfahren dem Schuldner eine günstigere Position hinsichtlich der Kündigung. Nach § 113 S. 1, 2 InsO beträgt die Kündigungsfrist maximal drei Monate zum Monatsende, unabhängig davon, ob sich aus § 622 II BGB aufgrund einer langen Betriebszugehörigkeit oder einer entsprechenden Regelung im Arbeitsvertrag eine längere Kündigungsfrist ergibt.

Exkurs: Die Insolvenz als Werkzeug der operativen Sanierung. Die Regelung des § 113 InsO erleichtert den Abbau von Personal in der Insolvenz, ähnlich wie § 109 InsO einen Exit aus langlaufenden Mietverträgen ermöglicht. § 123 InsO reduziert zudem das Sozialplanvolumen beim Abbau von Personal in der Insolvenz. Dennoch ist die Insolvenz regelmäßig nicht das Verfahren der Wahl für eine operative Restrukturierung, denn die direkten und indirekten Kosten sind hoch und der Einfluss des Gesellschafters gefährdet.

Die Kündigungsfrist des Herrn Brock beträgt daher trotz der zehnjährigen Betriebszugehörigkeit nicht vier Monate, § 622 II Nr. 4 BGB, sondern ist auf drei Monate beschränkt. Herr Brock kann zum 28.2.2022 gekündigt werden.

Teilfrage b)

Herr Brock hat Ansprüche auf Zahlung seines Gehalts, § 611 I Alt. 2 BGB, sowie Schadensersatzansprüche.

Seine Ansprüche auf das Gehalt für Zeit vor Verfahrenseröffnung sind eine Insolvenzforderung,[19] für Zeit zwischen Verfahrenseröffnung und Vertragsende vom 4.11.2021 bis zum 28.2.2021 hingegen eine Masseforderung, § 55 I Nr. 2 Fall 2 InsO, da die Leistung auch für die Zeit nach der Eröffnung des Insolvenzverfahrens erfolgen muss.

Außerdem kann Herr Brock nach § 113 S. 3 InsO als Schadensersatz dasjenige ersetzt verlangen, was er an Gehalt bei Geltung der regulären Kündigungsbedingungen erhalten hätte. Herr Brock hat damit eine Insolvenzforderung in Höhe eines Monatsgehalts.[20]

Hinzu kommen gegebenenfalls Ansprüche aus einem Sozialplan, der in der Insolvenz allerdings betragsmäßig durch § 123 InsO begrenzt wird.

---

18 Vgl. *Zimmermann*, Grundriss des Insolvenzrechts, 11. Aufl. 2018, Rn. 368 ff.

19 Sie werden allerdings häufig durch das Insolvenzgeld nach §§ 165 ff. SGB III in voller Höhe beglichen, um die Arbeitnehmer zur Weiterarbeit zu motivieren.

20 Bei Unkündbarkeit des Arbeitnehmers ist der Anspruch auf die längste ordentliche Kündigungsfrist beschränkt. Der Arbeitnehmer muss sich anrechnen lassen, was er anderweitig verdient (entsprechend dem Gedanken des § 615 S. 2 BGB). Auch § 254 BGB ist zu berücksichtigen, wenn der Arbeitnehmer eine andere Tätigkeit, die ihm zumutbar ist, nicht aufnimmt.

Teilfrage c)

Eine fristlose Kündigung aus wichtigem Grund nach § 626 I BGB ist auch in der Insolvenz möglich. Denn § 113 InsO enthält nur eine Spezialregelung für die Kündigungsfrist. Die Möglichkeit der ordentlichen und außerordentlichen Kündigung und das Erfordernis des Vorliegens eines Kündigungsgrundes bleiben von dieser Regelung unberührt.

9. Einführungsfall

Am 25.8.2021 beantragt Herr Guldrun zur Vollstreckung einer Geldforderung in Höhe von 100 000 EUR die Eintragung einer Zwangshypothek an einem Grundstück der Pellet-GmbH (§§ 866 I, 867 ZPO, § 1184 BGB).[21] Die Hypothek wird am 20.10.2021 eingetragen. Am 7.10.2021 war die Eröffnung des Insolvenzverfahrens beantragt worden. Hat die Zwangshypothek in der Insolvenz Bestand?

Lösung

Die Hypothek könnte in der Insolvenz aufgrund der sogenannten Rückschlagsperre des § 88 InsO keinen Bestand haben. Demnach wird eine Sicherung, die ein Insolvenzgläubiger im letzten Monat vor dem Antrag auf Eröffnung des Insolvenzverfahrens oder nach diesem Antrag durch Zwangsvollstreckung an dem zur Insolvenzmasse gehörenden Vermögen des Schuldners erlangt hat, mit der Eröffnung des Verfahrens unwirksam.

Herr Guldrun hat eine Sicherheit in Gestalt der Zwangshypothek erlangt. Dies geschah auch im Wege der Zwangsvollstreckung. Gemäß §§ 866 I, 867 ZPO erfolgt die Zwangsvollstreckung wegen Geldforderungen in ein Grundstück durch Eintragung einer Sicherungshypothek. Die Mindesthöhe des § 866 III ZPO von 750 EUR wurde eingehalten.

Dies müsste auch im letzten Monat vor dem Antrag auf Eröffnung des Insolvenzverfahrens oder nach diesem Antrag geschehen sein. Entscheidend ist die Eintragung der Zwangshypothek, da der Sicherungsnehmer die Sicherheit erst zu diesem Zeitpunkt „erlangt hat". Die Eintragung fand am 20.10.2021 statt und damit nach dem Insolvenzantrag.

Die Zwangshypothek ist daher absolut unwirksam. Der Verwalter muss sich nicht auf die Anfechtung berufen und Anfechtungsklage erheben. Dies ist vorteilhaft, denn die Anfechtung würde zwar zum selben Ergebnis führen, wäre aber langwieriger.

Herr Guldrun kann sich auch nicht auf die Gutglaubensvorschriften der §§ 81 II, 91 II InsO berufen, da diese einen Rechtserwerb **nach** Eröffnung des Verfahrens betreffen. Hier fand der Rechtserwerb jedoch im Eröffnungsverfahren statt.

21 Es handelt sich um eine Sicherungshypothek, da sie dem Gläubiger nur eine Sicherung und keine Befriedigung verschafft.

10. Einführungsfall

Die Pellet-GmbH hatte zwei Wochen vor Eröffnung des Verfahrens einen neuen Gabelstapler für marktgerechte 12 000 EUR gekauft. Sie hatte im Einklang mit dem Kaufvertrag den Gabelstapler sofort erhalten und eine Woche später den Kaufpreis beglichen. Der Insolvenzverwalter möchte den Kauf anfechten. Zu Recht?

Lösung

Für einen Rückgewähranspruch aus Anfechtung gemäß § 143 I 1 InsO müssten die Voraussetzungen der Anfechtung vorliegen. Gemäß § 129 I InsO müsste eine Rechtshandlung vor der Eröffnung des Insolvenzverfahrens vorgenommen worden sein und die Insolvenzgläubiger benachteiligt haben. Weiter bedürfte es eines Anfechtungsgrundes nach den §§ 130 ff. InsO.

Es müsste eine Rechtshandlung vorliegen. Das Tatbestandsmerkmal der Rechtshandlung ist weit auszulegen. Es betrifft jedes Handeln, das eine rechtliche Wirkung auslöst.[22] Vorliegend wurde der Insolvenzmasse die Verpflichtung auferlegt, einen Gabelstapler zu bezahlen.

Die Rechtshandlung müsste vor der Eröffnung des Insolvenzverfahrens vorgenommen worden sein. Dem Sachverhalt nach fand der Kauf zwei Wochen vor der Eröffnung des Insolvenzverfahrens statt.

Die Rechtshandlung müsste die Gläubiger benachteiligt haben. Eine Benachteiligung der Gläubiger liegt immer dann vor, wenn die Befriedigungsmöglichkeiten der Insolvenzgläubiger geschmälert werden.[23] Hier wurden 12 000 EUR aus dem Vermögen der Pellet-GmbH weggeben, so dass eine Benachteiligung der Gläubiger zu bejahen ist.

Es könnte gemäß § 142 I InsO dennoch an der Anfechtbarkeit der Rechtshandlung fehlen, wenn unmittelbar eine gleichwertige Gegenleistung in das Vermögen der Pellet-GmbH gelangt wäre. Die Pellet-GmbH hat einen Gabelstapler im Wert von 12 000 EUR und damit eine gleichwertige Gegenleistung erhalten. Auch das Tatbestandsmerkmal der Unmittelbarkeit ist zu bejahen. Eine Woche zeitlicher Differenz zwischen den Rechthandlungen schadet nicht. Zudem musste die Masse nicht in Vorleistung gehen, da zuerst der Gabelstapler geliefert wurde, bevor der Kaufpreis beglichen wurde.

Die Anfechtbarkeit nach § 130 InsO ist daher gemäß § 142 I InsO ausgeschlossen. Für eine Anfechtung der Kaufpreiszahlung nach § 131 InsO ist kein Raum, da die Zahlung im Einklang mit dem Kaufvertrag erfolgt ist.

---

22 Auch Vollstreckungsakte lassen sich unter den Begriff der Rechtshandlung subsumieren.

23 Eine Verminderung der Insolvenzmasse tritt im Übrigen nicht erst bei Zahlung einer Geldsumme oder Weggabe eines Massegegenstands vor, sondern bereits dann, wenn die Verbindlichkeiten vermehrt werden.

Exkurs: § 142 InsO gilt nicht bei inkongruenter Deckung. Der BGH beschränkt die Wirkung des Bargeschäftsprivilegs gemäß § 142 I InsO auf die kongruente Deckung und nimmt damit den Anfechtungsgrund des § 131 InsO von dem Bargeschäftsprivileg aus.[24] Bei Inkongruenz fehle es an der für eine Vereinbarung zwischen Schuldner und Anfechtungsgegner über die beiderseits zu erbringenden Leistungen, wie sie § 142 I InsO voraussetzt (Argument: „für die" in § 142 I InsO setzt Anspruch, d.h. kongruente Deckung voraus).

11. Einführungsfall

Die Tilger AG hat eine Forderung von 75 000 EUR gegen die Pellet-GmbH. Sie weiß, dass die Pellet-GmbH zahlungsunfähig ist. Kurz vor der Eröffnung des Verfahrens kauft die Tilger AG die EDV-Anlage der Pellet-GmbH für marktgerechte 80 000 EUR. Im wenig später eröffneten Verfahren rechnet die Tilger AG gegen die Forderung der Pellet-GmbH auf. Ist die Aufrechnung zulässig?

Lösung

Die Aufrechnung könnte unzulässig sein.

Grundsätzlich wird die Möglichkeit der Aufrechnung durch die Insolvenzordnung nicht beschnitten, § 94 InsO.[25] Dahinter steht die Überlegung, dass ein aufrechnungsberechtigter Gläubiger in seiner Rechtsposition einem gesicherten Gläubiger ähnelt: Vergleichbar einem gesicherten Gläubiger und anders als die ungesicherten Gläubiger muss er den Schuldner nicht überwachen, da er die Forderung des Schuldners im Wege der Aufrechnung zum Erlöschen bringen kann.

Gemäß § 96 I InsO ist die Aufrechnung jedoch für bestimmte Konstellationen ausgeschlossen. Einschlägig könnte hier § 96 I Nr. 3 InsO sein. Demnach ist die Aufrechnung unzulässig, wenn ein Insolvenzgläubiger die Möglichkeit der Aufrechnung durch eine anfechtbare Rechtshandlung erlangt hat.

Gemäß § 94 InsO, der von der bloßen Berechtigung zur Aufrechnung spricht, kommt es darauf an, ob die Aufrechnungslage durch eine anfechtbare Handlung hergestellt wurde. Die Aufrechnungserklärung hingegen ist nicht anfechtbar. Die durch die Aufrechnungserklärung herbeigeführte „Rechtsgestaltung führt nicht zu einer selbstständigen Benachteiligung der Insolvenzgläubiger, wenn die zugrundeliegende Aufrechnungslage materiell- und insolvenzrechtlich wirksam ist".[26]

Vorliegend hat die Tilger AG die Möglichkeit zur Aufrechnung durch den Erwerb der EDV-Anlage der Pellet-GmbH kurz vor Eröffnung des Verfahrens erworben. Diese Rechtshandlung könnte anfechtbar sein.

---

24 BGH, NJW 2002, 1722; BGH, NJW-RR 2004, 1493.

25 Vgl. *Zimmermann*, Grundriss des Insolvenzrechts, 11. Aufl. 2018, Rn. 265 ff.

26 *Lohmann/Reichelt*, in: MüKo-InsO, 4. Aufl. 2019, § 96, Rn. 42.

Es müssten die Voraussetzungen der Anfechtung vorliegen. Gemäß § 129 I InsO müsste eine Rechtshandlung vor der Eröffnung des Insolvenzverfahrens vorgenommen worden sein und die Insolvenzgläubiger benachteiligt haben. Weiter bedürfte es eines Anfechtungsgrundes nach den §§ 130 ff. InsO.

a) Rechtshandlung vor Verfahrenseröffnung: Eine Rechtshandlung vor Verfahrenseröffnung liegt mit dem Ankauf der EDV-Anlage vor.

b) Gläubigerbenachteiligung: Die Rechtshandlung müsste die Gläubiger benachteiligen, § 129 I InsO. Dies wäre der Fall, wenn die Rechtshandlung ohne Hinzutreten weiterer Umstände zu einer Verkürzung des Schuldnervermögens geführt hätte. Die Insolvenzmasse wurde um die EDV-Anlage vermindert. Die Anlage beziehungsweise die Erlöse aus ihrer Verwertung stehen für die Gläubiger der Pellet GmbH nicht mehr zur Verfügung.

Allerdings wurde für die EDV-Anlage ein marktgerechter Preis von 80 000 EUR vereinbart. Die Anfechtung könnte daher gemäß § 142 InsO ausgeschlossen sein. Das wäre der Fall, wenn eine gleichwertige Gegenleistung in das Vermögen der Pellet-GmbH gelangt wäre. Vorliegend sind die 80 000 EUR jedoch nicht in das Vermögen der Pellet-GmbH gelangt. Stattdessen ist eine Verbindlichkeit der Pellet-GmbH erloschen. Diese Verbindlichkeit belief sich zwar auf 80 000 EUR. Die 80 000 EUR hätten jedoch nur in Höhe der Quote und nicht in voller Höhe befriedigt werden müssen. Die Insolvenzmasse ist daher um die Differenz zwischen der Quote und den vollen 80 000 EUR geschmälert.[27] Eine Benachteiligung der Gläubiger im Sinn des § 129 I 1 InsO liegt damit vor.

Exkurs: § 96 I Nr. 3 InsO. Die Voraussetzungen des § 96 I Nr. 3 InsO liegen nach dieser Sichtweise bereits dann vor, wenn zwar die Gegenforderung (also die Forderung des Insolvenzgläubiger), „mit" der aufgerechnet wird, für sich genommen nicht anfechtbar zustande gekommen ist, sondern ein Bargeschäft darstellt, jedoch durch die Gegenforderung die Aufrechnungslage hergestellt wurde und damit eine Benachteiligung der Gläubiger eingetreten ist.

c) Anfechtungsgrund: Es müsste auch ein Anfechtungsgrund gegeben sein.

In Betracht kommt § 130 InsO. Für die Abgrenzung zwischen § 130 InsO (kongruente Deckung) und § 131 InsO (inkongruente Deckung) ist danach zu fragen, ob der Gläubiger einen Anspruch auf Befriedigung hatte (vgl. den Wortlaut des § 131 I InsO: „Befriedigung gewährt oder ermöglicht hat, die er nicht oder nicht in der Art oder nicht zu der Zeit zu beanspruchen hatte"). § 130 InsO ist auch neben § 131 InsO anwendbar. Während § 130 InsO sowohl kongruente wie inkongruente Deckungen erfasst, schafft § 131 InsO für inkongruente Deckungen gewisse Erleichterungen.

27 Bei einer Quote von 5 % Befriedigung, wären auf die 80 000 EUR nur mehr 4 000 EUR gezahlt worden. Stattdessen wurden die vollen 80 000 EUR gezahlt.

Exkurs: Deckungsanfechtung. Die Deckungsanfechtung umfasst solche Anfechtung wegen Rechtshandlungen, die dem Anfechtungsgegner eine Sicherung oder Befriedigung (= Deckung) gewährt haben.

Vorliegend erfolgte die Befriedigung durch Aufrechnung, § 389 BGB. Die Differenzierung zwischen den §§ 130, 131 InsO ist daher danach zu treffen, ob zunächst die Gegenforderung der Tilger AG bestand oder zunächst die Hauptforderung der Pellet-GmbH.

Wenn zuerst die Gegenforderung (Forderung der Tilger AG gegen die Pellet-GmbH) bestanden hatte, wäre es zu kongruenter Deckung gekommen. Die Tilger AG hätte dann einen Anspruch auf Bezahlung der Gegenforderung gehabt. Anschließend wird nun die Hauptforderung begründet und der Anspruch der Tilger AG durch Aufrechnung erfüllt, sprich Befriedigung im Sinn des § 130 InsO gewährt.

Umgekehrt verhielte es sich, wenn die Hauptforderung (Forderung der Pellet-GmbH gegen die Tilger AG) zuerst bestanden hatte. Dann würde die Aufrechnungslage einem Insolvenzgläubiger Befriedigung ermöglichen, ohne dass er einen Anspruch darauf hatte, so dass ein Fall des § 131 InsO vorläge.

Es bestand zuerst die Forderung der Tilger AG, so dass die Voraussetzungen des Insolvenzgrundes des § 130 InsO erfüllt sind.[28]

Ergebnis: Die Voraussetzungen des § 96 I Nr. 3 InsO sind gegeben und die Aufrechnung ist ausgeschlossen.

28 Kongruente und inkongruente Deckung schließen sich nicht gegenseitig aus, sondern die kongruente Deckung ist mit ihren strengeren Voraussetzungen im weiter gefassten Tatbestand der inkongruenten Deckung enthalten.

Übungsfälle

Übungsfall 1

Der Übergang der Verfügungsbefugnis

Seit etlichen Monaten war die Schernhorst OHG auf der Suche nach einem Grundstück gewesen, auf dem sie ein repräsentatives Verwaltungsgebäude errichten wollte. Im August 2021 ergab sich ein zufälliger Kontakt mit der Pellet-GmbH, die eines ihrer Betriebsgrundstücke in München veräußern wollte.

Am Freitag, den 16. Oktober 2021, begab man sich zum Zwecke des Vertragsschlusses gemeinsam zu einem Notar. Dort wurde formgerecht ein Kaufvertrag über das genau bezeichnete Grundstück abgeschlossen. Die Pellet GmbH wurde dabei ordnungsgemäß durch ihren Geschäftsführer Herrn Dr. Glas vertreten, die Schernhorst OHG durch den Gesellschafter Herrn Reng. Der Kaufpreis belief sich auf 350 000 EUR.

Die Auflassung wurde noch nicht erklärt. Die Pellet GmbH bewilligte jedoch die Eintragung einer Vormerkung. Auch dies wurde notariell beurkundet.

Am Dienstag, 20.10.2021 stellte die Schernhorst OHG bei dem zuständigen Grundbuchamt einen ordnungsgemäßen Antrag auf Eintragung der Vormerkung (vgl. §§ 13, 19 GBO). Von der Beantragung der Eintragung des Grundstückserwerbs selbst wurde dagegen noch abgesehen, da die Schernhorst OHG gegen Ende des Jahres eine größere Steuerrückzahlung erwartete und erst dann wieder über ausreichende Liquidität zur Begleichung des Kaufpreises verfügen würde.

Nachdem am 7. Oktober Insolvenzantrag gestellt worden war, wird am 4.11.2021 das Insolvenzverfahren über das Vermögen der Pellet GmbH eröffnet und der renommierte Sanierer Herr Ostler zum Insolvenzverwalter bestellt. Nichtsdestotrotz wird die Vormerkung vom Grundbuchamt am 11.11.2021 ins Grundbuch eingetragen. Es ist kein Vermerk nach § 32 InsO beim Registeramt eingegangen. Am 17. November, teilt Herr Ostler der Schernhorst OHG mit, er sehe sich zur Vertragserfüllung außerstande. Sollte der Schernhorst OHG ein Schaden entstanden sein, könne sie ihn zur Tabelle anmelden.

Die Schernhorst OHG möchte sich nicht derart abspeisen lassen und pocht auf die Erfüllung des Vertrags. Sie habe bereits mit den Planungen für den Bau ihres neuen Verwaltungsgebäudes begonnen. Außerdem habe sie bis zur Mitteilung durch den Insolvenzverwalter am 17. November weder Kenntnis von den massiven Liquiditätsschwierigkeiten der Pellet GmbH gehabt noch Kenntnis davon haben müssen. Der Insolvenzverwalter erwidert, die Vormerkungsbestellung sei für ihn in mehrfacher Hinsicht unbeachtlich. Überdies könne die Vormerkung jederzeit durch ihn vernichtet werden.

Die Schernhorst OHG erhebt daraufhin eine zulässige Klage zum Landgericht München I auf Übergabe und Übereignung des Grundstücks Zug um Zug gegen Kaufpreiszahlung.

Bearbeitervermerk: Wie beurteilen Sie die Erfolgsaussichten der beiden Klagen in der Sache?

Übersicht zur Abfolge der Ereignisse:

16. Oktober	Notariell beurkundeter Kaufvertrag und Bewilligung der Vormerkung
20. Oktober	Antrag der Schernhorst OHG auf Vormerkung
4. November	Eröffnung des Insolvenzverfahrens
11. November	Eintragung der Vormerkung ins Grundbuch
17. November	Ablehnung der Erfüllung durch den Insolvenzverwalter

Lösung

A. Die Klage der Schernhorst OHG
  I. Entstehung des Anspruchs
  II. Erlöschen des Anspruchs
  III. Durchsetzbarkeit des Anspruchs
    1. Voraussetzungen des § 103 InsO
    2. Modifikation des § 103 InsO durch § 106 I 1 InsO (Vormerkung)
      a) Gutgläubiger Erwerb nach § 81 I 2 InsO
      b) Gutgläubiger Erwerb nach § 91 II InsO i.V.m. § 878 BGB
        (1) Anwendbarkeit des § 878 BGB
        (2) Voraussetzungen des § 878 BGB analog
      c) Erwerb der Vormerkung erst nach Eröffnung des Insolvenzverfahrens
    3. Anfechtbar erlangte Rechtsposition?
      a) Rechtshandlung, § 129 InsO
      b) Vor Eröffnung des Verfahrens, §§ 129, 147, 140 InsO
      c) Benachteiligung der Gläubiger
      d) Anfechtungsgrund
        (1) § 130 InsO (kongruente Deckung)
        (2) § 131 InsO (inkongruente Deckung)
        (3) § 132 InsO
        (4) Weitere Anfechtungsgründe
      e) Ergebnis zur Anfechtung
    4. Ergebnis zur Durchsetzbarkeit
  IV. Ergebnis zur Begründetheit
B. Ergebnis

A. Die Klage der Schernhorst OHG

Die zulässige Klage der Schernhorst OHG hätte Aussicht auf Erfolg in der Sache, wenn der Klägerin ein Anspruch aus § 433 I BGB auf Verschaffung des Eigentums an dem Grundstück zustünde. Der Anspruch richtet sich auf die dingliche Einigungserklärung nach §§ 873, 925 I BGB (Auflassung) und die Bewilligung der Eintragung in das Grundbuch durch den Insolvenzverwalter, § 19 GBO.

Exkurs: § 19 GBO. § 19 GBO ist Ausdruck des sogenannten „formellen Konsensprinzips“. Demnach muss die dingliche Einigung vor dem Grundbuchamt nicht nachgewiesen werden, sondern es genügt die einseitige Bewilligung desjenigen, dessen Recht von der Eintragung betroffen wird. Eine wichtige Ausnahme macht § 20 GBO für die Übereignung eines Grundstücks und im Fall eines Erbbaurechts. Hier muss die Einigung nachgewiesen werden (daher „materielles Konsensprinzip“). Schon aufgrund dieses Erfordernisses wird ein Notar die Auflassung (§ 925 BGB) beurkunden, zudem aufgrund der damit einhergehenden Bindungswirkung nach § 873 II BGB.

I. Entstehung des Anspruchs

Der Anspruch auf Übergabe und Übereignung ist entstanden: Die Schernhorst OHG und die Pellet GmbH haben einen formgerechten Kaufvertrag über das Grundstück geschlossen, §§ 311b I, 433 BGB. Sie wurden dabei ordnungsgemäß vertreten, § 125 I HGB, § 35 I 1 GmbHG.

II. Erlöschen des Anspruchs nach § 103 InsO?

Der Anspruch dürfte nicht nach § 103 InsO erloschen sein.[1]

Denkbar wäre, dass die Erfüllungsansprüche aus gegenseitig noch nicht erfüllten Verträgen mit der Eröffnung des Insolvenzverfahrens erlöschen. Das Erfüllungsverlangen des Insolvenzverwalters würde dann die Neuentstehung der beiden Primäransprüche bewirken, während die Ablehnung deklaratorisch das Erlöschen bestätigten würde.

Die besseren Argumente sprechen jedoch gegen diese Erlöschenstheorie. So lässt sich mit ihr nicht erklären, warum nach Aufhebung des Insolvenzverfahrens der erloschene Primäranspruch des Insolvenzgläubigers wieder unbeschränkt geltend gemacht werden kann (§ 201 InsO).

Weiter steht die Erlöschenstheorie im Widerspruch zu den §§ 115, 116 InsO, die das Erlöschen der Primaransprüche bei Aufträgen und Geschäftsbesorgungen normieren und daher funktionslos würden, wenn sich das Erlöschen bereits aus § 103 InsO ergäbe.

Die Erfüllungswahl des Insolvenzverwalters verleiht den Ansprüchen daher Durchsetzbarkeit als Masseverbindlichkeiten (§ 55 I Nr. 2 Alt. 1 InsO), während es bei Erfüllungsablehnung bei der fehlenden Durchsetzbarkeit bleibt. Eine Erlöschens- beziehungsweise Umgestaltungswirkung tritt nur ein, wenn der Vertragspartner eine Forderung wegen Nichterfüllung geltend macht.[2]

Demnach ist der Anspruch auf Zahlung des Kaufpreises nicht durch die Eröffnung des Insolvenzverfahrens erloschen.

III. Durchsetzbarkeit des Anspruchs, § 103 InsO

Der Anspruch könnte aufgrund der Wahl der Nichterfüllung gemäß § 103 I InsO nicht durchsetzbar sein. Dafür müssten die Voraussetzungen des § 103 I InsO vorliegen und der Anspruch der Schernhorst OHG dürfte nicht unter einen der Ausnahmetatbestände der §§ 104 ff. InsO fallen.

1. Voraussetzungen des § 103 InsO

Gemäß § 103 I InsO müsste ein gegenseitiger Vertrag vorliegen, der zur Zeit der Eröffnung des Insolvenzverfahrens vom Schuldner und vom anderen Teil nicht oder nicht

1 Vgl. *Zimmermann*, Grundriss des Insolvenzrechts, 11. Aufl. 2018, Rn. 329 ff.
2 Auch der BGH, der früher die Erlöschenstheorie vertrat, folgt inzwischen dieser Auffassung.

vollständig erfüllt ist. Außerdem müsste der Insolvenzverwalter Nichterfüllung gewählt haben.

Der Kaufvertrag stellt einen gegenseitigen Vertrag im Sinn von § 320 I 1 BGB dar.[3]

Dieser Vertrag dürfte vom Schuldner „und" vom anderen Teil zur Zeit der Eröffnung des Insolvenzverfahrens nicht oder noch nicht vollständig erfüllt worden sein.[4] Im vorliegenden Fall hat die Schernhorst OHG den Kaufpreis noch nicht beglichen und auch die Pellet GmbH ist ihrer Verpflichtung zur Verschaffung des Eigentums noch nicht nachgekommen. Der Vertrag wurde damit von beiden Seiten noch nicht vollständig erfüllt.

Schließlich müsste die Ablehnung der Erfüllung durch den Insolvenzverwalter erklärt worden sein. Diese Erklärung liegt mit der Mitteilung des Verwalters vom 15. November jedenfalls konkludent vor.

Die Voraussetzungen der Erfüllungsablehnung nach § 103 I InsO sind soweit gegeben.

2. Modifikation des § 103 InsO durch § 106 I 1 InsO (Vormerkung)

Der Anwendungsbereich des § 103 I InsO könnte jedoch nach den §§ 104 ff. InsO ausgeschlossen sein. In Betracht kommt hier der Ausnahmetatbestand des § 106 I 1 InsO.[5] Demnach kann der Gläubiger für seinen Anspruch Befriedigung aus der Insolvenzmasse verlangen, wenn zur Sicherung eines Anspruchs auf Einräumung eines Rechts an einem Grundstück des Schuldners eine Vormerkung im Grundbuch eingetragen ist. Die Sicherungsfunktion der Vormerkung soll auch im Insolvenzverfahren gewahrt bleiben.[6] Zu prüfen ist, ob die Voraussetzungen des § 106 I InsO vorliegen.

Es müsste eine Vormerkung wirksam bestellt worden sein, §§ 883 I, 885 BGB. Dies setzt nach § 883 I BGB das Bestehen eines Anspruchs auf Einräumung eines Rechts an einem Grundstück, die Bewilligung der Eintragung gemäß § 885 I 1 Alt. 1 BGB und die Berechtigung desjenigen, der die Vormerkung einräumt voraus.

Ein zu sichernder Anspruch auf Einräumung eines Rechts an einem Grundstück liegt mit dem Anspruch auf Übereignung aus § 433 I BGB vor.

Die Vormerkung wurde auch ordnungsgemäß bewilligt, § 885 I 1 Alt. 1 BGB, und eingetragen, § 883 I BGB.

Zweifelhaft ist allerdings die Verfügungsbefugnis der Pellet GmbH zum Zeitpunkt des Erwerbs der Vormerkung durch die Schernhorst OHG. Bei einem Vormerkungserwerb

3 Aufgrund des Erfordernisses eines gegenseitigen Vertrags gilt § 103 I InsO nicht für einseitig verpflichtende Verträge wie eine Schenkung oder eine Bürgschaft und auch nicht für unvollkommen zweiseitige Verträge, wie die Leihe, den Auftrag oder einen unentgeltlichen Verwahrvertrag.

4 Sobald also auch nur einseitig erfüllt worden ist, fehlt es an diesem Tatbestandsmerkmal des § 103 I InsO.

5 Vgl. *Zimmermann*, Grundriss des Insolvenzrechts, 11. Aufl. 2018, Rn. 345.

6 Die Vormerkung bietet einen vergleichbaren Schutz wie ein Eigentumsvorbehalt. Dieser ist nur für bewegliche Sachen möglich, denn bei unbeweglichen Sachen ist die dingliche Einigung unter einer Bedingung gemäß § 925 II BGB unwirksam.

handelt es sich um einen mehraktigen Erwerbstatbestand. Die Eintragung als letzter Akt des Erwerbs wurde erst nach Eröffnung des Verfahrens vorgenommen. Die Verfügungsbefugnis muss grundsätzlich auch noch zu diesem Zeitpunkt vorliegen.

Da mit der Eröffnung des Insolvenzverfahrens die Verfügungs- und Verwaltungsbefugnis auf den Insolvenzverwalter übergeht, § 80 I InsO, sind mehraktige Verfügungstatbestände, die zur Zeit der Eröffnung des Insolvenzverfahrens noch nicht vollständig abgeschlossen waren, grundsätzlich unwirksam.

Etwas anderes ergäbe sich, sofern zugunsten des Erwerbers der Vormerkung Schutzvorschriften eingreifen, die über die beschränkte Verfügungsbefugnis hinweghelfen.

Exkurs: Vormerkung. Bei der Vormerkung handelt es sich um ein Sicherungsmittel eigener Art zur Sicherung von Ansprüchen im Zusammenhang mit Grundstücken, zum Beispiel des Anspruchs auf Eigentumsübertragung aus § 433 I BGB.

Auch künftige und bedingte Ansprüche können gesichert werden. Der Rechtsboden für den Anspruch muss allerdings angelegt sein, vergleichbar der Abtretung künftiger Forderungen.

Die Vormerkung ist akzessorisch mit der zu sichernden Forderung verbunden. Die Forderung ist damit Voraussetzung der Entstehung.

Wirkung der Vormerkung ist ein Verfügungsschutz durch die relative Unwirksamkeit vormerkungswidriger Verfügungen, § 883 II BGB. Es kommt allerdings zu keinem Verfügungsverbot und keiner Grundbuchsperre.

Der Anspruch des Vormerkungsberechtigten auf Zustimmung der Eintragung eines Rechts ergibt sich aus § 888 I BGB.

Die Übertragung der Vormerkung, also der Zweiterwerb, erfolgt durch die Abtretung des gesicherten Anspruchs (§ 398 BGB). Die Abtretung des gesicherten Anspruchs lässt die Vormerkung analog § 401 I BGB mit übergehen. Anders verhält es sich bei einem Anwartschaftsrecht, da dieses nach den Vorschriften zum Vollrecht, also nach den §§ 929 ff. BGB, übertragen wird.

Ein gutgläubiger Zweiterwerb ist nur möglich, wenn die gesicherte Forderung besteht. Wenn keine Forderung besteht, scheidet eine gutgläubige Übertragung aus, da die Vormerkung ohne Forderung nicht existiert und eine dem § 1138 BGB für die Hypothek entsprechende Norm fehlt, welche die Forderung für den Zweck des Übergangs fingiert. Zudem kann eine Forderung grundsätzlich nicht gutgläubig erworben werden.

a) Gutgläubiger Erwerb nach § 81 I 2 InsO

In Betracht kommt zunächst die entsprechende Anwendung der §§ 892, 893 BGB über § 81 I 2 InsO.[7] Da auf die §§ 892, 893 BGB insgesamt verwiesen wird, kann die genaue

7 Vgl. *Zimmermann*, Grundriss des Insolvenzrechts, 11. Aufl. 2018, Rn. 290 f.

rechtliche Einordnung der Rechtsnatur der Vormerkung dahinstehen.[8] Der Rechtsschein des Grundbuchs wurde auch nicht durch einen Insolvenzvermerk im Grundbuch nach § 32 InsO zerstört.

Allerdings verlangt § 81 I 2 InsO für die Anwendung der §§ 892, 893 BGB, eine Verfügung des Schuldners nach der Insolvenzeröffnung. Bei mehraktigen Erwerbstatbeständen kommt es dabei auf den Zeitpunkt der Verfügungshandlung an. Sie lag im vorliegenden Fall bereits vor der Eröffnung des Verfahrens. Damit fehlt es an den tatbestandlichen Voraussetzungen des § 81 I 2 InsO.

b) Gutgläubiger Erwerb nach § 91 II InsO i.V.m. § 878 BGB

In Betracht kommt weiter ein Erwerb der Vormerkung nach § 91 II InsO i.V.m. § 878 BGB.[9] Dieser Gutglaubenstatbestand erfasst mehraktige Tatbestände, die vor der Eröffnung des Insolvenzverfahrens begonnen haben und nach Verfahrenseröffnung vollendet werden.

§ 878 BGB müsste auf die Vormerkung anwendbar sein. Zudem müssten seine Voraussetzungen vorliegen.

Exkurs: § 878 BGB. Grundsätzlich müssen die Wirksamkeitsvoraussetzungen einer Verfügung bis zu deren Vollendung, das heißt zur Zeit der Eintragung gegeben sein. § 878 BGB konstituiert hierzu eine Ausnahme, wenn der Verfügende bereits alles von ihm Erforderliche getan hat. Bei dem Erwerb einer Vormerkung muss die Einigung bindend erklärt, § 873 II BGB, und der Eintragungsantrag gestellt worden sein, § 13 GBO. Hintergrund des § 878 BGB ist es, den Verfügenden nicht vom Geschäftsgang im Grundbuchamt abhängig zu machen, der seinem Einflussbereich entzogen ist. § 878 BGB setzt keinen guten Glauben des Erwerbers voraus.

Beispiele für den Anwendungsbereich des § 878 BGB sind der Verlust der Verfügungsbefugnis durch die Anordnung der Zwangsversteigerung, §§ 20 I, 23 I ZVG, oder die Eröffnung des Insolvenzverfahrens, § 80 InsO. Die Anordnung der Betreuung nach §§ 1896 ff. BGB hingegen schränkt die Verfügungsbefugnis des Betreuten nicht ein. Sofern er nicht geschäftsunfähig ist, bleibt er neben dem Betreuer verfügungsbefugt.

(1) Anwendbarkeit des § 878 BGB

Dem Wortlaut nach erfasst § 878 BGB nur Erklärungen nach den §§ 873, 875, 877 BGB.

§ 873 I BGB erfasst die Übertragung des Eigentums an einem Grundstück, die Belastung eines Grundstücks mit einem Recht sowie die Übertragung oder Belastung eines

8 Nach h.M. ist § 893 Alt. 2 BGB einschlägig. In extensiver Auslegung der Norm wird die Bestellung einer Vormerkung als Belastung des Grundstücks und damit eine „Verfügung" i.S.d. § 893 BGB gesehen, vgl. BGH, NJW 1972, 434, 435.

9 Vgl. *Zimmermann*, Grundriss des Insolvenzrechts, 11. Aufl. 2018, Rn. 306 ff.

solchen Rechts. Die Vormerkung hingegen ist und verschafft kein dingliches Recht an einem Grundstück.

§ 875 BGB betrifft die Aufhebung eines Rechts an einem Grundstück, § 877 BGB Änderungen des Inhalts von Rechten an einem Grundstück. Auch diese Normen erfassen eine Vormerkung damit nicht.

Es kommt jedoch eine analoge Anwendung des § 878 BGB in Betracht. Die analoge Anwendung einer Norm setzt eine vergleichbare Interessenlage und eine ungewollte Regelungslücke voraus.

Hinsichtlich der vergleichbaren Interessenlage ist zu bemerken, dass die Vormerkung einen schuldrechtlichen Anspruch mit dinglicher Qualität sichert. Auch bei der Vormerkung soll eine Abhängigkeit vom Geschäftsgang im Grundbuchamt vermieden werden, da dieser dem Einfluss der Parteien entzogen ist. Die Interessenlage entspricht insoweit derjenigen der Erklärungen nach den §§ 873, 875, 877 BGB. Ebenso verlangt der Sicherungszweck der Vormerkung die Anwendung des § 878 BGB.

Wie verhält es sich hinsichtlich einer ungewollten Regelungslücke? Ihr könnte entgegengehalten werden, dass sich die Frage der analogen Anwendung des § 878 BGB auf die Eintragung einer Vormerkung seit vielen Jahrzehnten stellt und davon auszugehen ist, dass die strittige Frage an das Ohr des Gesetzgebers gedrungen ist. Dass er dennoch über einen langen Zeitraum nicht tätig wurde, lässt an der Planwidrigkeit der Regelungslücke zweifeln. Andererseits lässt sich aus der schlichten Nichttätigkeit des Gesetzgebers der Schluss einer Planwidrigkeit nicht ziehen. Der Gesetzgeber wäre sonst gezwungen, fortlaufend Regelungen zu erlassen und dafür ein aufwendiges Gesetzgebungsverfahren zu betreiben, während die analoge Anwendung bereits eine praktikable und rechtssichere Lösung des Problems ermöglicht. Zudem ist es naheliegend, für die ungewollte Lücke auf den Zeitpunkt der Verabschiedung des Gesetzes abzustellen. Die ungewollte Regelungslücke kann daher bejaht und die Vorschrift des § 878 BGB analog angewandt werden.

(2) Voraussetzungen des § 878 BGB analog

Die Pellet GmbH müsste zudem als Berechtigte eine Vormerkung bewilligt haben und nachdem die Bewilligung für sie bindend geworden und der Antrag auf Eintragung bei dem Grundbuchamt gestellt worden ist, in der Verfügung beschränkt worden sein.

Die Pellet GmbH hat als Berechtigte die Vormerkung bewilligt. Durch die Eröffnung des Insolvenzverfahrens wurde sie in der Verfügung beschränkt, § 80 I InsO, nachdem die Schernhorst OHG den Antrag auf Eintragung bei dem Grundbuchamt gestellt hatte.

Die Erklärung, das heißt die Bewilligung der Vormerkung, müsste für die Pellet GmbH auch bindend gewesen sein. Bei der Bewilligung handelt es sich um eine empfangsbedürftige, einseitige Willenserklärung.[10] Sie ist grundsätzlich widerruflich.[11] Vorschriften zur Bindungswirkung dinglicher Erklärungen enthalten die §§ 873 II, 875 II BGB. Die Vormerkung ist hier insbesondere der Löschungsbewilligung nach § 875 II BGB vergleichbar, da für die Bestellung der Vormerkung ebenso wie für die Löschung eines Rechts jeweils eine einseitige Erklärung genügt. Gemäß § 875 II Alt. 2 BGB ist der Berechtigte an seine Erklärung gebunden, wenn er demjenigen, zu dessen Gunsten die Erklärung erfolgt, eine den Vorschriften der Grundbuchordnung, das heißt den §§ 28, 29 GBO, entsprechende Löschungsbewilligung ausgehändigt hat.

Nach § 29 GBO soll eine Eintragung nur vorgenommen werden, wenn die Eintragungsbewilligung durch öffentliche oder öffentlich beglaubigte Urkunden nachgewiesen werden. Die öffentliche Beglaubigung kann gemäß § 129 II BGB durch die notarielle Beurkundung ersetzt werden, wie sie hier vorgenommen wurde. Den Vorschriften der §§ 28, 29 GBO wurde damit ebenfalls genügt.

Anstelle der Aushändigung im Sinn des § 875 II BGB genügt nach der Rechtsprechung ein notariell beurkundeter Vertrag (§§ 127a, 128 BGB, §§ 6 ff. BeurkG), so wie es in § 873 II Alt. 1 BGB vorgesehen ist. Der Begünstigte ist dann nicht mehr von der Mitwirkung des Veräußerers abhängig, sondern kann dem Grundbuchamt den notariell beurkundeten Vertrag vorlegen. Wendet man die Vorschrift des § 875 II Alt. 2 BGB in analoger Weise auf den Sachverhalt an, ist die Bewilligung der Vormerkung somit bindend geworden.

Schließlich ist das ungeschriebene Tatbestandsmerkmal des § 878 BGB erfüllt, demzufolge die Erwerberin ihrerseits alles getan haben muss und es nur noch auf die Eintragung in das Grundbuch ankommen darf. Denn der Schutzzweck des § 878 BGB ist darauf begrenzt, die Nachteile des Eintragungsgrundsatzes zu kompensieren. Alle sonstigen Erwerbsvoraussetzungen müssen hingegen erfüllt sein.

Mit der Eintragung der Vormerkung am 11. November hat die Schernhorst OHG diese gemäß § 91 II InsO i.V.m. § 878 BGB erworben.

Exkurs: Eigentumserwerb nach Übergang der Verfügungsbefugnis. Es gibt verschiedene insolvenzrechtliche Tatbestände, die den Eigentumserwerb nach Übergang der Verfügungsbefugnis ohne Mitwirkung des Verwalters ermöglichen:

(1) § 81 I 2 InsO i.V.m. §§ 892, 893 BGB: Rechtserwerb durch Verfügung nach Eröffnung.

(2) § 91 II InsO i.V.m. § 878 BGB: Rechtserwerb nach Eröffnung ohne Verfügung. Einigung und Antrag vor Eröffnung. Eintragung nach Eröffnung.

---

10 Dass sie zugleich materiell rechtliche Entstehungsvoraussetzung ist, unterscheidet sich von der grundbuchrechtlichen formellen Eintragungsvoraussetzung des § 19 GBO, wenn auch beide Erklärungen häufig zusammenfallen.

11 Die Widerruflichkeit unterscheidet sie von Gestaltungsrechten, die eine wichtige Fallgruppe einseitiger Willenserklärungen darstellen. Bei einseitigen Willenserklärungen gibt es generell keine schwebende Unwirksamkeit, §§ 111, 180, 1367 BGB. Bei Bevollmächtigten ist zudem § 174 BGB beachten.

c) Erwerb der Vormerkung erst nach Eröffnung des Insolvenzverfahrens

Zu klären ist weiter, ob es ausreicht, dass die Vormerkung erst nach der Eröffnung des Insolvenzverfahrens erworben wird. § 106 I 1 InsO setzt nämlich voraus, dass die Vormerkung bereits zur Zeit der Eröffnung des Insolvenzverfahrens eingetragen ist. Diese Auslegung ergibt sich aus der Zusammenschau mit § 103 I InsO, der die „Zeit der Eröffnung des Insolvenzverfahrens" im Wortlaut nennt und den Grundtatbestand darstellt, der durch § 106 I InsO modifiziert wird. An einer Eintragung zur Zeit der Verfahrenseröffnung fehlt es im vorliegenden Fall. Angesichts von § 91 II InsO ist der Anwendungsbereich des § 106 I InsO jedoch auf eine Vormerkung zu erstrecken, die nach Verfahrenseröffnung eingetragen wurde, wenn sie über § 91 InsO i.V.m. § 878 BGB wirksam geworden ist. Der Erwerb über § 91 II InsO würde sonst weitgehend leerlaufen.

Die Schernhorst OHG hat damit eine Vormerkung wirksam erworben. Sie kann sich auf die Wirkung des § 106 I InsO berufen.

3. Anfechtbar erlangte Rechtsposition?

Der Schernhorst OHG könnte die Berufung auf ihre durch die Eintragung der Vormerkung erlangte Rechtsposition dennoch verwehrt sein, sofern sie anfechtbar ist.[12]

Bisher ist keine Anfechtung der Vormerkungsbewilligung erfolgt. Allerdings könnte das Gericht die Anfechtung dennoch berücksichtigen müssen. Das Anfechtungsrecht ist kein Gestaltungsrecht, sondern existiert gemäß dem Wortlaut des § 143 I 1 InsO von Gesetzes wegen als schuldrechtlicher Rückübertragungsanspruch. Das Gericht muss eine eventuelle Anfechtbarkeit daher berücksichtigen.

Wäre die Anfechtung begründet, könnte sich die Schernhorst OHG nicht auf die Vormerkung berufen. Es sind daher die Voraussetzungen einer möglichen Insolvenzanfechtung zu prüfen. Die Eintragung der Vormerkung müsste als Rechtshandlung vor Eröffnung des Verfahrens die Gläubiger benachteiligen. Zudem bedürfte es eines Anfechtungsgrundes.

Exkurs: Prüfungsschema der Anfechtung.

1. Rechtshandlung, § 129 InsO.
2. Vor Eröffnung des Verfahrens, §§ 129, 140, 147 InsO.
3. Gläubigerbenachteiligung, § 129 InsO; nicht bei einem Bargeschäft nach § 142 I InsO, da bloße Vermögensumschichtung.
4. Anfechtungsgrund, §§ 130–137 InsO (jeweils mit objektiven und subjektiven Voraussetzungen).
5. Rechtsfolge, § 143 InsO.

12 Vgl. *Zimmermann*, Grundriss des Insolvenzrechts, 11. Aufl. 2018, Rn. 392 ff.

a) Rechtshandlung, § 129 InsO

Zunächst müsste eine Rechtshandlung vorliegen. Der Begriff der Rechtshandlung ist weit auszulegen: Man versteht hierunter jedes Handeln, das eine rechtliche Wirkung auslöst, also nicht nur Verfügungen und Willenserklärungen beziehungsweise rechtsgeschäftliche Handlungen; sondern beispielsweise auch Vollstreckungsakte. Im vorliegenden Fall wurde die Eintragung einer Vormerkung bewilligt; dies ist eine einseitige, empfangsbedürftige Willenserklärung, in der Regel ist sie in der von ihr zu unterscheidenden Eintragungsbewilligung enthalten. Eine Rechtshandlung im Sinn von § 129 InsO liegt also vor.

b) Vor Eröffnung des Verfahrens, §§ 129, 147, 140 InsO

Von § 129 InsO werden nur Erwerbsvorgänge erfasst, die vor der Eröffnung des Insolvenzverfahrens stattfinden. Zu klären ist daher, ob der gestreckte Erwerb eines Rechts von den Anfechtungsvorschriften erfasst ist. Denn gemäß § 140 I InsO gilt eine Rechtshandlung als in dem Zeitpunkt als vorgenommen, in dem ihre rechtlichen Wirkungen eintreten; dies wäre im vorliegenden Fall die Eintragung der Vormerkung, die erst nach Verfahrenseröffnung stattgefunden hat.

Der Ausnahmetatbestand des § 147 InsO kommt nicht zur Anwendung, da er nach dem Wortlaut ausschließlich einen Erwerb über §§ 892, 893 BGB i.V.m. § 81 I 2 InsO erfasst, der Erwerb hier aber nach § 878 BGB i.V.m. § 91 II InsO erfolgte.

Es könnte allerdings § 140 II InsO einschlägig sein: Im Wege der Fiktion stellt § 140 II InsO für das Wirksamwerden eines Rechtsgeschäfts, das eine Eintragung im Grundbuch erfordert, auf den Zeitpunkt ab, in dem „die übrigen Voraussetzungen für das Wirksamwerden erfüllt sind". Für die Vormerkung ist eine Eintragung in das Grundbuch erforderlich. Bis auf die Eintragung waren zum Zeitpunkt der Antragsstellung alle Voraussetzungen für den Vormerkungserwerb erfüllt. Schließlich hat auch die Schernhorst OHG als „der andere Teil", beim Grundbuchamt den Antrag auf die Eintragung der Rechtsänderung gestellt.[13]

Die tatbestandlichen Voraussetzungen des § 140 II InsO sind demnach erfüllt. Der Vormerkungserwerb gilt damit als am 20. Oktober 2021 vorgenommen. Dieses Datum liegt vor der Eröffnung des Insolvenzverfahrens.

c) Benachteiligung der Gläubiger

Außerdem müsste eine wirtschaftliche Benachteiligung der Gläubiger gegeben sein. Die Gläubiger müssten objektiv in ihrer Gesamtheit benachteiligt werden; das heißt die Befriedigung der Gläubiger müsste sich im Fall des Unterbleibens der anzufechtenden

13 „Der andere Teil" muss den Antrag gestellt haben. Bei einem Antrag durch den Schuldner hat der andere Teil noch keine sichere Rechtsposition erlangt, da der Schuldner bis zur Vollendung der Eintragung das Recht hat, den Antrag wieder zurückzunehmen kann, ohne weiteres auch dann, wenn er schuldrechtlich darauf verzichtet hat.

Rechtshandlung günstiger gestalten als mit dieser. Ob eine Benachteiligung vorliegt, bemisst sich ausschließlich nach wirtschaftlichen Gesichtspunkten. Grundsätzlich genügt auch eine mittelbare Benachteiligung, *arg e contrario* §§ 132 I, 133 IV InsO.

Im vorliegenden Fall hat die Schernhorst OHG mit der Vormerkung eine insolvenzfeste Sicherheit erworben und damit das Grundstück der Insolvenzmasse voll entzogen. Folglich liegt eine Benachteiligung der Gläubiger im Sinn von § 129 I InsO vor.

d) Anfechtungsgrund

Darüber hinaus müsste einer der Anfechtungsgründe der §§ 130 ff InsO einschlägig sein.

(1) § 130 InsO (kongruente Deckung)

Denkbar wäre zunächst der Anfechtungsgrund des § 130 I InsO (kongruente Deckung). Die Schernhorst OHG müsste einen Anspruch auf die Vormerkung gehabt haben. Die Eintragung war am 16. Oktober vereinbart worden.

Bei einer Vormerkung handelt es sich um ein Sicherungsmittel im Sinn des § 130 InsO, auch wenn sie sachenrechtlich die geschuldeten dinglichen Rechtswirkungen lediglich vorwegnimmt. Bei der Zuordnung zu den anfechtungsrechtlichen Wirkungen ist entscheidend, dass sie einem schuldrechtlichen Anspruch quasi-dingliche Wirkung verleiht.

Die Rechtshandlung wurde auch in den letzten drei Monaten vor der Antragsstellung zur Eröffnung des Insolvenzverfahrens vorgenommen, § 130 I Nr. 1 InsO.

Schließlich müsste die Schuldnerin zum Zeitpunkt der Handlung zahlungsunfähig gewesen sein und der Gläubiger müsste positive Kenntnis hiervon gehabt haben.[14] Jedenfalls die letztere Voraussetzung ist im vorliegenden Fall aber nicht erfüllt. Der Schernhorst OHG war die desolate Finanzlage der Pellet GmbH schuldlos unbekannt; es fehlt also an der subjektiven Seite des § 130 InsO. Auch die Regelungen des § 130 II, III InsO sind nicht einschlägig.

Folglich scheidet der Anfechtungsgrund des § 130 InsO (kongruente Deckung) aus.

(2) § 131 InsO (inkongruente Deckung)

Das Gleiche gilt für § 131 InsO (inkongruente Deckung): Zwar beschränkt sich der Wortlaut der Nr. 1 nicht auf einen bestimmten Insolvenzeröffnungsgrund und stellt auch keine subjektiven Voraussetzungen auf, jedoch hatte die Schernhorst OHG jedenfalls einen Anspruch auf die Einräumung der Vormerkung gegen die Pellet-GmbH: Das Sicherungsmittel konnte also beansprucht werden. § 131 Nr. 2 und Nr. 3 InsO sind ebenfalls nicht einschlägig.

---

14 Die meisten Anfechtungsgründe stellen objektive wie subjektive Anforderungen.

(3) § 132 InsO

Der Auffangtatbestand des § 132 InsO scheitert wiederum an der mangelnden Kenntnis der Schernhorst OHG.

(4) Weitere Anfechtungsgründe

Weitere Anfechtungsgründe sind ebenso wenig einschlägig.

e) Ergebnis zur Anfechtung

Der Vormerkungserwerb durch die Schernhorst OHG ist nicht anfechtbar.

4. Ergebnis zur Durchsetzbarkeit

Der Anspruch der Schernhorst OHG auf Verschaffung des Eigentums am Grundstück ist durchsetzbar. Die Erfüllungsablehnung durch den Insolvenzverwalter ist nach § 106 I InsO unzulässig.

IV. Ergebnis zur Begründetheit

Die Schernhorst OHG hat einen Anspruch auf Übergabe und Übereignung des Grundstücks gemäß § 433 I BGB gegen den Insolvenzverwalter, Zug-um-Zug gegen Zahlung des Kaufpreises. Die Klage der Schernhorst OHG hat Aussicht auf Erfolg.

B. Ergebnis

Die Klage der Schernhorst OHG hat in der Sache Aussicht auf Erfolg.

Übungsfall 2

Die Absonderungs- und Aussonderungsrechte

Zur Polsterung der Sitze von Elektroautos hatte die Pellet GmbH im August 2021 bei der Sammet KG 200 Lederstücke von je einem Quadratmeter Größe bestellt.

Die Sammet KG hatte die Aufnahme der folgenden beiden Klauseln in den Kaufvertrag erreicht:

§ 3 – Die Ware wird unter Eigentumsvorbehalt geliefert. Mit der Zahlung der letzten Kaufpreisrate wird die Pellet GmbH Eigentümerin der Lederstücke.

§ 4 – Im Falle der Weiterverarbeitung der Stoffe sind die §§ 946 ff. BGB unbeachtlich. Als Herstellerin gilt die Sammet KG.

Die 200 Lederstücke wurden an die Pellet GmbH übergeben. Der Kaufpreis ist bisher noch nicht gezahlt worden. Vielmehr trug sich Folgendes zu:

Teil 1

Die Hälfte der 200 Lederstücke hat die Pellet GmbH mehrfach bearbeitet. Die Stücke wurden aufwendig imprägniert, gefärbt und zurechtgeschnitten, alles, um sie anschließend in die Hartplastikschalen der Sitze einbauen zu können. Zum Einbau ist es jedoch nicht mehr gekommen. In der jetzigen Bearbeitungsstufe sind die Lederstücke deutlich mehr wert als zuvor.

Vor Beginn des Insolvenzverfahrens über das Vermögen der Pellet GmbH am 4.11.2021 lagerten sie in einer Werkshalle der Pellet GmbH. Der Geschäftsführer der Pellet GmbH verkaufte und übereignete die Lederstücke vor Beginn des Verfahrens an einen Konkurrenten, die EloLux AG. Das Insolvenzgericht hatte weder einen „starken" (Verfügungsbefugnis) noch einen „schwachen" (Zustimmungsvorbehalt) vorläufigen Insolvenzverwalter eingesetzt. Vor der Veräußerung hatte der Geschäftsführer der Pellet GmbH dem Vorstand der EloLux AG wahrheitswidrig versichert, die Ware sei bereits bezahlt worden. Die EloLux AG hat die Lederstücke erhalten, den Kaufpreis bisher aber nicht gezahlt.

Bearbeitungsvermerk: Ansprüche der Sammet KG gegen den Insolvenzverwalter.

Teil 2

Die restlichen 100 Lederstücke sind weiterhin unverarbeitet im Lager der Pellet GmbH gestapelt. Um keine Verluste zu erleiden, wendet sich die Sammet KG an den Insolvenzverwalter und verlangt die Herausgabe der Lederstücke. Dies kommt dem Verwalter, der das Lager räumen möchte, gelegen und er erklärt gegenüber der Sammet KG, dass er den Kaufvertrag ohnehin nicht erfüllen wollte.

Es kommt anders. Kurz vor dem Datum der Herausgabe an die Sammet KG, spricht ein Vertreter der Nick&Sale-GmbH beim Insolvenzverwalter vor. Der Vertreter hat Kenntnis vom Eigentumsvorbehalt der Sammet KG hat und handelt auf Weisung des Geschäftsführers der Nick&Sale-GmbH. Er bietet Herrn Ostler einen attraktiven Preis und die sofortige Überweisung des Kaufpreises, wenn ihm die Lederstücke übergeben werden. So geschieht es. Anschließend verschwindet der Vertreter mit den Lederstücken. Das Geld geht auf einem Konto der Pellet GmbH ein, das auch zum jetzigen Zeitpunkt Deckung in Höhe von einer Million EUR aufweist.

Bearbeitungsvermerk: Ansprüche der Sammet KG gegen die Nick&Sale-GmbH und den Insolvenzverwalter.

Lösung

A. Zu Teil 1. – Ansprüche der Sammet KG gegen den Insolvenzverwalter
  I. Aussonderung
  II. Ersatzaussonderung
    1. Veräußerung
    2. Gegenstand, dessen Aussonderung hätte verlangt werden können
      a) Übergabe
      b) Der Verarbeitungsvorgang
      c) Voraussetzungen von § 950 BGB
      d) Auswirkungen der sogenannten Verarbeitungsklausel
      e) Keine Nichtigkeit der Sicherungsübereignung wegen Übersicherung
      f) Zwischenergebnis
    3. Sicherungseigentum kein aussonderungsfähiges Recht
    4. Ergebnis zur Ersatzaussonderung
  III. Anspruch auf abgesonderte Befriedigung gemäß § 51 I Nr. 1, §§ 165 ff. InsO
  IV. Ersatzabsonderung gemäß § 48 S. 1 InsO analog
    1. Analoge Anwendung des § 48 S. 1 InsO
    2. Tatbestandliche Voraussetzungen des § 48 S. 1 InsO analog
      a) Gegenstand einer Absonderung
      b) Veräußerung
      c) Unberechtigt
      d) Ausstehen der Gegenleistung
    3. Rechtsfolge
    4. Ergebnis zur Ersatzabsonderung
  V. Weitere Ansprüche der Sammet KG
    1. Anspruch aus §§ 280 I, 241 II BGB i.V.m. der Sicherungsabrede
    2. Anspruch aus §§ 989, 990 I BGB
    3. Anspruch aus § 816 I 1 BGB
    4. Anspruch aus § 812 I 1 Alt. 2 BGB
    5. Ansprüche aus angemaßter Eigengeschäftsführung
    6. Anspruch aus § 823 I BGB
    7. Anspruch aus § 826 BGB
    8. Ergebnis zu den Ansprüchen neben § 48 S. 1 InsO analog
  VI. Ergebnis zu Teil 1

B. Zu Teil 2 – Ansprüche der Sammet KG gegen die Nick&Sale-GmbH und den Insolvenzverwalter wegen der zweiten Hälfte der 200 Lederstücke
  I. Ansprüche gegen die Nick&Sale-GmbH
    1. Herausgabeanspruch gemäß § 985 BGB
      a) Eigentümerstellung der Sammet KG
      b) Besitzerin ohne Besitzrecht
      c) Ergebnis

2. Herausgabeanspruch gemäß § 1007 I BGB gegen die Nick&Sale-GmbH
3. Herausgabeanspruch gemäß § 1007 II 1 BGB gegen die Nick&Sale-GmbH
4. Herausgabeanspruch gemäß § 861 I BGB gegen die Nick&Sale-GmbH
5. Herausgabeanspruch gemäß § 823 I BGB gegen die Nick&Sale-GmbH
6. Herausgabeanspruch gemäß §§ 823 II, 858 I BGB gegen die Nick&Sale-GmbH
7. Herausgabeanspruch gemäß § 816 II BGB gegen die Nick&Sale-GmbH
8. Ergebnis zu den Herausgabeansprüchen gegen die Nick&Sale-GmbH

II. Ansprüche gegen den Insolvenzverwalter Herrn Ostler
1. Anspruch gegen den Insolvenzverwalter aus § 48 S. 2 InsO
   a) Voraussetzungen des § 48 S. 1 InsO
   b) Wirksamkeit der Verfügung
   c) Rechtsfolge, § 48 S. 2 InsO
   d) Ergebnis
2. Weitere Ansprüche gegen den Insolvenzverwalter
   a) Anspruch aus §§ 989, 990 I BGB
   b) Anspruch aus § 816 I 1 BGB
   c) Anspruch aus angemaßter Eigengeschäftsführung
   d) Anspruch aus § 823 I BGB
   e) Anspruch aus § 826 BGB
   f) Ergebnis zu den weiteren Ansprüchen gegen den Insolvenzverwalter

III. Verhältnis der Ansprüche zueinander

IV. Ergebnis zu Teil 2

A. Zu Teil 1. – Ansprüche der Sammet KG gegen den Insolvenzverwalter

Die folgenden Ansprüche kommen wegen der verarbeiteten 100 Lederstücke in Betracht.

I. Aussonderungsansprüche

Ein Anspruch auf Herausgabe der Lederstücke könnte sich nach den §§ 985, 986 BGB ergeben. Die Sammet KG müsste Eigentümerin und der Insolvenzverwalter Besitzer ohne Recht zum Besitz sein.

Diesen Anspruch könnte die Sammet KG im Insolvenzverfahren zudem nur geltend machen, wenn Sie auf Grund eines dinglichen oder persönlichen Rechts geltend machen kann, dass die Lederstücke nicht zur Insolvenzmasse gehören, § 47 InsO, und zudem keine Sicherungsübereignung vorliegt, da diese nur zu einem Absonderungsrecht führt, § 51 Nr. 1 Alt. 1 InsO.

Eine Herausgabe der Lederstücke nach § 985 BGB scheitert hier bereits am fehlenden Besitz des Insolvenzverwalters.

II. Ersatzaussonderung

Allerdings könnte die Sammet KG einen Anspruch auf Abtretung des Kaufpreisanspruchs gegen die EloLux AG gemäß § 48 S. 1 Alt. 1 InsO haben. Dafür müsste ein Gegenstand, dessen Aussonderung hätte verlangt werden können, vor der Eröffnung des Insolvenzverfahrens vom Schuldner unberechtigt veräußert worden sein.[1]

1. Veräußerung

Der Schuldner müsste die Lederstücke vor der Eröffnung des Insolvenzverfahrens veräußert haben. Der Begriff der „Veräußerung" in § 48 S. 1 InsO ist weit auszulegen. So ist davon zum Beispiel der Einzug einer fremden Forderung durch den Insolvenzverwalter erfasst; die Zahlung des Drittschuldners ist dann aussonderbar. Auch die Weggabe der Sache wegen einer zu Unrecht durchgeführten hoheitlichen Zwangsmaßnahme führt zu einem Aussonderungsrecht an den Ersatzansprüchen. Um eine rechtsgeschäftliche Verfügung muss es sich dabei nicht handeln, wohl aber muss die Veräußerung entgeltlich gewesen sein. Die Pellet-GmbH hat die Lederstücke an die EloLux AG übereignet. Eine Veräußerung liegt damit vor.

2. Gegenstand, dessen Aussonderung hätte verlangt werden können

Außerdem müsste es sich bei den Lederstücken um Gegenstände handeln, deren Aussonderung hätte verlangt werden können. Dies verlangt eine inzidente Prüfung des § 47 InsO. Die Sammet KG müsste auf Grund eines dinglichen oder persönlichen Rechts hätte geltend machen können, dass ein Gegenstand nicht zur Insolvenzmasse gehört. Als ein dingliches Recht kommt der Vindikationsanspruch des § 985 BGB in Betracht. Demnach kann der Eigentümer von dem Besitzer ohne Recht zum Besitz die Herausgabe der Sache verlangen.

Die Sammet KG müsste daher vor der Veräußerung der Lederstücke der Pellet GmbH an die EloLux AG Eigentümerin der Lederstücke gewesen sein.

a) Übergabe

Mit der Übergabe an die Pellet GmbH hat die Sammet KG ihr Eigentum an den Lederstücken nicht verloren. Vielmehr erfolgte die Übereignung unter der aufschiebenden Bedingung der Kaufpreiszahlung, §§ 929 S. 1, 158 I BGB (einfacher Eigentumsvorbehalt). Diese Bedingung ist bisher nicht eingetreten.

Das einfache Vorbehaltseigentum gewährt ein Recht zur Aussonderung gemäß § 47 S. 1 InsO.

---

1 Vgl. *Zimmermann*, Grundriss des Insolvenzrechts, 11. Aufl. 2018, Rn. 230 ff.

b) Der Verarbeitungsvorgang

Fraglich ist allerdings, wie sich der Verarbeitungsvorgang auf die Eigentumslage an den Lederstücken auswirkt. Eine Änderung der Eigentumslage könnte sich aus § 950 BGB ergeben.

c) Voraussetzungen von § 950 BGB

Zunächst müssten die Voraussetzungen von § 950 BGB erfüllt sein. Es müsste durch Verarbeitung oder Umbildung eines oder mehrerer Stoffe eine neue bewegliche Sache hergestellt worden sein, wobei der Wert der Verarbeitung oder der Umbildung nicht erheblich geringer sein darf als der Wert des Stoffes.

Die Behandlung der Lederstücke stellt einen Verarbeitungsvorgang gemäß § 950 I 2 BGB durch die Pellet GmbH dar.

Außerdem müsste eine neue bewegliche Sache entstanden sein. Die Neuheit bemisst sich nach einer wirtschaftlichen Betrachtungsweise und Verkehrsauffassung. Kriterien sind zum Beispiel die optische Veränderung oder ein gesteigerter wirtschaftlicher Wert. Mit der Imprägnierung, Färbung, und Anpassung der Lederstücke in die Sitze kam es zu einem optisch veränderten, in den Augen des Betrachters aufgewerteten Produkt. Eine neue Sache ist entstanden.

Schließlich darf der Wert der Verarbeitung nicht erheblich geringer sein als der Ausgangswert des Stoffes. Der Wert der Umbildung richtet sich dabei nicht nach dem tatsächlichen Arbeitsaufwand, sondern vielmehr der Differenz zwischen dem Wert der neuen Sache und des Wertes des Ausgangsstoffs. Im vorliegenden Fall mögen die Lederstücke schon selbst einen nicht unerheblichen Ausgangswert gehabt haben, allerdings wurden sie durch die Bearbeitungsvorgänge in ihrem Wert erheblich erhöht. Folglich ist auch dieses Tatbestandsmerkmal erfüllt.

Insoweit sind die Voraussetzungen des § 950 BGB gegeben und die Pellet GmbH Eigentümerin der Lederstücke geworden.

d) Auswirkungen der sogenannten Verarbeitungsklausel

Zu klären bleibt allerdings, wie sich § 4 der Vertragsbedingungen auf die Eigentumslage auswirkt. § 4 beinhaltet eine sogenannte Verarbeitungsklausel.

Denkbar wäre erstens, eine privatautonome Abbedingung von § 950 BGB anzunehmen. Hiergegen spricht aber, dass die §§ 946 ff. BGB im Interesse der Rechtssicherheit klare Zuordnungen schaffen wollen. Es handelt sich um zwingendes Recht, so dass eine Verarbeitungsklausel den originären Eigentumserwerb des Bestellers nicht verhindern kann.

Zweitens könnte man den Parteien zumindest zugestehen, die Herstellereigenschaft im Sinn von § 950 BGB individuell zu vereinbaren beziehungsweise den Herstellerbegriff zumindest um subjektive Erwägungen anzureichern. In diesem Sinne hält es die Rechtsprechung, die darauf abstellt, in wessen Namen und wirtschaftlichen Interesse die Herstellung erfolgt.[2] Allerdings umgeht man auf diese Weise den zwingenden Charakter und die Unabdingbarkeit des § 950 BGB sowie dessen Rechtsfolgen durch eine dem Rechtsverkehr in der Regel unbekannte Parteiabrede.

Es ist daher vorzugswürdig, die sogenannte Verarbeitungsklausel als eine antizipierte Sicherungsübereignung nach §§ 929 S. 1, 930 BGB auszulegen. Die Verarbeitungsklausel beinhaltet demnach eine vorweggenommene Einigung über den Eigentumsübergang und die vorweggenommene Vereinbarung eines Besitzmittlungsverhältnisses im Sinn von § 868 BGB nach § 930 BGB.

Die Einigung über die Rückübereignung ist zu Sicherungszwecken dahingehend auszulegen, dass sie unter der auflösenden Bedingung der Kaufpreiszahlung erfolgt, § 158 II BGB. Die Annahme einer auflösend bedingten Rückübereignung ist interessengerecht, da die Pellet GmbH als Käuferin durch die Übereignung der Stoffe unter Eigentumsvorbehalt ein Anwartschaftsrecht gegenüber der Sammet KG erworben hatte. Eine unbedingte Rückübereignung hätte die Konsequenz, dass der Vorbehaltskäufer nach der Verarbeitung weniger hätte als zuvor: Vor der Verarbeitung hatte er zumindest ein Anwartschaftsrecht, nach der antizipierten Sicherungsübereignung hätte er dieses hingegen verloren. Die auflösend bedingte Rückübereignung schafft ein erneutes Anwartschaftsrecht, das gemäß § 161 II BGB unter dem Schutz des § 161 I BGB steht.[3]

Die Sammet KG ist somit Eigentümerin der verarbeiteten Lederstücke geworden.[4]

e) Keine Nichtigkeit der Sicherungsübereignung wegen Übersicherung

Etwas anderes könnte gelten, wenn eine anfängliche, krasse Übersicherung zugunsten der Sammet KG vorläge. Die Sicherungsübereignung wäre dann gemäß § 138 I BGB nichtig. Für eine Übersicherung bestehen allerdings keine Anzeichen. Eine starke Wertsteigerung des Sicherungsguts, wie sie hier vorliegt, führt allenfalls zu einer nachträglichen Übersicherung, die keine Nichtigkeit, sondern nur einen ermessensunabhängigen Freigabeanspruch mit sich bringt. Das ist regelmäßig der Fall, sofern der realisierbare Wert des Sicherungsgegenstands (nach Bewertungsabschlägen, siehe § 237 S. 1 BGB) 150 % der gesicherten Forderungen übersteigt.[5]

---

2 Vgl. BGH, NJW 1991, 1480, 1481. Diese Auffassung lässt sich gut vertreten. Um im Rahmen der Falllösung die Problematik der Ersatz-Absonderung behandeln zu können, wird ihr jedoch im Folgenden nicht gefolgt.

3 Die §§ 160, 161 BGB schützen den bedingten Erwerb. Verfügungen, die den Eintritt der Bedingung vereiteln, sind gemäß § 161 I 1 BGB absolut unwirksam. Nach § 161 III BGB ist allerdings ein gutgläubiger Erwerb, z.B. nach den §§ 932 ff. BGB als „Vorschriften zugunsten derjenigen, welche Rechte von einem Nichtberechtigten herleiten" möglich.

4 Die Sammet KG ist Volleigentümerin. Als Sicherungseigentümerin ist sie jedoch treuhänderisch gebunden.

5 BGH, NJW 1998, 671 (Großer Senat).

f) Zwischenergebnis

Die Lederstücke sind somit mit Vollendung der Verarbeitung an die Sammet KG sicherungsübereignet worden. Die Sammet KG ist Eigentümerin der Lederstücke.

3. Sicherungseigentum kein aussonderungsfähiges Recht

Es fehlt der Sammet KG jedoch an einem aussonderungsfähigen Recht im Sinn der §§ 48 S. 1, 47 S. 1 InsO. Die Sammet KG ist Eigentümerin, unterliegt aber den Beschränkungen des Sicherungseigentums. Das Sicherungseigentum gibt dem Sicherungsnehmer lediglich ein Absonderungsrecht. §§ 51 Nr. 1, 50 InsO. Es fehlt damit an einem Gegenstand, dessen Aussonderung hätte verlangt werden können und damit an den Voraussetzungen für einen Anspruch auf Ersatzaussonderung aus § 48 S. 1 InsO.

4. Ergebnis zur Ersatzaussonderung

Die Sammet KG hat keinen Anspruch auf Abtretung des Anspruchs auf Kaufpreiszahlung gemäß § 48 S. 1 InsO.

III. Anspruch auf abgesonderte Befriedigung gemäß § 51 I Nr. 1, §§ 165 ff. InsO

Ein Recht auf abgesonderte Befriedigung gemäß §§ 50, 51 Nr. 1 InsO an den Lederstücken kommt nicht in Betracht, da die Lederstücke nicht mehr gegenständlich im Vermögen der Pellet GmbH vorhanden sind.

Eine dingliche Surrogation dahingehend, dass die Sammet KG nach dem Verkauf der Lederstücke an die EloLux AG unmittelbar Inhaber der Kaufpreisforderung geworden wäre, hat ebenfalls nicht stattgefunden.[6]

IV. Ersatzabsonderung gemäß § 48 S. 1 InsO analog

Denkbar wäre aber eine sogenannte Ersatzabsonderung nach § 48 S. 1 InsO analog in dem Sinne, dass die Sammet KG die Absonderung des Kaufpreisanspruchs der Pellet GmbH gegen die EloLux AG betreiben könnte.

1. Analoge Anwendung des § 48 S. 1 InsO

Nachdem § 48 S. 1 InsO in direkter Anwendung nur für Gegenstände gilt, deren Aussonderung hätte verlangt werden können und die Ersatzabsonderung nicht normiert ist, stellt sich die Frage, ob § 48 S. 1 InsO auf Gegenstände, deren Absonderung hätte ver-

---

6 Bei der dinglichen Surrogation geht das Ersatzstück unmittelbar, das heißt ohne einen Übertragungsakt und ohne Rückgriff auf die §§ 929 ff. BGB, in das Eigentum über. Beispiele für die dingliche Surrogation sind § 1048 I 2 BGB (Nießbrauch an Inventar), § 1247 S. 2 BGB (Erlös tritt an Stelle des Pfandes), § 1287 BGB, § 1473 (Gesamtgut bei Gütergemeinschaft) und im Erbrecht (§§ 2019, 2042, 2111 BGB) und bis 2009 auch § 1370 BGB. Beispiele für schuldrechtliche Surrogation sind § 285 I BGB, § 816 I 1 BGB und § 1258 III BGB.

langt werden können, analog angewendet werden kann. Erforderlich sind eine vergleichbare Interessenlage und eine planwidrige Regelungslücke.

Die Interessenlage müsste mit Blick auf Absonderungsrechte derjenigen bei Aussonderungsrechten vergleichbar sein. Es ist kein Grund dafür ersichtlich, warum beschränkt dingliche Rechte schlechter als das Volleigentum vor unberechtigten Eingriffen geschützt werden sollte. Die haftende Masse soll nicht durch unerlaubte Handlungen des Schuldners oder gar des Insolvenzverwalters erweitert werden können. Diese Auffassung wird durch § 170 I 2 InsO gestützt. Da sich Absonderungsrechte am Verwertungserlös fortsetzen, wenn der Verwalter den belasteten Gegenstand befugter Maßen verwertet hat, kann im Fall einer unbefugten Verwertung nichts anderes gelten.

Eine planwidrige Regelungslücke ist ebenfalls zu bejahen.[7]

Folglich ist eine analoge Anwendung des § 48 S. 1 InsO auf Gegenstände, deren Absonderung hätte verlangt werden können, möglich.

2. Tatbestandliche Voraussetzungen des § 48 S. 1 InsO analog

Die tatbestandlichen Voraussetzungen des § 48 S. 1 InsO analog müssten gegeben sein.

a) Gegenstand einer Absonderung

Die verarbeiteten Lederstücke unterfallen als sicherungsübereignete Gegenstände den Vorschriften der §§ 51 Nr. 1, 50 InsO.

b) Veräußerung

Unter einer Veräußerung versteht man alle dinglichen Rechtshandlungen, mit denen der Schuldner, respektive der Insolvenzverwalter, den Vermögenswert des aussonderungsbehafteten Gegenstands realisieren.

Die Pellet GmbH als Schuldnerin hat den Gegenstand vor der Verfahrenseröffnung an die EloLux AG nach § 929 S. 1 BGB übereignet. Eine fehlende Veräußerungsberechtigung steht der Wirksamkeit der Veräußerung nicht entgegen, da die EloLux AG gutgläubig Eigentum erworben hat, § 932 I 1, II BGB. Eine Veräußerung hat somit stattgefunden.

c) Unberechtigt

Zudem muss die Veräußerung unberechtigt gewesen sein. Nach den Ziffern 3 und 4 des Kaufvertrags wurde kein verlängerter Eigentumsvorbehalt vereinbart, der eine Veräußerungsermächtigung (§ 185 I BGB) sowie die Vorausabtretung der Forderungen und eine

---

7 Zwar hatte der Gesetzgeber in § 60 des Regierungsentwurfs der Insolvenzordnung eine Vorschrift vorgesehen, die explizit die Ersatzabsonderung regelte. Diese Vorschrift wurde im weiteren Verlauf des Gesetzgebungsverfahrens jedoch nur „aus Gründen der redaktionellen Straffung“ gestrichen und keineswegs, weil der Gesetzgeber die Ersatzabsonderung ausschließen wollte, BT-Drucks. 12/7302, S. 160.

Einziehungsermächtigung (§ 185 I BGB analog) enthalten hätte.[8] Der Pellet GmbH ist es daher nicht erlaubt, die im Eigentum der Sammet KG stehenden Gegenstände weiterzuveräußern. Da es sowohl an der Zustimmung wie auch an der Genehmigung der Veräußerung durch die veräußerungsberechtigte Sammet KG fehlt, geschah die Veräußerung unberechtigt.

d) Ausstehen der Gegenleistung

Schließlich hat die EloLux AG die Gegenleistung noch nicht bezahlt, sodass die Kaufpreiszahlung aussteht.

3. Rechtsfolge

Die Sammet KG hat damit gegenüber der Pellet GmbH einen Anspruch auf abgesonderte Befriedigung aus dem Recht auf die Gegenleistung.

4. Ergebnis zur Ersatzabsonderung

Die Sammet KG kann als Ersatzabsonderungsberechtigte abgesonderte Befriedigung gemäß § 48 S. 1 InsO analog verlangen.

V. Weitere Ansprüche der Sammet KG

Der Sammet KG könnten weitere Ansprüche gegen die Pellet GmbH zustehen.[9]

1. Anspruch aus §§ 280 I, 241 II BGB i.V.m. der Sicherungsabrede

Vorliegend ist ein Anspruch aus §§ 280 I, 241 II BGB i.V.m. der Sicherungsabrede der antizipierten Sicherungsübereignung gegeben, da das Sicherungsgut bei nicht autorisierter Weiterveräußerung nicht mehr herausgegeben werden kann.

2. Anspruch aus §§ 989, 990 I BGB

Ein Schadensersatzanspruch gemäß §§ 989, 990 I BGB kommt nicht in Betracht, da im Zeitpunkt der Weiterveräußerung kein Eigentümer-Besitzer-Verhältnis (EBV) zwischen der Pellet GmbH und der Sammet KG vorlag. Die Pellet GmbH war berechtigter Besitzer, § 986 I BGB. Die Überschreitung der Grenzen des Besitzrechts wird von den §§ 987 ff. BGB nicht erfasst.[10]

---

8 Es ist umstritten, ob die im Rahmen eines verlängerten Eigentumsvorbehalts erteilte Veräußerungsermächtigung im Insolvenzverfahren entfällt, vgl. *Kindl*, in BeckOK, Stand 1.11.2020, § 929, Rn. 45.

9 Diese schuldrechtlichen Ansprüche werden nur mit der Insolvenzquote befriedigt, womit sich auch der eigene Regelungsgehalt des § 48 InsO erklärt.

10 Ein Fall des nicht so berechtigten Besitzers.

3. Anspruch aus § 816 I 1 BGB

Der Sammet KG könnte ein Anspruch aus § 816 I 1 BGB zustehen.

Die Pellet GmbH müsste als Nichtberechtigte eine Verfügung über die Lederstücke getroffen haben, die dem Berechtigten gegenüber wirksam ist. Vorliegend hat die Pellet GmbH als Nichtberechtigte wirksam über die im Eigentum der Sammet KG stehenden Lederstücke verfügt. Die Wirksamkeit der Verfügung ergibt sich aus den §§ 929 S. 1, 932 BGB. Rechtsfolge ist die Herausgabe des durch die Verfügung Erlangten. Die Herausgabe erfolgt im vorliegenden Fall durch die Abtretung des Anspruchs gegen die EloLux AG. Der Einwand der Entreicherung nach § 818 III BGB ist nicht einschlägig, da die Forderung noch in der Masse vorhanden ist.

4. Anspruch aus § 812 I 1 Alt. 2 BGB

Die allgemeine Eingriffskondiktion nach § 812 I 1 Alt. 2 BGB scheidet neben § 816 I 1 BGB aus, da § 816 I 1 BGB *lex specialis* zu § 812 I 1 Alt. 2 BGB ist. Dies ergibt sich aus dem Zweck des § 816 I 1 BGB, die Regelungen der §§ 932 ff. BGB über den gutgläubigen Erwerb zu ergänzen und den gutgläubigen Erwerber vor Kondiktionsansprüchen zu schützen. Der gutgläubige Erwerb stellt einen rechtlichen Grund für das Behalten Dürfen dar.

5. Ansprüche aus angemaßter Eigengeschäftsführung

In Betracht kommt weiter ein Anspruch aus unechter, angemaßter Eigengeschäftsführung nach §§ 687 II 1, 681, 667 BGB auf Herausgabe des durch die Eigengeschäftsführung Erlangten, hier also der Forderungsabtretung.

Die Pellet GmbH müsste ein fremdes Geschäft als ihr eigenes behandelt haben, obwohl sie wusste, dass sie nicht dazu berechtigt war. Vorliegend hat die Pellet GmbH die Lederstücke an die EloLux AG veräußert, obwohl der Geschäftsführer wusste, dass die Lederstücke im Eigentum der Sammet KG stehen und damit ein fremdes Geschäft als ihr eigenes behandelt. Die Sammet KG kann die sich aus § 681 BGB ergebenden Ansprüche geltend machen. Gemäß § 681 S. 2 BGB findet § 667 BGB auf den Sachverhalt entsprechende Anwendung. Gemäß § 667 BGB ist der Beauftragte verpflichtet, dem Auftraggeber alles, was er zur Ausführung des Auftrags erhält, herauszugeben. Im Rahmen der Geschäftsführung ohne Auftrag ist damit der Geschäftsführer, hier also die Pellet GmbH, zur Herausgabe des Erlangten verpflichtet. Vorliegend hat die Pellet GmbH eine Forderung aus § 433 II BGB gegen die EloLux AG erlangt. Die Sammet KG hat einen Anspruch auf Abtretung dieser Forderung aus den §§ 687 II 1, 681, 667 BGB.

In Betracht kommt außerdem ein Anspruch aus §§ 687 II 1, 678 BGB auf Ersatz der Schäden, die durch die angemaßte Eigengeschäftsführung entstanden sind. Auch die Voraussetzungen dieses Anspruchs liegen vor.

6. Anspruch aus § 823 I BGB

Mangels eines Eigentümer-Besitzer-Verhältnisses sind auch die §§ 823 ff. BGB anwendbar. Vorliegend hat die Pellet GmbH vorsätzlich und rechtwidrig das Eigentum der Sammet KG verletzt und ist ihr daher nach § 823 I BGB zum Schadensersatz verpflichtet.

7. Anspruch aus § 826 BGB

Es könnte zudem ein Anspruch aus § 826 BGB gegeben sein. Der objektive Tatbestand des § 826 BGB setzt einen Verstoß gegen die guten Sitten voraus. Ein solcher Verstoß liegt vor, wenn eine abwägende Beurteilung des Verhaltens der Pellet GmbH einen Verstoß gegen Mindeststandards annehmen lässt.[11] Es ist fraglich, ob sich die Pellet GmbH über die Pflichtverletzung aus dem Sicherungsvertrag hinaus auch einen Verstoß gegen die guten Sitten vorwerfen lassen muss. Dafür könnte eine enge personale Beziehung der Vertragsparteien oder ein länger währendes Dauerschuldverhältnis sprechen. Mangels entsprechender Angaben im Sachverhalt ist von solcherart Umständen nicht auszugehen.[12] § 826 BGB scheidet damit als Anspruchsgrundlage aus.

8. Ergebnis zu den Ansprüchen neben § 48 S. 1 InsO analog

Der Sammet KG stehen neben dem Ersatzabsonderungsrecht nach § 48 S. 1 InsO Ersatzansprüche aus § 280 I BGB, aus §§ 687 II 1, 681, 667 BGB, aus § 816 I 1 BGB, sowie aus § 823 I BGB wegen des verlorenen Eigentums an den Lederstücken zu.

VI. Ergebnis zu Teil 1

Die Sammet KG kann Ersatzabsonderung analog § 48 S. 1 InsO verlangen, sowie schuldrechtliche Ansprüche geltend machen.

B. Zu Teil 2 – Ansprüche der Sammet KG gegen die Nick&Sale-GmbH und den Insolvenzverwalter wegen der zweiten Hälfte der 200 Lederstücke

I. Ansprüche gegen die Nick&Sale-GmbH

Zu prüfen ist zunächst, welche Ansprüche die Sammet KG gegen die Nick&Sale-GmbH hat.

---

11 Als Orientierungshilfe können die zu § 826 BGB entwickelten Fallgruppen herangezogen werden.

12 In subjektiver Hinsicht könnte der Tatbestand des § 826 BGB hier bejaht werden. Denn für den Schädigungsvorsatz des § 826 BGB *dolus eventualis* reicht es aus, wenn der Schädiger die Möglichkeit des Schadens erkennt. Es muss ihm nicht auf den Schaden ankommen.

1. Herausgabeanspruch gemäß § 985 BGB

In Betracht kommt zunächst ein Herausgabeanspruch gemäß § 985 BGB.

a) Eigentümerstellung der Sammet KG

Ursprünglich war die Sammet KG Eigentümerin.

Sie hat ihr Eigentum aufgrund des Eigentumsvorbehalts und des fehlenden Eintritts der Bedingung der vollständigen Kaufpreiszahlung nicht an die Pellet GmbH verloren.

Das Eigentum könnte jedoch auf die Nick&Sale-GmbH übergegangen sein.

Die dingliche Einigung nach §§ 929 S. 1, 164 BGB und die Übergabe der Lederstücke nach den §§ 929 S. 1, 855 BGB liegen vor.

Die Pellet GmbH war jedoch nicht verfügungsberechtigt. Die Nick&Sale-GmbH hätte daher nur gutgläubig vom Nichtberechtigten erwerben können, §§ 929 S. 1, 932 BGB. Gemäß § 932 II BGB fehlt es dem Erwerber an gutem Glauben, wenn ihm bekannt oder infolge grober Fahrlässigkeit unbekannt ist, dass die Sache nicht dem Veräußerer gehört. Vorliegend wusste der Vertreter der Nick&Sale-GmbH, dass die Lederstücke aufgrund des Eigentumsvorbehalts im Eigentum der Sammet KG standen. Die Bösgläubigkeit des Vertreters wird der Nick&Sale-GmbH gemäß § 166 I BGB zugerechnet. Ein gutgläubiger Erwerb der Lederstücke scheitert damit an der Bösgläubigkeit der Nick&Sale-GmbH.

b) Besitzerin ohne Besitzrecht

Die Nick&Sale-GmbH müsste Besitzerin der Lederstücke sein, ohne dass ihr ein Recht zum Besitz im Sinn von § 986 I BGB zukommt. Sie ist Besitzerin. Zu prüfen bleibt das Recht zum Besitz. Zwischen der Nick&Sale-GmbH und dem Insolvenzverwalter kam ein Kaufvertrag zustande. Dieser gibt der Nick&Sale-GmbH jedoch kein Recht zum Besitz gegenüber der Sammet KG. Denn der Insolvenzverwalter war selbst nicht zum Besitz berechtigt, da nach Ablehnung der Erfüllung durch den Insolvenzverwalter zwischen ihm und der Sammet KG nur noch Sekundäransprüche bestehen, § 103 II 1 InsO. Er konnte damit auch kein Besitzrecht vermitteln.

Ein Recht zum Besitz ergibt sich auch nicht aus einem Anwartschaftsrecht der Pellet GmbH an den Lederstücken, das die Nick&Sale-GmbH analog §§ 929 S. 1, 139 BGB hätte erwerben können. Zwar könnte ein Anwartschaftsrecht u.U. ein Recht zum Besitz geben.[13] Das Anwartschaftsrecht der Pellet GmbH ist jedoch mit Ablehnung der Erfüllung erloschen, da danach ein Bedingungseintritt nach § 161 I BGB nicht mehr möglich war.

---

13 Gegen ein dingliches Recht zum Besitz BGH, NJW 1953, 1099.

c) Ergebnis

Es bleibt festzuhalten, dass die Sammet KG die Herausgabe der Lederstücke von der Nick&Sale-GmbH nach § 985 BGB verlangen kann.

2. Herausgabeanspruch gemäß § 1007 I BGB gegen die Nick&Sale-GmbH

Gemäß § 1007 I BGB kann der ursprüngliche Besitzer einer beweglichen Sache, von dem Besitzer die Herausgabe der Sache verlangen, wenn dieser bei dem Erwerb des Besitzes nicht in gutem Glauben war.

Die Lederstücke sind bewegliche Sachen.

Die Sammet KG müsste zur Zeit des Besitzerwerbs der Nick&Sale-GmbH Besitzerin der Lederstücke gewesen sein. Sie hatte den unmittelbaren Besitz an den Lederstücken durch die Lieferung derselben an die Pellet GmbH verloren. Da ein Eigentumsvorbehalt vereinbart worden war, blieb die Sammet KG jedoch mittelbare Eigenbesitzerin. Diese Stellung veränderte sich nicht durch die Ablehnung der Nichterfüllung durch den Insolvenzverwalter nach § 103 I, II InsO.

Der Besitz wurde der Sammet KG durch die Weitergabe der Lederstücke an die Nick&Sale-GmbH entzogen. Die Nick&Sale-GmbH dürfte beim Besitzerwerb der Lederstücke nicht in gutem Glauben gehandelt haben. Im Rahmen des § 1007 I BGB muss sich der gute Glaube (§ 932 II BGB) auf die Berechtigung zum Besitz beziehen.[14] Der böse Glauben des Vertreters der Nick&Sale GmbH wird dieser über § 166 II BGB zugerechnet, da der Vertreter auf Weisung des Geschäftsführers der Nick&Sale GmbH gehandelt hatte.

Die Voraussetzungen des § 1007 I BGB liegen damit vor.

3. Herausgabeanspruch gemäß § 1007 II 1 BGB gegen die Nick&Sale-GmbH

Ein Herausgabeanspruch gemäß § 1007 II 1 BGB setzt voraus, dass die Sache dem früheren Besitzer abhandengekommen ist, er die Sache also ohne seinen Willen verloren hat. In diesen Fall ermöglicht § 1007 II BGB einen Herausgabeanspruch gegen den gutgläubigen Besitzer. Für das Abhandenkommen ist auf den Besitzverlust des unmittelbaren Besitzers abzustellen. Ist der frühere Besitzer lediglich mittelbarer Besitzer der Sachen gewesen, kommt es nach § 935 I 2 BGB darauf an, ob der unmittelbare Besitzer seinen Besitz ohne seinen Willen verloren hat. Die Pellet GmbH als unmittelbare Besitzerin hat den Besitz jedoch nicht ohne ihren Willen verloren. Es fehlt damit am Tatbestand des § 1007 II 1 BGB.

---

14 Denn § 1007 BGB knüpft ausschließlich an den früheren Besitz an. Es handelt sich um einen petitorischen Herausgabeanspruch (vgl. auch §§ 854 ff. BGB).

4. Herausgabeanspruch gemäß § 861 I BGB gegen die Nick&Sale-GmbH

Nach § 861 BGB kann der Besitzer die Wiedereinräumung des Besitzes von demjenigen verlangen, der ihm gegenüber fehlerhaft besitzt, wenn der Besitz dem Besitzer durch verbotene Eigenmacht entzogen wurde. Verbotene Eigenmacht wird in § 858 I BGB als Entzug oder Störung des Besitzes gegen den Willen des Besitzers und ohne gesetzliche Gestattung definiert. Wie in § 1007 II 1 BGB ist auch für § 858 I BGB auf den unmittelbaren Besitzer abzustellen. Unmittelbare Besitzerin war hier die Pellet GmbH, welche die Lederstücke freiwillig an die Nick&Sale-GmbH gab. Es fehlt damit an verbotener Eigenmacht und somit am Tatbestand des § 861 I BGB.[15]

5. Herausgabeanspruch gemäß § 823 I BGB gegen die Nick&Sale-GmbH

Ein Herausgabeanspruch gegen die Nick&Sale-GmbH könnte sich aus § 823 I BGB ergeben. Die Nick&Sale-GmbH müsste ein Rechtsgut der Sammet KG verletzt haben. Das Eigentumsrecht wurde nicht verletzt, da die Sammet KG weiterhin Eigentümerin der Lederstücke ist. Der Besitz wiederum kann im Katalog der von § 823 I BGB geschützten Rechtsgüter allenfalls unter die sonstigen Rechte subsumiert werden. Voraussetzung hierfür wäre, dass er einen Ausschließlichkeitscharakter aufweist, der dem der anderen absolut, das heißt gegenüber jedermann, wirkenden Rechtsgüter des § 823 I BGB vergleichbar ist. Der berechtigte Besitz wird über die Besitzschutzansprüche der §§ 861 f., 1007 BGB geschützt, so dass jedenfalls der berechtigte Besitz als sonstiges Recht ein Rechtsgut des § 823 I BGB darstellt. Die Sammet KG war berechtigte mittelbare Besitzerin. Eine vorsätzliche, kausale Handlung der Nick&Sale-GmbH ist in ihrer Mitwirkung an der Veräußerung zu sehen.

Die Rechtsfolge richtet sich nach den §§ 249 ff. BGB. Gemäß § 249 I BGB ist der Zustand herzustellen, der bestehen würde, wenn der zum Ersatz verpflichtende Umstand nicht eingetreten wäre. Die Sammet KG könnte die Herausgabe der Lederstücke an die Pellet-GmbH verlangen.

6. Herausgabeanspruch gemäß §§ 823 II, 858 I BGB gegen die Nick&Sale-GmbH

§ 858 I BGB ist Schutzgesetz im Sinn des § 823 II BGB. Vorliegend fehlt es jedoch an verbotener Eigenmacht gegen den unmittelbaren Besitzer und damit am Tatbestand des Schutzgesetzes.

7. Herausgabeanspruch gemäß § 816 II BGB gegen die Nick&Sale-GmbH

Die Sammet KG könnte einen Anspruch auf Herausgabe der Lederstücke nach § 816 II BGB haben. Nach dieser Norm ist der Nichtberechtigte dem Berechtigten zur Heraus-

15 Auch § 869 BGB hilft nicht darüber hinweg, da auch § 869 BGB verbotene Eigenmacht gegen den unmittelbaren Besitzer voraussetzt. Dies ergibt sich aus der systematischen Auslegung des § 869 BGB, der einmal vom „Besitzer" und einmal vom „mittelbaren Besitzer" spricht (ähnlich auch in § 935 I BGB).

gabe des Geleisteten verpflichtet, wenn an einen Nichtberechtigten eine Leistung bewirkt wird, die dem Berechtigten gegenüber wirksam ist. Vorliegend fehlt es an der Wirksamkeit der Leistungsbewirkung an die Nick&Sale-GmbH. Diese Wirksamkeit ergibt sich im Rahmen des § 816 II BGB in erster Linie aus Normen, die den Leistenden von seiner Leistungspflicht trotz der Leistung an einen Nichtberechtigten befreien, wie zum Beispiel die §§ 407, 408, 413 BGB. Die Wirksamkeit kann sich jedoch ebenso aus einer Genehmigung des Berechtigten nach § 185 I BGB ergeben.[16] Ein Anspruch gegen die Nick&Sale-GmbH aus § 816 II BGB setzt daher die Genehmigung der Verfügung der Pellet GmbH durch die Sammet KG voraus, welche vorliegend nicht erfolgt ist.

8. Ergebnis zu den Herausgabeansprüchen gegen die Nick&Sale-GmbH

Die Sammet KG kann von der Nick&Sale-GmbH nach § 985 BGB, § 1007 I BGB, § 823 I BGB die Herausgabe der hundert Lederstücke verlangen.

Wenn die Sammet KG die Verfügung der Pellet GmbH genehmigt, hat sie anstelle der genannten Herausgabeansprüche einen entsprechenden Anspruch aus § 816 II BGB.

II. Ansprüche gegen den Insolvenzverwalter Herrn Ostler

Fraglich ist, ob und gegebenenfalls welche Ansprüche der Sammet KG gegen den Insolvenzverwalter Herrn Ostler in Betracht kommen.

1. Anspruch gegen den Insolvenzverwalter aus § 48 S. 2 InsO

In Betracht kommt ein Anspruch nach § 48 S. 2 InsO. Nach dieser Norm kann die Gegenleistung aus der Insolvenzmasse im Wege der Ersatzaussonderung verlangt werden, wenn die Voraussetzungen des § 48 S. 1 InsO vorliegen.

a) Voraussetzungen des § 48 S. 1 InsO

Es müssten die Voraussetzungen des § 48 S. 1 InsO erfüllt sein.

Der betroffene Gegenstand müsste zum Zeitpunkt der Veräußerung aussonderungsfähig gewesen sein. Bei dem Eigentumsvorbehalt an den unverarbeiteten 100 Lederstücken handelt es sich um ein dingliches Recht, das zur Aussonderung berechtigt hätte.

Auch hat ein entgeltlicher Veräußerungsvorgang im Sinn von § 48 S. 1 InsO stattgefunden. Dieser war mangels Einwilligung oder Genehmigung unberechtigt.

b) Wirksamkeit der Verfügung

Angesichts der Unwirksamkeit der Veräußerung bleibt zu prüfen, ob die Verfügung im Rahmen des Veräußerungsvorgangs wirksam sein muss.

---

16 BGH, NJW-RR 2012, 1129.

Für eine wirksame Verfügung als Voraussetzungen des Ersatzaussonderungsrechts spricht, dass bei einer unwirksamen Veräußerung der Schutzweck des § 48 InsO nicht eingreift, da das Aussonderungsrecht des Gläubigers nicht vereitelt wird.

Gegen das Erfordernis einer wirksamen Verfügung lässt sich einwenden, § 48 InsO wolle verhindern, dass die Masse durch rechtswidrige Verfügungen bereichert wird und Aussonderungsrechte vereitelt werden. Eine Vereitelung des Aussonderungsanspruchs trete jedoch auch dann ein, wenn der Insolvenzverwalter die Gegenleistung bei unwirksamen Veräußerungen behalten dürfte und den Aussonderungsberechtigten an den Erwerber verweisen könnte. Diese Argumentation überzeugt. Eine sachenrechtliche Wirksamkeit der Veräußerung ist damit nicht erforderlich, so dass die Unwirksamkeit der Veräußerung an Nick&Sale-GmbH im vorliegenden Fall nicht schadet.

c) Rechtsfolge, § 48 S. 2 InsO

Die Gegenleistung steht nicht mehr aus, § 48 S. 1 InsO; vielmehr wurde sie durch Überweisung bereits beglichen. Der Kaufpreisanspruch gegen die Nick&Sale-GmbH ist damit erloschen, § 362 I BGB. Die Rechtsfolge richtet sich daher nach § 48 S. 2 InsO. Demnach kann die Gegenleistung aus der Insolvenzmasse verlangt werden, soweit sie in der Masse unterscheidbar vorhanden ist.

An der Unterscheidbarkeit fehlt es, wenn ein vertretbarer Gegenstand mit anderen Vermögensgegenständen vermischt wird. Bei einer Zahlung auf das Kontokorrentkonto des Schuldners ist dem Erfordernis der Unterscheidbarkeit Genüge getan, wenn aufgrund von Buchungen und Belegen der gezahlte Betrag von dem sonstigen Guthaben unterschieden werden kann. Zudem darf das Guthaben nicht geringer sein, als die beanspruchte Zahlung. Denn soweit das Konto im Soll steht, wurde die Leistung des Gläubigers zur Tilgung von Verbindlichkeiten verbraucht und ist damit nicht mehr im Schuldnervermögen vorhanden; spätere Gutschriften sind in diesem Fall unbeachtlich. Wenn mehrere Gläubiger Ersatzaussonderungsrechte geltend machen, werden sie anteilig befriedigt. Das Saldoanerkenntnis, mit dem ein abstraktes Schuldanerkenntnis im Sinne des § 781 BGB anstelle der selbstständigen Forderungen tritt,[17] ist für die Beurteilung der Überschaubarkeit ohne Belang.

Vorliegend hat die Nick&Sale-GmbH den Geldbetrag auf ein Geschäftskonto der Pellet GmbH überwiesen. Das Konto weist eine Deckung in Höhe von einer Million Euro auf. Es ist daher davon auszugehen, dass das Guthaben nicht geringer ist, als die beanspruchte Zahlung. Der Geldbetrag ist damit noch unterscheidbar vorhanden.[18]

---

17 Die Bank bietet den Abschluss des Vertrags nach § 781 BGB an und der Kunde nimmt ihn durch die Anerkennung des Saldos konkludent an.

18 Soweit die Gegenleistung nicht mehr unterscheidbar in der Masse vorhanden ist hat der Gläubiger sofern die Veräußerung durch den Insolvenzverwalter erfolgte einen Massebereicherungsanspruch nach § 55 I Ziff. 3 i.V.m. den §§ 812 ff. BGB. Eventuell hat er auch eine Masseforderung aus § 55 I Ziff. 1 i.V.m. § 989 BGB. Erfolgte die Veräußerung durch den Schuldner vor Eröffnung des Verfahrens, besteht lediglich eine Schadensersatzforderung als Insolvenzforderung gemäß § 38 InsO.

d) Ergebnis

Die Sammet KG kann von Herrn Ostler gemäß § 48 S. 2 InsO die Gegenleistung aus der Insolvenzmasse verlangen.

2. Weitere Ansprüche gegen den Insolvenzverwalter

Es kommen außerdem folgende Anspruchsgrundlagen der Sammet KG in Betracht.

a) Anspruch aus §§ 989, 990 I BGB

Es könnte ein Schadensersatzanspruch aus §§ 989, 990 I BGB gegeben sein.

Voraussetzung ist zunächst eine Vindikationslage, §§ 985, 986 I BGB. Die Sammet KG müsste Eigentümerin und der Insolvenzverwalter Herr Ostler Besitzer der Lederstücke ohne Recht zum Besitz sein.[19] Die Sammet KG ist Eigentümerin. Herr Ostler war zum Zeitpunkt der Veräußerung Besitzer der Lederstücke. Auf diesen Zeitpunkt ist für die Beurteilung denn die Vindikationslage abzustellen, so dass der inzwischen stattgefundene Übergang des Besitzes auf die Nick&Sale-GmbH nicht ins Gewicht fällt.[20] Mit Ablehnung der Erfüllung gemäß § 103 I InsO entfiel zudem das Besitzrecht aus dem Kaufvertrag, so dass sich der Insolvenzverwalter nicht auf ein Recht zum Besitz berufen kann.

Der Insolvenzverwalter müsste bösgläubig sein. Ihm war bewusst, dass er mit Ablehnung der Erfüllung kein Recht zum Besitz mehr hatte. Von diesem Zeitpunkt an, haftete er gemäß §§ 990 I 2, 989 BGB für den Schaden, der dadurch entsteht, dass er die Lederstücke nicht herausgeben kann.

Ein Schadensersatzanspruch aus §§ 989, 990 I BGB liegt damit vor.

b) Anspruch aus § 816 I 1 BGB

Die Vorschrift des § 816 I 1 BGB ist auch anwendbar, wenn ein Eigentümer-Besitzer-Verhältnis vorliegt. Den die §§ 987 ff. BGB betreffen nicht die Herausgabe des Erlangten, sondern die Herausgabe von Nutzungen gemäß § 100 BGB und Schadensersatz. Der sachliche Geltungsbereich der §§ 987 ff. BGB ist daher nicht betroffen.

Ein Anspruch aus § 816 I 1 BGB setzt voraus, dass die Sammet KG die Verfügung des Insolvenzverwalters genehmigt und ihr damit zur Wirksamkeit verhilft. Erst damit würde die Verfügung gegenüber der Sammet KG als Berechtigter wirksam, § 185 II 1 Var. 1 BGB.[21] Die übrigen Voraussetzungen des § 816 I 1 BGB liegen vor, da der Insolvenzverwalter als Unberechtigter über die Lederstücke verfügt hat.

---

19 Mit Eröffnung des Insolvenzverfahrens wird der Schuldner mittelbarer Eigenbesitzer, der Insolvenzverwalter unmittelbarer Fremdbesitzer.

20 Die Kompensationswirkung der §§ 990, 989 BGB liefe sonst bei unberechtigter Weggabe von Vermögensgegenständen aufgrund des damit verbundenen Besitzwechsel leer.

21 Die Verfügung würde von Anfang an wirksam, da die Genehmigung gemäß § 184 I BGB auf den Zeitpunkt der Vornahme des Rechtsgeschäfts zurückwirkt.

c) Anspruch aus angemaßter Eigengeschäftsführung

Die §§ 687 II 1, 681, 667 und die §§ 687 II 1, 678 BGB sind neben den §§ 987 ff. BGB anwendbar, da eine angemaßte Eigengeschäftsführung keine Privilegierung verdient.[22] Im Vergleich zu dem bereits geprüften Anspruch bezüglich der verarbeiteten Lederstücke ergibt sich nur insofern ein Unterschied, als der Insolvenzverwalter keine Forderung aus § 433 II BGB, sondern bereits die Gegenleistung erlangt hat und der Herausgabeanspruch diese Gegenleistung zum Inhalt hat.

d) Anspruch aus § 823 I BGB

Ein Anspruch aus § 823 I BGB ist gemäß § 993 I Hs. 2 BGB neben einem Anspruch aus §§ 990 I 2, 989 BGB ausgeschlossen.[23] Auch der Umkehrschluss aus § 992 BGB führt zu diesem Ergebnis. Die Privilegierung des unverklagten, gutgläubigen Besitzers, der die §§ 987 ff. BGB dienen, würde ansonsten unterlaufen.

e) Anspruch aus § 826 BGB

Für eine vorsätzliche, sittenwidrige Schädigung im Sinn des § 826 BGB bestehen wie bereits in Teil 1 zu wenige Anhaltspunkte.

f) Ergebnis zu den weiteren Ansprüchen gegen den Insolvenzverwalter

Die Sammet KG kann gegen den Insolvenzverwalter Herrn Ostler nicht nur einen Anspruch auf Ersatzaussonderung an der Gegenleistung aus der Insolvenzmasse gemäß § 48 S. 2 InsO, sondern außerdem Schadensersatzansprüche aus §§ 989, 990 I BGB und aus §§ 687 II 1, 678 BGB sowie Herausgabeansprüche aus § 816 I 1 BGB und aus §§ 687 II 1, 681, 667 BGB mit Erfolg geltend machen. Die Schadensersatzansprüche sind als Insolvenzforderungen zur Tabelle anzumelden, §§ 87, 174 ff. InsO.

III. Verhältnis der Ansprüche zueinander

Zu klären ist schließlich, in welchem Verhältnis die Ansprüche der Sammet KG gegen die Nick&Sale GmbH zu den Ansprüchen der Sammet KG gegen den Insolvenzverwalter stehen.

Die Befriedigung des einen Anspruchs führt zum Ausschluss des anderen Anspruchs, da die Sammet KG als Aussonderungsberechtigte nicht doppelte Befriedigung beanspruchen kann. Der Aussonderungsberechtigte kann also bei unwirksamer Veräußerung vom Erwerber die Herausgabe des veräußerten Gegenstands oder vom Schuldner die Abtretung des Zahlungsanspruchs gegen den Erwerber verlangen.

22 Mit demselben Argument ist § 826 BGB neben den §§ 989, 990 BGB anwendbar.

23 Eine Ausnahme von der Unanwendbarkeit des Deliktsrechts gilt für den unverklagten, gutgläubigen Fremdbesitzer, der das nur vermeintlich bestehende Besitzrecht überschreitet (Fremdbesitzerexzess), damit er nicht besser steht, als wenn er ein tatsächlich bestehendes Besitzrecht überschritten hätte.

IV. Ergebnis zu Teil 2

Die Sammet KG kann gegen die Nick&Sale-GmbH Ansprüche auf Herausgabe der Lederstücke aus § 985 BGB, § 1007 I BGB und § 823 I BGB geltend machen.

Gegen den Insolvenzverwalter Herrn Ostler hat die Sammet KG einen Anspruch auf Abtretung der Forderung gegen die Nick&Sale-GmbH aus dem Ersatzaussonderungsrecht gemäß § 48 S. 2 InsO, aber auch aus den §§ 989, 990 I BGB, aus § 816 I 1 BGB, aus §§ 687 II 1, 681, 667 BGB sowie aus §§ 687 II 1, 678 BGB.

Übungsfall 3

Erfüllungswahlrecht, Aufrechnung

Im September 2021 hatte die Pellet GmbH mit der Automobil AG vereinbart, ihr 2 000 Stück Anhängerkupplungen zum Stückpreis von 50 EUR zu liefern. Bis zur Eröffnung des Insolvenzverfahrens am 4.11.2021 hatte die Pellet GmbH eine Teilmenge von 800 der 2 000 Kupplungen ausgeliefert.

Nach Eröffnung des Insolvenzverfahrens am 4.11.2021 wählt der Insolvenzverwalter der Pellet GmbH die Erfüllung des Vertrags. Es gelingt ihm, den Betrieb aufrechtzuerhalten und die ausstehenden 1 200 Kupplungen an die Automobil AG zu liefern.

Der Insolvenzverwalter verlangt nun die Zahlung des Kaufpreises von insgesamt 100 000 EUR. Die Automobil AG überweist jedoch lediglich 20 000 EUR. Sie begründet den reduzierten Betrag wie folgt: Im August 2021 habe sie zwei LKW zum Gesamtpreis von 80 000 EUR an die Pellet GmbH verkauft Zahlungsziel waren 60 Tage. Die Bezahlung durch die Pellet GmbH sei noch nicht erfolgt, so dass nun die Aufrechnung seitens der Automobil AG erfolge.

Der Insolvenzverwalter Herr Ostler hält dies für unbegründet und verklagt die Automobil AG auf Zahlung weiterer 80 000 EUR.

Bearbeitungsvermerk: Hat der Verwalter den Anspruch auf Zahlung der 80 000 EUR?

Lösung

A. Entstehung des Anspruchs
B. Erlöschen des Anspruchs
  I. Erlöschen durch die Eröffnung des Insolvenzverfahrens
  II. Erlöschen durch Erfüllung, § 362 I BGB
  III. Erlöschen durch Aufrechnung, § 389 BGB
    1. Ausschluss der Aufrechnung nach § 95 I 3 InsO
    2. Ausschluss der Aufrechnung nach § 96 I Nr. 1 InsO
    3. Korrektur dieses Ergebnisses
    4. Ergebnis zur Aufrechnung
  IV. Ergebnis zum Erlöschen der Forderung
C. Anspruch durchsetzbar
D. Ergebnis

Ein Anspruch des Insolvenzverwalters auf Zahlung weiterer 80 000 EUR könnte sich aus §§ 651 S. 1, 433 II BGB ergeben (Werklieferungsvertrag). Der Anspruch müsste entstanden sein. Er dürfte nicht erloschen sein und müsste durchsetzbar sein.

A. Entstehung des Anspruchs

Ein Anspruch auf Zahlung von 100 000 EUR für die Herstellung und Lieferung der Anhängerkupplungen aus §§ 651 S. 1, 433 II BGB entstand mit Abschluss des Vertrags im September 2021. Wirksamkeitshindernisse sind nicht ersichtlich.

B. Erlöschen des Anspruchs

Der Anspruch könnte erloschen sein.

I. Erlöschen durch die Eröffnung des Insolvenzverfahrens

Denkbar wäre, dass mit der Eröffnung des Insolvenzverfahrens die Erfüllungsansprüche erlöschen. Diese Erlöschenstheorie vertrat früher der BGH. Nach neuerer Rechtsprechung des BGH erlöschen die Ansprüche der Parteien jedoch nicht durch die Eröffnung des Insolvenzverfahrens. Sie verlieren stattdessen, soweit es sich nicht um Ansprüche auf die Gegenleistung für schon erbrachte Leistungen handelt, vorübergehend ihre Durchsetzbarkeit, § 320 BGB.[1]

II. Erlöschen durch Erfüllung, § 362 I BGB

In Höhe von 20 000 EUR ist der Anspruch der Pellet GmbH durch die Leistung von 20 000 EUR durch die Automobil AG erloschen, § 362 I BGB.

1 Vergleiche Übungsfall 1.

III. Erlöschen durch Aufrechnung, § 389 BGB

In Höhe von 80 000 EUR könnte der Anspruch nach § 389 BGB durch Aufrechnung erloschen sein. Gemäß § 387 BGB kann die Automobil AG ihre Forderung aus dem Verkauf der beiden LKW gegen die Forderung der Pellet GmbH aufrechnen, wenn einander Leistungen geschuldet werden, die ihrem Gegenstand nach gleichartig sind, die Automobil AG die ihr gebührende Leistung fordern und die ihr obliegende Leistung bewirken kann (Aufrechnungslage). Die Aufrechnung muss erklärt worden sein, § 388 BGB, und sie dürfte nicht nach den Vorschriften des Insolvenzverfahrens ausgeschlossen sein, §§ 94 ff. InsO.

Vorliegend stehen sich die Forderung der Pellet GmbH gegen die Automobil AG aus dem Werklieferungsvertrag wegen der Lieferung von 2 000 Anhängerkupplungen in Höhe von noch 80 000 EUR aus §§ 651 S. 1, 433 II BGB als Hauptforderung, also Forderung „gegen" die aufgerechnet werden soll, und der Kaufpreisanspruch der Automobil AG gegen die Pellet GmbH wegen Veräußerung von zwei LKWs in Höhe von 80 000 EUR aus § 433 II BGB als Gegenforderung, „mit" der aufgerechnet wird, gegenüber. Die beiden Ansprüche stehen im Gegenseitigkeitsverhältnis im Sinn von § 387 BGB.

Beide Ansprüche sind auf die Zahlung einer Geldsumme gerichtet und damit gleichartig im Sinn von § 387 BGB.

Die Erfüllbarkeit der Werklieferungsforderung der Pellet GmbH und die Fälligkeit und Durchsetzbarkeit der Kaufpreisforderung der Automobil AG sind gegeben.

Die Erklärung der Aufrechnung gemäß § 388 S. 1 BGB durch die Automobil AG ist explizit erfolgt.

Die Aufrechnung könnte jedoch durch die §§ 95, 96 InsO ausgeschlossen sein.

Exkurs: Aufrechnung in der Insolvenz. Die Aufrechnung findet sich in §§ 94 ff. InsO geregelt.[2] Sie bleibt in der Insolvenz in weitem Umfang zulässig. Dahinter steht die Wertung, dass die Aufrechnung in vielen Aspekten einem Sicherungsrecht gleichkommt. Sie hat dieselbe Wirkung wie ein Absonderungsrecht und erweist sich ihm sogar überlegen, da weder ein Feststellungs- noch ein Verwertungskostenbeitrag gezahlt werden müssen. Dem Aufrechnenden wird die Möglichkeit eingeräumt, seine Verbindlichkeit mithilfe eines Erfüllungssurrogats zum Erlöschen zu bringen. Neben dieser Befreiungsfunktion erfüllt die Aufrechnung eine Befriedigungsfunktion, da der Aufrechnende seine Forderung nicht im Prozessweg durchzusetzen braucht. Die Rechtslage erschließt sich im Vergleich zu den ungesicherten Gläubigern. Ihnen kommt eine *pro-rata* Befriedigung dann zugute, wenn sie sich dafür die Überwachung des Schuldners sparen können. Ein Aufrechnungsgläubiger hingegen wäre schlecht beraten, sich bei einer hypothetischen Vereinbarung vor der Insolvenz auf eine pro-rata Befriedigung einzulassen. Er hätte davon keinen Vorteil, da er den Schuldner nicht überwachen muss, sondern sich auf sein Aufrechnungsrecht verlassen kann. Darin unterscheidet sich der Aufrechnungsgläubiger wesentlich von den ungesicherten Gläubigern, und die Regelung des § 95 InsO wird verständlich. Die Aufrechnung ist danach ausgeschlossen, wenn die Forderung des

2 Vgl. *Zimmermann*, Grundriss des Insolvenzrechts, 11. Aufl. 2018, Rn. 265 ff.

Gläubigers gegenüber der Insolvenzmasse später fällig wird, als die zur Insolvenzmasse zählende Forderung des Insolvenzschuldners gegen die aufgerechnet wird. Zu unterschiedlichen Fälligkeiten kann es kommen, da § 41 InsO nicht zur Anwendung kommt. Ist die Forderung des Insolvenzgläubigers (Gegenforderung) schon früher entstanden, aber erst nach Verfahrensbeginn fällig geworden, kommt es darauf an, in welcher zeitlichen Reihenfolge Haupt- und Gegenforderung fällig werden.

Wird die Gegenforderung des Gläubigers als erste fällig, ist seine Lage nicht mit der eines ungesicherten Gläubigers vergleichbar. Obwohl er bei Insolvenzbeginn nur eine ungesicherte Forderung besitzt, kann er davon ausgehen, beizeiten mit ihr gegen die Hauptforderung des Gemeinschuldners aufrechnen zu können und die ihm obliegende Leistung bei Fälligkeit nicht erbringen zu müssen. Er wäre sonst von dem aus seiner Sicht unbeeinflussbaren Beginn des Insolvenzverfahrens benachteiligt und hätte die Aufrechnungsmöglichkeit nur deswegen verloren, weil das Verfahren vor Fälligkeit begann.

Wird hingegen die Hauptforderung des Schuldners zuerst fällig, ist die Aufrechnung nach § 95 I 3 InsO vergleichbar dem § 392 BGB ausgeschlossen, denn die Hauptforderung kann in der Phase zwischen ihrem Fälligkeitstermin und dem Fälligkeitstermin der Gegenforderung uneingeschränkt verfolgt werden. Für diesen Zeitraum ist der demnächst aufrechnungsberechtigte Insolvenzgläubiger einem ungesicherten Gläubiger gleichgestellt.

1. Ausschluss der Aufrechnung nach § 95 I 3 InsO

Die Aufrechnung könnte gemäß § 95 I 3 InsO ausgeschlossen sein. Danach ist eine Aufrechnung nicht möglich, wenn die Aufrechnungslage erst im Insolvenzverfahren auftritt und die, gegen die aufgerechnet werden soll, also die Hauptforderung, unbedingt und fällig wird, bevor die Aufrechnung erfolgen kann.

Bei der Forderung, gegen die die Automobil AG aufrechnet, handelt es sich um die Werklieferungsforderung der Pellet GmbH aus den §§ 651 S. 1, 433 II BGB auf Bezahlung der 2000 Anhängerkupplungen. Diese Forderung wurde mit Vertragsschluss im September fällig, § 271 I BGB, da für die Leistung der Automobil AG, also des Geldes, eine Zeit weder bestimmt wurde, noch aus den Umständen zu entnehmen ist. Die Hauptforderung wurde damit vor Eröffnung des Insolvenzverfahrens unbedingt und fällig, so dass kein Fall des § 95 I 3 InsO vorliegt.[3]

3 Am Rande und hier nicht relevant, da die Forderung der Automobil AG ebenfalls vor Eröffnung des Verfahrens bereits fällig und durchsetzbar war:
Die Forderung, gegen die aufgerechnet werden soll, muss allerdings auch durchsetzbar sein. Diese Voraussetzung ist für § 95 I 3 InsO in gleicher Weise zu ergänzen, wie für den Verzug nach § 286 I 1 BGB. Ist eine Forderung für den Gläubiger nicht durchsetzbar, kommt der Schuldner weder in Verzug, noch verliert er nach § 95 I 3 InsO das Recht zur Aufrechnung. Die Forderung der Pellet GmbH war erst durchsetzbar, nachdem die Kupplungen geliefert worden waren und der Vertrag damit von Seiten der Pellet GmbH erfüllt worden war. Denn ebenso wie bei § 286 I 1 BGB lässt sich auch im Rahmen des § 95 I 3 InsO argumentieren, dass bereits das objektive Bestehen des Leistungsverweigerungsrechts nach § 320 BGB die Durchsetzbarkeit hindert, ohne dass es einer Geltendmachung bedarf.
Man könnte auch argumentieren, bei fehlender Durchsetzbarkeit sei eine Forderung schon gar nicht fällig, könne also vom Gläubiger nicht gefordert werden. Für die Betrachtung von Fälligkeit und Durchsetzbarkeit als je eigenständige Voraussetzungen spricht jedoch, dass es sich bei § 273 I BGB um eine Einrede handelt, die durch den Schuldner erhoben werden muss. Erhebt sie der Schuldner nicht, kann der Gläubiger die Leistung fordern. Weiter steht dem Gläubiger bei Geltendmachung des Zurückbehaltungsrechts nach § 273 I BGB durch den Schuldner gemäß § 273 III 1 BGB die Möglichkeit offen, Sicherheit zu leisten und das Zurückbehaltungsrecht abzuwehren.

2. Ausschluss der Aufrechnung nach § 96 I Nr. 1 InsO

Es könnte jedoch das Aufrechnungsverbot des § 96 I Nr. 1 InsO eingreifen.

Nach dieser Norm ist die Aufrechnung unzulässig, wenn ein Insolvenzgläubiger erst nach der Eröffnung des Insolvenzverfahrens etwas zur Insolvenzmasse schuldig geworden ist.

Die Automobil AG müsste gemäß § 96 I Nr. 1 InsO Insolvenzgläubigerin sein. Insolvenzgläubiger sind gemäß § 38 InsO diejenigen Gläubiger, die einen zur Zeit der Eröffnung des Insolvenzverfahrens begründeten Vermögensanspruch gegen den Schuldner haben. Der Kaufvertrag über die beiden Lastwagen war im August 2021 geschlossen und damit der Anspruch aus § 433 II BGB auf Bezahlung der Lastwagen begründet worden. Das Insolvenzverfahren wurde am 4.11.2021 eröffnet. Der Anspruch der Automobil AG aus § 433 II BGB war damit vor Eröffnung des Verfahrens begründet worden, folglich ist sie Insolvenzgläubigerin.

Die Automobil AG müsste zudem nach Eröffnung des Verfahrens etwas zur Masse schuldig geworden sein. Der Anspruch der Pellet GmbH auf Zahlung des Kaufpreises für die Anhängerkupplungen ist mit Vertragsschluss im September 2021 entstanden. Dieser Zeitpunkt liegt vor der Verfahrenseröffnung. Die Automobil AG ist nicht nach Eröffnung des Verfahrens etwas zur Masse schuldig geworden. Die Voraussetzungen des § 96 I Nr. 1 InsO liegen nicht vor, so dass er der Aufrechnung nicht entgegensteht.

3. Korrektur dieses Ergebnisses

Etwas Anderes könnte sich angesichts des bei Verfahrenseröffnung beiderseitig nicht vollständig erfüllten Vertrags ergeben.

Zum Zeitpunkt der Eröffnung des Insolvenzverfahrens waren von den 2 000 Kupplungen 800 Stück ausgeliefert worden. Diese Teilleistung entspricht einer Werklohnforderung von 40 000 EUR. Die restlichen, erst nach Verfahrenseröffnung gelieferten Kupplungen entsprechen einer Werklohnforderung von 60 000 EUR. Es könnte daher gerechtfertigt sein, den Teil der Werklohnforderung in Höhe von 60 000 EUR, der der nach Verfahrenseröffnung erbrachten Leistung entspricht, dennoch der Sperre des § 96 I Nr. 1 InsO zu unterwerfen.

Dagegen und damit für eine Aufrechnung in Höhe der gesamten 80 000 EUR spricht der Zweck der §§ 94 ff. InsO. Sie sind Ausdruck der Vergleichbarkeit eines aufrechnungsberechtigten Gläubigers mit einem gesicherten Gläubiger. So müssen beide Gläubiger keine besonderen Vorkehrungen zu ihrem Schutz treffen und er fällt auch nicht unter die Gläubiger, die pro rata befriedigt werden und deren Schutz das Insolvenzverfahren dient. Dieser Zustand tritt bereits mit Entstehen der Aufrechnungslage ein. Die Automobil AG hätte bereits kurz nach Vertragsschluss im September die Aufrechnung erklären und die Forderung der Pellet GmbH damit in Höhe von 80 000 EUR zum Erlöschen bringen können.

Für einen Ausschluss der Aufrechnung in Höhe von 60 000 EUR spricht die hinter § 103 InsO stehende Wertung, der Masse im Interesse der gleichwertigen Befriedigung aller Insolvenzgläubiger für die von ihr erbrachten Leistungen die volle Gegenleistung zukommen zu lassen. Wenn die Leistung mit Mitteln der Masse erbracht wird, soll als Kompensation eine Gegenleistung in die Masse fließen.

Wenn die Automobil AG auch gegenüber den 60 000 EUR nach Verfahrenseröffnung aufrechnet, wird die Pellet GmbH zwar in derselben Höhe von ihrer Verbindlichkeit gegenüber der Automobil AG aus dem Kauf der LKWs befreit. Sie müsste jedoch ohne Aufrechnung auf diese Verbindlichkeit lediglich die Insolvenzquote von vielleicht 10% der Verbindlichkeit begleichen,[4] während die restlichen 54 000 EUR in die Insolvenzmasse fließen würden. Dieser Betrag entgeht der Insolvenzmasse bei Aufrechnung durch die Automobil AG.

Dieses Ergebnis lässt sich mit dem Rechtsgedanken des § 105 InsO stützen. Die Masse ist demnach schutzwürdig, soweit aus ihr nach Insolvenzeröffnung Aufwendungen zur Vertragserfüllung getätigt werden mussten. Direkt einschlägig ist § 105 I InsO im vorliegenden Fall nicht, da die Automobil AG als „anderer Teil" keine Vorleistung erbracht hat. Nur die Insolvenzschuldnerin Pellet GmbH hatte mit Lieferung von 800 Anhängerkupplungen die Leistung teilweise erbracht.

Der Vergütungsanspruch der Pellet GmbH wäre demnach in Höhe von 60 000 EUR nicht durch Aufrechnung erloschen, da die Aufrechnung entsprechend § 96 I Nr. 1 InsO insoweit ausgeschlossen ist.

Die genaue Höhe der möglichen Aufrechnung richtet sich nun danach, auf welchen Teil der Werklohnforderung der Pellet GmbH von 100 000 EUR die durch die Automobil AG bereits gezahlten 20 000 EUR anzurechnen sind.

Aus Sicht der Automobil AG wäre es günstiger, wenn ihre Zahlung auf die 60 000 EUR nach Verfahrenseröffnung angerechnet würde, da sie insoweit wegen § 91 I Nr. 1 InsO nicht aufrechnen kann. Die Schuld von 60 000 EUR würde dann um 20 000 EUR auf 40 000 EUR verringert, während die Schuld von 40 000 EUR aus der Zeit vor Eröffnung in vollem Umfang durch Aufrechnung erlöschen würde.

Die Automobil AG hat es jedoch versäumt, in entsprechender Anwendung des § 366 I BGB bereits bei Zahlung eine Bestimmung zu treffen. Die Regelung des § 366 II BGB hilft in direkter Anwendung nicht weiter, da es sich nicht um mehrfache Schulden, sondern nur um die eine Schuld von 100 000 EUR handelt. In entsprechender Anwendung des § 366 II BGB lässt sich jedoch argumentieren, es solle die Schuld getilgt werden, die dem Gläubiger, hier also der Pellet GmbH, die geringere Sicherheit bietet. Das sind die 40 000 EUR aus der Zeit vor Verfahrenseröffnung.

4 Die Befriedigungsquote der Insolvenzgläubiger fällt in den meisten Verfahren sehr gering aus. Quoten von deutlich unter 10% sind der Durchschnitt.

Die Forderung aus der Zeit nach Verfahrenseröffnung von insgesamt 60 000 EUR besteht daher noch in derselben Höhe. Die Forderung aus der Zeit vor Verfahrenseröffnung in Höhe von 40 000 EUR ist in Höhe von 20 000 EUR durch Aufrechnung erloschen, § 389 BGB, in Höhe von weiteren 20 000 EUR durch Erfüllung, § 362 I BGB.

4. Ergebnis zur Aufrechnung

In Höhe von 20 000 EUR ist die Forderung durch Aufrechnung erloschen, § 389 BGB.[5]

IV. Ergebnis zum Erlöschen der Forderung

Die Forderung der Pellet GmbH aus §§ 651 S. 1, 433 II BGB ist in Höhe von 20 000 EUR durch Erfüllung und in Höhe von weiteren 20 000 EUR durch Aufrechnung erloschen.

C. Anspruch durchsetzbar

Der verbleibende Anspruch in Höhe von 60 000 EUR müsste durchsetzbar sein.

Die Eröffnung des Insolvenzverfahrens führt bei beiderseitig nicht vollständig erfüllten Verträgen zum Verlust der Durchsetzbarkeit. Die Erfüllungswahl durch den Insolvenzverwalter gibt der Forderung des Gemeinschuldners ihre Durchsetzbarkeit zurück.[6] Die Forderung auf Zahlung von 60 000 EUR ist daher durchsetzbar.

D. Ergebnis

Der Anspruch des Insolvenzverwalters gegen die Automobil AG ist in Höhe von 60 000 EUR begründet.

5 Man könnte hier wiederum erwägen, ob auch in Höhe von 20 000 EUR die Aufrechnung ausgeschlossen ist, da die Aufrechnungslage anfechtbar herbeigeführt wurde, § 96 I Nr. 3 InsO. Vergleichen Sie hierzu den 11. Einführungsfall.

6 Die Erfüllungswahl durch den Insolvenzverwalter verleiht der Forderung des Vertragspartners den Rang einer Masseverbindlichkeit, § 55 I Nr. 2 Alt. 1 InsO. Hier betrifft dies den Anspruch der Automobil AG auf Erbringung der Lieferung von 1200 Kupplungen.

Übungsfall 4

Die Insolvenzanfechtung im Detail

Die Pellet-GmbH steht im hundertprozentigen Anteilsbesitz ihres Geschäftsführers Dr. Glas.

Anfang des Jahres 2020 wird die Auftragslage immer dürftiger und es zeichnet sich das Scheitern des Unternehmens ab. Herr Dr. Glas beschließt daher, sein Risiko zu beschränken, um in jedem Falle genügend Kapital für künftige Unternehmungen zu haben. In einem formwirksamen Kaufvertrag veräußert er im Juli 2020 ein der Pellet-GmbH gehörendes Grundstück im Wert von 400 000 EUR an sich selbst zu einem Preis von 200 000 EUR. Er wurde in der Satzung vom Verbot des Selbstkontrahierens der §§ 35 III GmbHG, 181 BGB befreit. Die Übereignung wird am 16. August 2020 in das Grundbuch eingetragen, der Kaufpreis wird bis zum 1. Juli 2020 gestundet.

Bereits im Juni 2020 hatte die vom Steuerberater aufgestellte Zwischenbilanz gezeigt, dass dem Stammkapital der GmbH in Höhe von 500 000 EUR nur noch ein Nettovermögen von 300 000 EUR gegenüberstand. Tatsächlich sah sich Herr Dr. Glas gezwungen, am 7. Oktober 2021 namens der Pellet-GmbH Insolvenzantrag zu stellen.

Nachdem am 4.11.2021 das Verfahren eröffnet wurde, möchte der Insolvenzverwalter Herr Ostler von Ihnen wissen, welche Erfolgsaussichten eine Klage im Hinblick auf das Grundstücksgeschäft hätte.

Chronik:

Juni 2020	Die Zwischenbilanz zeigt, dass das Vermögen geringer ist als das Stammkapital.
Juli 2020	Veräußerung des Grundstücks an Dr. G/Eintragung am 16. August 2020.
4.11.2021	Eröffnung des Insolvenzverfahrens.

Variante: Im November 2013 hatte Herr Dr. Glas der GmbH ein Darlehen in Höhe von 100 000 EUR zu einem Jahreszinssatz von 5 % gewährt. Als Rückzahlung war November 2020 vereinbart worden. Angesichts der wirtschaftlichen Bedrängnis der GmbH verzichtet er auf die Rückforderung des Darlehens zum Fälligkeitszeitpunkt im November 2020. Er verlängert das Darlehen sogar um ein weiteres Jahr bis November 2021. Als im Sommer 2021 die Pellet-GmbH zahlungsunfähig wird, möchte er noch schnell seine Schäfchen in Sicherheit bringen und zahlt sich im September 70 000 EUR zurück. Für die restlichen 30 000 EUR reichen die liquiden Mittel der GmbH nicht mehr aus. Herr Dr. Glas ist gezwungen, Insolvenzantrag zu stellen (7.10.2021). Am 4.11.2021 wird das Verfahren eröffnet.

Frage: Was wird der Insolvenzverwalter der Pellet-GmbH angesichts dieses Vorgangs veranlassen? Wäre eine Klage begründet? Was kann Herr Dr. Glas tun?

Lösung

A. Zulässigkeit
- I. Statthaftigkeit und Rechtsschutzziel
- II. Zuständigkeit
  - 1. Sachliche Zuständigkeit
  - 2. Örtliche Zuständigkeit
- III. Parteibezogene Voraussetzungen
- IV. Zwischenergebnis

B. Begründetheit
- I. Anspruch aus § 143 I 1 InsO
  - 1. Allgemeine Voraussetzungen, § 129 InsO
    - a) Rechtshandlung
    - b) Rechtshandlung vor Verfahrenseröffnung
    - c) Benachteiligung
  - 2. Anfechtungsgrund
    - a) Vorsätzliche Benachteiligung nach § 133 I InsO
    - b) Vorsätzliche Benachteiligung nach § 133 IV InsO
    - c) Unentgeltliche Leistungen, § 134 InsO
    - d) Zwischenergebnis
  - 3. Rechtsfolge
- II. Anspruch aus § 31 I GmbHG
  - 1. Auszahlung
  - 2. Kapital zur Erhaltung des Stammkapitals erforderlich?
  - 3. Rechtsfolge
- III. Anspruch aus §§ 43 III 1, 30 GmbHG
- VI. Anspruch auf Berichtigung des Grundbuchs nach § 894 BGB
- V. Ergebnis zur Begründetheit

C. Gesamtergebnis

D. Variante
- I. Anspruch aus § 143 I InsO
  - 1. Rechtshandlung vor Eröffnung des Verfahrens
  - 2. Gläubigerbenachteiligung
  - 3. Anfechtungsgrund
  - 4. Ergebnis
- II. Anspruch aus § 15b IV S. 1 InsO

Frage 1: Die Klage hat Aussicht auf Erfolg, wenn sie zulässig und begründet ist.

A. Zulässigkeit

I. Statthaftigkeit und Rechtsschutzziel

Ein Anspruch aus § 31 GmbHG ist im Wege der Leistungsklage geltend zu machen. Gleiches gilt gemäß § 143 I 1 InsO auch für eine Klagebegründung aus Insolvenzanfechtung.

II. Zuständigkeit

1. Sachliche Zuständigkeit

Gemäß §§ 23 Nr. 1, 71 I GVG i.V.m. § 1 ZPO ist das Landgericht zuständig.[1]

2. Örtliche Zuständigkeit

Ein ausschließlicher Gerichtsstand ist nicht einschlägig. Örtlich ist daher das Gericht am Wohnsitz des Beklagten, Herrn Dr. Glas, in München zuständig, §§ 12, 13 ZPO.

III. Parteibezogene Voraussetzungen

Es müssten außerdem die parteibezogenen Voraussetzungen erfüllt sein. Diese sind Partei- und Prozessfähigkeit, Prozessführungsbefugnis und Postulationsbefugnis.

Der Geschäftsführer Herr Dr. Glas ist partei- und prozessfähig, §§ 50, 51 ZPO. Er muss sich gemäß § 78 I 1 ZPO vor dem Landgericht von einem Rechtsanwalt vertreten lassen, um nicht Gefahr zu laufen, dass ein Versäumnisurteil gegen ihn erlassen wird, § 331 ZPO.

Auch der Insolvenzverwalter Herr Ostler ist partei- und prozessfähig und muss sich durch einen beim Landgericht zugelassenen Anwalt vertreten lassen. Der Insolvenzverwalter ist selbst Partei,[2] nicht der Gemeinschuldner, das heißt die von ihm verwaltete Pellet-GmbH.[3] Der Insolvenzverwalter ist Rechtsnachfolger des Schuldners im Sinne der ZPO.[4] Nach der herrschenden Amtstheorie handelt der Insolvenzverwalter dabei im eigenen Namen als Amtstreuhänder.[5]

---

1 Die sachliche Zuständigkeit des Insolvenzgerichts nach § 2 I InsO ist nicht eröffnet, da es nicht um das Insolvenzverfahren geht, sondern um eine materiell rechtliche Frage. Sie wird vor dem Prozessgericht ausgetragen.

2 Die Urteile lauten auf den Namen des Insolvenzverwalters.

3 Der Schuldner kann daher als Zeuge vernommen werden.

4 BGH, NJW 1997, 1445.

5 BGH, NJW 1997, 1445. Für die Amtstheorie spricht die Formulierung „Partei kraft Amtes" in § 116 S. 1 Nr. 1 ZPO. Vgl. auch *Zimmermann*, Grundriss des Insolvenzrechts, 11. Aufl. 2018, Rn. 116 ff.

Der Insolvenzverwalter müsste auch prozessführungsbefugt sein. Dabei handelt es sich um die Befugnis, ein Recht im eigenen Namen geltend zu machen.[6] Der Insolvenzverwalter verwaltet gemäß § 80 I InsO das zur Insolvenzmasse gehörende Vermögen und kann darüber verfügen. Er ist daher befugt, fremde Rechte in eigenem Namen geltend zu machen. Es liegt ein Fall der gesetzlichen Prozessstandschaft vor.[7] Der Insolvenzverwalter ist somit prozessführungsbefugt. Die parteibezogenen Voraussetzungen liegen vor.

IV. Zwischenergebnis

Die Klage ist zulässig.

Exkurs: § 240 ZPO, §§ 85, 86 InsO. Nach § 240 S. 1 ZPO wird im Falle der Eröffnung des Insolvenzverfahrens über das Vermögen einer Partei das Verfahren, wenn es die Insolvenzmasse betrifft, unterbrochen, bis es nach den für das Insolvenzverfahren geltenden Vorschriften, d.h. den §§ 85, 86 InsO, aufgenommen oder das Insolvenzverfahren beendet wird. Diese Unterbrechung erfolgt nach § 240 S. 2 ZPO auch, wenn die Verwaltungs- und Verfügungsbefugnis über das Vermögen des Schuldners auf einen vorläufigen Insolvenzverwalter übergeht, d.h. ein „starker" vorläufiger Insolvenzverwalter nach §§ 21 II 1 Nr. 2 Var. 1, 22 I, 24 I, II InsO ernannt wird (siehe auch § 24 II InsO).

Nach § 85 InsO kann der Verwalter Rechtsstreitigkeiten, in denen ein Recht zugunsten der späteren Teilungsmasse in Anspruch genommen wird, aufnehmen oder den Streitgegenstand aus der Masse freigeben.[8] Entscheidend für die Einordnung als Aktivprozess ist nicht die Parteirolle des Schuldners als Kläger, sondern die Feststellung, dass es um eine Rechtsposition geht, die für die Masse beansprucht wird. In aller Regel wird der Schuldner der Kläger sein, aber entscheidend ist, ob ein Anspruch auf Zahlung an die Masse geltend gemacht wird.[9] Der Gegner kann den Rechtsstreit nur (nach Freigabe) gegenüber dem Schuldner und nicht gegenüber dem Insolvenzverwalter aufnehmen (Kostenrisiko).[10]

---

6 Anders verhält es sich bei der Vertretung: Der Vertreter handelt in fremdem Namen.

7 Weitere Beispiele für eine gesetzliche Prozessstandschaft sind Ehegatten in den Fällen der §§ 1368, 1422 BGB, der Nachlassverwalter gemäß §§ 1984, 1985 BGB und der Testamentsvollstrecker gemäß §§ 2212, 2213 BGB. Auch § 265 II 1 ZPO begründet gesetzliche Prozessstandschaft.

8 Unterliegt der Insolvenzverwalter, trägt die Masse die Kosten. Nach h.M. trägt die Masse dann die gesamten Kosten, d.h. auch für die Zeit vor Insolvenzeröffnung, siehe *Schumacher*, in MüKo-InsO, 4. Aufl., § 85 InsO, Rn. 19. Nach einer anderen Ansicht trägt die Masse nur die Gebühren und Auslagen, die seit der Insolvenzeröffnung angefallen sind. Der BGH differenziert und qualifiziert die Kosten der Vorinstanzen als Insolvenzforderungen, BGH, NZI 2016, 829, Rn. 10.

9 Vgl. den Beispielsfall bei Reischl, InsO, Rn. 349: Der Gläubiger hat gegen den Schuldner in erster Instanz Zahlungsklage geführt, d.h. es geht soweit um einen Passivprozess. Nach stattgebendem Urteil in der 1. Instanz legt der Schuldner Berufung ein, zahlt jedoch zur Abwendung der Zwangsvollstreckung an den Gläubiger. Nun wird der Prozess wegen der Insolvenzeröffnung unterbrochen. Allein wegen des dadurch entstehenden Rückzahlungsanspruchs gem. § 717 III ZPO wird der Prozess nun zu einem Aktivprozess.

10 Die Zulässigkeit einer gewillkürten Prozessstandschaft des Schuldners, d.h. der Übertragung der Prozessführungsbefugnis durch den Verwalter auf den Schuldner, ist streitig: Das rechtliche Interesse des Schuldners kann unproblematisch auf dessen Rechtsträgereigenschaft gestützt werden. Allerdings bestünde so die Möglichkeit, das Prozesskostenrisiko auf den Gegner abzuwälzen (im Fall des Unterliegens hat der Schuldner keine „eigenen" Mittel, weil die Masse ihm nicht mehr zur Verfügung steht, während im Fall des Obsiegens der Insolvenzbeschlag sich auf das neu hereinkommende Vermögen erstreckt, § 35 I InsO); aus diesem Grund halten manche eine gewillkürte Prozessstandschaft für unzulässig, vgl. *Schumacher*, in MüKo-InsO, 4. Aufl., § 85 InsO, Rn. 18.

Die Norm zu den Passivprozessen, § 86 InsO, betrifft Prozesse gegen die Masse. Die Aufnahme solcher Prozesse ist nur dem Verwalter möglich bzw. den Gläubigern von Aussonderungsrechten, Absonderungsrechten und Masseverbindlichkeiten. In Konsequenz des Prinzips, dass Insolvenzforderungen nur nach der InsO verfolgt werden können (§ 87 InsO), können Insolvenzgläubiger einen vor Verfahrenseröffnung begonnenen Prozess erst im Rahmen des Feststellungsverfahrens gemäß §§ 180 II, 184 I 2 InsO aufnehmen, d.h. die Forderungen müssen erst einmal zur Tabelle angemeldet werden. Der Insolvenzgläubiger stellt den Streitgegenstand dann beispielsweise von einer Leistungsklage auf die Feststellungsklage um.

B. Begründetheit

Die Klage ist begründet, wenn die Pellet- GmbH die Rückübereignung des Grundstücks verlangen kann. Dazu müsste sie einen Anspruch darauf haben. Der Anspruch richtet sich auf die Auflassung (§§ 925, 873 BGB), und die Bewilligung der Eintragung der Pellet-GmbH als Eigentümerin in das Grundbuch (§§ 19, 29 GBO).[11]

I. Anspruch aus § 143 I 1 InsO

Der Anspruch könnte sich aus § 143 I 1 InsO ergeben. Demnach muss das, was durch eine anfechtbare Handlung aus dem Vermögen des Schuldners veräußert, weggegeben oder aufgegeben worden ist, zur Insolvenzmasse zurückgewährt werden. Zu klären ist, ob es sich bei der Veräußerung des Grundstücks um eine anfechtbare Handlung handelt.

Exkurs: Anfechtung. Anders als die Anfechtungsvorschriften des BGB wird durch die §§ 129 InsO nicht die Privatautonomie geschützt, sondern es werden Vermögensverschiebungen rückgängig gemacht. Für die Einzelzwangsvollstreckung finden sich vergleichbare Tatbestände im Anfechtungsgesetz geregelt.

Es werden Rechtshandlungen angefochten. Die Rechtsfolge ist nicht die Unwirksamkeit der Rechtshandlung, sondern ein Rückgewähranspruch nach § 143 InsO.

Die erfolgreiche Anfechtung führt zu einem schuldrechtlichen Anspruch auf Rückgewähr des Erlangten. Es gelten insoweit die Regelungen des Allgemeinen Schuldrechts. Die Rechtsfolge der Anfechtung ist gemäß § 143 I 1 InsO primär auf die Rückgewähr des Erlangten im Wege der Naturalrestitution gerichtet. Nur wenn diese nicht möglich ist, kommt gemäß § 143 I 2 InsO Wertersatz in Betracht. Der Anfechtungsgegner haftet verschärft; er wird einem Bereicherungsschuldner im Sinn des § 819 BGB gleichgestellt, kann sich demnach nicht auf Bereicherung berufen und haftet gemäß §§ 292, 990, 989 BGB auf Schadensersatz und gemäß §§ 292, 990, 987 BGB auf Nutzungsersatz.

1. Allgemeine Voraussetzungen, § 129 InsO

Eine anfechtbare Handlung läge vor, wenn die Veräußerung des Grundstücks eine Rechtshandlung vor Eröffnung des Verfahrens darstellen und die Gläubiger benachteili-

11 Vgl. § 894 ZPO: Die Erklärung gilt als abgegeben, sobald das Urteil die Rechtskraft erlangt hat.

gen würde. Weiter müssten der objektive und subjektive Tatbestand eines Anfechtungsgrundes erfüllt sein.

a) Rechtshandlung

Es müsste eine Rechtshandlung vorliegen. Vorliegend können zwei Rechtsgeschäfte angefochten werden. Zum einen das Verpflichtungsgeschäft, das heißt der Grundstückskaufvertrag. Zum anderen die Verfügung, das heißt die Übereignung des Grundstücks.

Exkurs: Anfechtung. Erfüllungs- und Verpflichtungsgeschäft können wegen des Abstraktionsprinzips jeweils separat angefochten werden. Durch das Erfüllungsgeschäft wird der Gegenstand selbst zugewandt, durch das Verpflichtungsgeschäft nur ein Anspruch.[12]

In den meisten Fällen werden beide Verträge oder nur das Erfüllungsgeschäft angefochten. Auch die subjektiven Voraussetzungen wie der Vorsatz des § 133 InsO schlagen meist auf das Erfüllungsgeschäft durch und sind damit kein Grund, nur das Verpflichtungsgeschäft anzufechten.

Isolierte Anfechtung des Erfüllungsgeschäfts:

Insbesondere aber, wenn das Verpflichtungsgeschäft (Grundgeschäft) zeitlich deutlich weiter zurückliegt, als das Erfüllungsgeschäft, kommt es dazu, dass nur das Erfüllungsgeschäft angefochten wird. Solange das Verpflichtungsgeschäft wirksam bleibt und es sich bei der Erfüllung um eine kongruente Deckung handelt, wird die Anfechtung selten erfolgreich sein.

Bei isolierter Anfechtung des Erfüllungsgeschäfts ist § 144 I InsO einschlägig. Da das Verpflichtungsgeschäft nicht angefochten wurde, lebt die Forderung des Anfechtungsgegners nach Anfechtung des Erfüllungsgeschäfts wieder auf. Sonst würde es zu einer ungerechtfertigten Bereicherung der Masse kommen. Der Anfechtungsgegner kann sie als Insolvenzforderung zur Tabelle anmelden. Selbst wenn er vorgeleistet hat, ist er nur Insolvenzgläubiger. Geht es um die Forderung auf Übereignung eines Grundstücks, wird die Forderung nach § 45 InsO in eine Geldforderung umgerechnet.

Anfechtung des Verpflichtungsgeschäfts:

Wird das Verpflichtungsgeschäft (Grundgeschäft) isoliert angefochten, führt das nur zu einer Rückforderungsmöglichkeit nach §§ 812 ff. BGB. Der Insolvenzverwalter tut daher gut daran, auch das Erfüllungsgeschäft anzufechten, um in den Genuss des § 143 InsO zu kommen.

Bei einer Anfechtung des Verpflichtungsgeschäfts, neben dem Erfüllungsgeschäft, oder isoliert, ist jeweils § 144 II InsO einschlägig.

§ 144 II InsO lautet: „Eine Gegenleistung ist aus der Insolvenzmasse zu erstatten, soweit sie in dieser noch unterscheidbar vorhanden ist oder soweit die Masse um ihren Wert bereichert ist. Darüber hinaus kann der Empfänger der anfechtbaren Leistung die Forderung auf Rückgewähr der Gegenleistung nur als Insolvenzgläubiger geltend machen."

Es sind damit zwei Ansprüche zu unterscheiden. § 144 II 1 InsO begründet einen Masseanspruch, vgl. § 55 I Nr. 3 InsO. § 144 II 2 InsO begründet eine Insolvenzforderung.

12 *Borries/Hirte*, in: Uhlenbruck-InsO, 15. Aufl. 2019, § 129, Rn. 103.

b) Rechtshandlung vor Verfahrenseröffnung

Beide Rechtshandlungen fanden vor der Eröffnung des Verfahrens statt.

c) Benachteiligung

Die Rechtshandlungen müsste zu einer Benachteiligung der Gläubiger geführt haben. Eine Benachteiligung liegt immer dann vor, wenn sich die Befriedigungschancen der übrigen Insolvenzgläubiger durch die Rechtshandlung verschlechtert haben. Dies kann insbesondere durch eine Verringerung des Vermögens (Aktivmasse) oder eine Erhöhung der Verbindlichkeiten (Passivmasse) geschehen. Aber auch die sonstige Erschwerung oder Verzögerung des Zugriffs auf das Vermögen des Schuldners benachteiligen die Gläubiger.[13] Eine unmittelbare Benachteiligung setzt voraus, dass ein Nachteil für die Gläubiger mit der anfechtbaren Rechtshandlung selbst herbeigeführt wird und nicht erst durch eine spätere Entwicklung eintritt.[14]

> **Exkurs: Unmittelbare Gläubigerbenachteiligung.** Die Rechtshandlung führt ohne Hinzutreten weiterer Umstände zu einer Verkürzung des Schuldnervermögens. Eine unmittelbare Gläubigerbenachteiligung wird nur im Zusammenhang mit den Anfechtungsgründen der §§ 132 I, 133 II InsO gefordert.

Es wurde ein Grundstück im Wert von 400 000 EUR zu einem Preis von 200 000 EUR verkauft. Bei einer Veräußerung unter Wert liegt bereits mit dem Verpflichtungsgeschäft eine unmittelbare Benachteiligung vor. Die Verbindlichkeiten sind um 400 000 EUR angewachsen, denen lediglich eine Kaufpreisforderung von 200 000 EUR gegenüberstand. Damit wurde das Schuldnervermögen um die Differenz, das heißt um 200 000 EUR verkürzt.

Erfüllungsgeschäfte, durch die Gegenstände aus der Insolvenzmasse weggegeben werden, sind gläubigerbenachteiligend, sofern nicht unmittelbar eine gleichwertige Gegenleistung in das Schuldnervermögen gelangt, § 142 I InsO. Es fehlt an einer gleichwertigen Gegenleistung, so dass für das Erfüllungsgeschäft die Benachteiligung der Gläubiger ebenfalls zu bejahen ist.[15]

---

13 Beispielsweise eine Besitzübertragung oder eine unrichtige Grundbucheintragung, vgl. *Kayser*, in MüKo-InsO, 4. Aufl. 2019, § 129, Rn. 101. Weitere Beispiele sind der Kauf einer werthaltigen Sache, die bereits zum Zeitpunkt des Kaufvertrags nicht dem Zugriff der Gläubiger unterliegt, weil sie zum Beispiel im Ausland belegen ist oder zum unpfändbaren Vermögen des Schuldners zählt.

14 Nur § 133 IV InsO und § 132 I InsO verlangen eine unmittelbare Gläubigerbenachteiligung. In allen übrigen Fällen reicht die mittelbare Beteiligung aus, für deren Vorliegen auch entfernte, kausale Folgen genügen.

15 Durch das Erfüllungsgeschäft wird der Gegenstand selbst zugewandt und damit etwas anderes als durch das Verpflichtungs- oder Grundgeschäft, bei dem ein Anspruch zugewandt wurde, vgl. *Borries/Hirte*, in: Uhlenbruck-InsO, 15. Aufl. 2019, § 129 Rn. 103.

2. Anfechtungsgrund

Es müsste weiter der Tatbestand eines Anfechtungsgrunds erfüllt sein. Die Anfechtungsgründe sind in den §§ 130 bis 136 InsO normiert. In Betracht kommen die Anfechtungsgründe des § 133 I, II InsO und des § 134 InsO.

a) Vorsätzliche Benachteiligung nach § 133 I InsO

Gemäß § 133 I InsO ist eine Rechtshandlung anfechtbar, die der Schuldner in den letzten zehn Jahren vor dem Antrag auf Eröffnung des Insolvenzverfahrens oder nach diesem Antrag mit dem Vorsatz, seine Gläubiger zu benachteiligen, vorgenommen hat, wenn der andere Teil zur Zeit der Handlung den Vorsatz des Schuldners kannte.[16]

Als objektives Tatbestandsmerkmal des § 133 I InsO muss die Rechtshandlung in den letzten zehn Jahren vor dem Eröffnungsantrag oder nach dem Antrag vorgenommen worden sein.[17] Die Veräußerung des Grundstücks wurde im Juli 2020 und damit innerhalb der Zehnjahresfrist vorgenommen.

In subjektiver Hinsicht verlangt die Anfechtung wegen vorsätzlicher Benachteiligung nach § 133 I InsO Vorsatz der Pellet GmbH, ihre Gläubiger zu benachteiligen, sowie Kenntnis dieses Vorsatzes durch Herrn Dr. Glas als „anderer Teil".

Die Veräußerung des Grundstücks durch die Pellet-GmbH müsste vom Vorsatz getragen worden sein, die Gläubiger der Pellet-GmbH zu benachteiligen. Es genügt die billigende Inkaufnahme der Gläubigerbenachteiligung (*dolus eventualis*). Daran fehlt es, wenn der Schuldner die Möglichkeit der Gläubigerbenachteiligung zwar erkannte, jedoch darauf vertraute, die Insolvenz abwenden zu können. Das Gericht wird bei seiner Beweiswürdigung gemäß § 286 ZPO unterschiedliche Indizien gegeneinander abwägen. Nach der Rechtsprechung wird eine inkongruente Deckung im Sinn des § 131 InsO als ein starkes Indiz für den Vorsatz der Gläubigerbenachteiligung gewertet.[18] Ebenso spricht Zahlungsunfähigkeit für einen entsprechenden Vorsatz.[19] Einer juristischen Person wird der Vorsatz der Geschäftsführung analog § 31 BGB zugerechnet.

Die Pellet-GmbH hat sich als Schuldnerin verpflichtet, ein Grundstück im Wert von 400 000 EUR um die Hälfte, das heißt für 200 000 EUR zu veräußern. Die Veräußerung geschah im Sommer 2020 und damit zu einem Zeitpunkt, zu dem es der Schuldnerin wirtschaftlich bereits schlecht ging. Andererseits konnte sie sich nach der Veräußerung noch über ein Jahr im Geschäft halten, was als Indiz gegen die Inkaufnahme der Benachteiligung sprechen könnte. Doch ist dieses Argument nicht zu hoch zu bewerten, ermöglicht doch die zehnjährige Anfechtungsfrist des § 133 I GmbHG die Anfechtung von Handlungen, die deutlich länger zurückliegen als im vorliegenden Fall.

---

16 § 133 InsO wurde im Jahr 2017 neu gefasst und die Absätze 2 u. 3 wurden eingeführt. Der bisherige Absatz 2 wurde zu Absatz 4. Vgl. *Zimmermann*, Grundriss des Insolvenzrechts, 11. Aufl. 2018, Rn. 426 ff.

17 Vgl. *Zimmermann*, Grundriss des Insolvenzrechts, 11. Aufl. 2018, Rn. 423 ff.

18 BGH, NZI 2004, 201, 203.

19 BGH, NZI 2003, 533, 535.

Im Ergebnis lässt sich *dolus eventualis* der Pellet-GmbH jedenfalls gut vertreten. Der Benachteiligungsvorsatz hinsichtlich des Verpflichtungsgeschäfts schlägt regelmäßig auf die Erfüllungsleistung durch.[20]

Herr Dr. Glas müsste Kenntnis von dem Benachteiligungsvorsatz gehabt haben. Die Vermutung des § 133 I 2 InsO erleichtert die Beweisführung des Insolvenzverwalters. Die Vermutung ist zwar widerlegbar (vgl. § 292 ZPO). Da der Dr. Glas hier aber zugleich für die Schuldnerin gehandelt hat, wird es ihm nicht gelingen, diese Vermutung zu widerlegen.

Die zum 5.4.2017 eingefügte Verkürzung der Anfechtungsfrist für Deckungshandlungen (Sicherung oder Befriedigung) von zehn auf vier Jahre nach § 133 II InsO ändert aufgrund der erst kurz vor der Insolvenz erfolgten Verschiebung nichts am Vorliegen des Anfechtungsgrundes des § 133 I InsO.

Gleiches gilt für die Verschärfung der Anforderungen an die Kenntnis von drohender Zahlungsunfähigkeit zu tatsächlich eingetretener Zahlungsunfähigkeit nach § 133 III 1 InsO für den Fall kongruenter Deckungshandlungen (d.h. eine Sicherung oder Befriedigung, auf die Anspruch in der Art und zu Zeit bestand, vgl. auch § 131 I InsO). Der Insolvenzverwalter kann das Verpflichtungsgeschäft ebenfalls anfechten, so dass es jedenfalls an einer kongruenten Deckung fehlt.

Die Voraussetzungen für die Vermutungswirkung des § 133 III 2 InsO liegen mangels einer Zahlungsvereinbarung (z.B. Ratenvereinbarung) oder sonstigen Zahlungserleichterung ebenfalls nicht vor.

Ein Anfechtungsgrund ergibt sich daher aus § 133 I InsO.

b) Vorsätzliche Benachteiligung nach § 133 IV InsO

Weiter könnte der Insolvenzgrund des § 133 IV InsO vorliegen.[21] Er bringt deutliche Erleichterungen hinsichtlich der Beweisführung mit sich. Anfechtbar ist danach ein vom Schuldner mit einer nahestehenden Person geschlossener entgeltlicher Vertrag, der zu einer unmittelbaren Gläubigerbenachteiligung geführt hat.

(1) Der Geschäftsführer Herr Dr. Glas müsste auch eine nahestehende Person sein. Die nahestehenden Personen werden in § 138 InsO definiert. Soweit der Schuldner wie hier eine juristische Person ist, können die in Frage kommenden Personen § 138 II InsO entnommen werden. Gemäß § 138 II Nr. 1 InsO sind die Mitglieder des Vertretungsorgans nahestehende Personen. Vertretungsorgan der Pellet GmbH ist die Geschäftsführung. Herr Dr. Glas zählt als Geschäftsführer somit zu den der Pellet-GmbH nahestehenden Personen.

20 Der Insolvenzverwalter muss nach dem allgemeinen Grundsatz, demnach jeder das Gericht von den ihm günstigen Tatsachen überzeugen muss, den Beweis hinsichtlich des Vorsatzes führen.

21 Der Insolvenzverwalter wird die Anfechtung auf möglichst viele Insolvenzgründe stützen, falls das Gericht einen davon nicht anerkennen sollte.

(2) Weiter müsste ein Vertrag vorliegen. Der Begriff des Vertrags in § 133 IV 1 InsO wird weit ausgelegt. Diese Auslegung stützt sich auf den Zweck der Norm, das Vermögen von Schuldnern, die sich in wirtschaftlichen Schwierigkeiten befinden, vor Rechtshandlungen zu schützen, die die Gläubiger benachteiligen. Der Anfechtungsgegner ist angesichts seiner Kenntnis des Benachteiligungsvorsatzes nicht schutzwürdig. Einzig rein einseitige Handlungen fallen nicht unter den Vertragsbegriff des § 133 IV InsO. In Anbetracht der Weite des Begriffs lässt sich auch eine Erfüllungsleistung, wie sie hier vorliegt, unter den Begriff des Vertrags subsumieren.[22]

(3) Der Vertrag müsste überdies entgeltlicher Natur gewesen sein.

(a) Verpflichtungsgeschäft: Die Frage der Entgeltlichkeit ist von entscheidender Bedeutung. Nach ihr entscheidet sich die Abgrenzung zum Anfechtungsgrund des § 134 InsO, der die Anfechtung unentgeltlicher Leistungen ermöglicht.

Die Frage nach einer Abgrenzung stellt sich, da die Veräußerung des Grundstücks zur Hälfte des Verkehrswerts eine gemischte Zuwendung darstellt: Die Veräußerung trägt sowohl entgeltliche, als auch unentgeltliche Züge. In solch einem Fall kommt es darauf an, ob der entgeltliche Teil oder der unentgeltliche Teil überwiegt.[23]

Der Verkauf eines Grundstücks für die Hälfte seines Marktwertes ist nicht mehr lediglich ein günstiger Kauf, sondern das Missverhältnis zwischen Leistung und Gegenleistung ist hier derart krass, dass von einem Überwiegen des unentgeltlichen Teils ausgegangen werden kann.[24] Das Verpflichtungsgeschäft kann somit nicht nach § 133 IV InsO angefochten werden.

(b) Erfüllungsgeschäft: Das Erfüllungsgeschäft teilt das Schicksal des Verpflichtungsgeschäftes. Wenn das Verpflichtungsgeschäft wie hier unentgeltlich ist, ist das Verfügungsgeschäft ebenfalls als unentgeltlich anzusehen.[25]

(c) Ergebnis: Eine Anfechtung nach § 133 IV InsO scheidet damit aus.

---

22 BGH, NJW 1990, 2687, 2688, zur Vorgängernorm des § 31 Nr. 2 KO.

23 Anders das LG Dresden, das kumulativ beide Tatbestände angewandt hatte, DZWiR 2002, 170, mit kritischer Stellungnahme von *Flöther*.

24 Die gegenteilige Auffassung ist ebenfalls gut vertretbar. In diesem Fall kann nach § 133 IV InsO angefochten werden. § 134 InsO wäre dann nicht mehr zu prüfen. Es ist auch eine alternative Feststellung möglich, das heißt die Feststellung, dass jedenfalls einer der beiden Anfechtungsgründe vorliegt.

25 So BGH, NJW 1990, 2687, 2688 (zur Vorgängernorm des § 31 Nr. 2 KO). Bei entgeltlichen Verpflichtungsgeschäften besteht das Entgelt für das Erfüllungsgeschäft in der Befreiung von der Schuld. Dazu *Kayser*, in MüKo-InsO, 4. Aufl. 2019, § 129, Rn. 61: „Für die Anfechtbarkeit unentgeltlicher Leistungen nach § 134 stellt die Erfüllung einer Rechtspflicht ausnahmsweise kein „Entgelt" dar, wenn diese Rechtspflicht selbst wieder auf Unentgeltlichkeit beruht (...). Die Unanfechtbarkeit des Verpflichtungsgeschäfts schafft dann für sich noch kein „Entgelt". Denn nach § 39 Abs. 1 Nr. 4 sind Forderungen auf eine unentgeltliche Leistung des Schuldners in der Insolvenz stets nachrangig, ohne dass dies von einer selbstständigen Anfechtbarkeit der Forderung abhinge."

c) Unentgeltliche Leistungen, § 134 InsO

Gemäß § 134 I InsO ist eine unentgeltliche Leistung des Schuldners anfechtbar,[26] es sei denn, sie ist früher als vier Jahre vor dem Antrag auf Eröffnung des Insolvenzverfahrens vorgenommen worden.[27] Subjektive Voraussetzungen sieht § 134 I InsO nicht vor.

Fraglich ist, ob sich das Grundstücksgeschäft als unentgeltliche Leistung qualifizieren lässt.

(a) Verpflichtungsgeschäft: Zwar wurde eine Gegenleistung in Form des Kaufpreises erbracht. Es überwiegt jedoch, wie bereits ausgeführt, der unentgeltliche Teil der Leistung.

(b) Erfüllungsgeschäft: Das Erfüllungsgeschäft teilt wiederum das Schicksal des Verpflichtungsgeschäftes.

Für die Rückabwicklung bei teilweise unentgeltlichen Leistungen ist zwischen teilbaren und unteilbaren Leistungen zu unterscheiden. Die Rückabwicklung bei teilbaren Leistungen erfolgt in der Weise, dass nur der unentgeltliche Teil der Leistung rückabgewickelt wird. Ist die Leistung unteilbar, wird das gesamte Geschäft, Zug um Zug gegen Erstattung der Gegenleistung, rückabgewickelt.

Die Veräußerung des Grundstücks ist nicht teilbar. Grundsätzlich müsste hier daher das gesamte Geschäft rückabgewickelt werden. Herr Dr. Glas kann die Rückgewähr des Grundstücks allerdings durch Wertersatz, das heißt durch Zahlung von 200 000 EUR an die Insolvenzmasse, abwenden.[28]

d) Zwischenergebnis

Die Veräußerung des Grundstücks kann nach § 134 InsO angefochten worden.

3. Rechtsfolge

Nach § 143 I 1 InsO muss Herr Dr. Glas das Grundstück zurückübereignen.[29] Herr Dr. Glas kann die Rückgewähr jedoch durch Zahlung von 200 000 EUR in die Insolvenzmasse, abwenden.

---

26 Vgl. *Zimmermann*, Grundriss des Insolvenzrechts, 11. Aufl. 2018, Rn. 426 ff.

27 Der Wortlaut „es sei denn" zeigt, dass der Anfechtungsgegner die Beweislast trägt, dass die Leistung des Schuldners vor Beginn der Vier-Jahres-Frist erbracht wurde.

28 *Kayser*, in: Münchener Kommentar InsO, 4. Aufl. 2019, § 134, Rn. 42. Dafür lässt sich mit § 143 II InsO argumentieren. Während § 143 I InsO grundsätzlich die Rückgewähr *in natura* vorsieht, macht § 143 II eine Ausnahme hierzu, wenn die Anfechtung ausschließlich nach § 134 InsO erfolgt ist.

29 Herr Dr. Glas kann dann seine Gegenleistung von 200 000 EUR nach Maßgabe des § 144 II InsO zurückfordern.

Exkurs: § 143 InsO. § 143 I InsO lautet: „Was durch die anfechtbare Handlung aus dem Vermögen des Schuldners veräußert, weggegeben oder aufgegeben ist, muss zur Insolvenzmasse zurückgewährt werden. Die Vorschriften über die Rechtsfolgen einer ungerechtfertigten Bereicherung, bei der dem Empfänger der Mangel des rechtlichen Grundes bekannt ist, gelten entsprechend."

§ 143 I 1 InsO normiert die Rückgabe *in natura.*

§ 143 I 2 InsO normiert Wertersatz unter Verweis auf die §§ 819 I, 818 IV, 291, 292, 987 ff. BGB, falls die Rückgabe *in natura* nicht möglich ist.

II. Anspruch aus § 31 I GmbHG

Daneben kommt ein Anspruch aus § 31 I GmbHG in Betracht. Gemäß § 31 I GmbHG müssen Zahlungen, welche den Vorschriften des § 30 GmbHG zuwider geleistet sind, der Gesellschaft erstattet werden. Eine Zahlung läuft dem § 30 I GmbHG zuwider, wenn das zur Erhaltung des Stammkapitals erforderliche Vermögen der Gesellschaft an die Gesellschafter ausgezahlt wird, es sei denn die Auszahlung erfolgt im Rahmen eines Beherrschungs- oder Gewinnabführungsvertrags oder sie ist durch einen vollwertigen Gegenleistungs- oder Rückgewähranspruch gegen den Gesellschafter gedeckt oder es handelt sich um die Rückzahlung eines Gesellschafterdarlehens.

Exkurs: Die Kapitalerhaltung. Der Schutz der Kapitalerhaltung liegt weniger darin begründet, dass eine GmbH zu Beginn mit dem Stammkapital ausgestattet wird. Die Bedeutung der Kapitalerhaltung liegt vielmehr darin, dass in der Krise der Gesellschaft Auszahlungen an die Gesellschafter verhindert werden. Die Kapitalerhaltung hat dann die Funktion eines „Türstehers", d.h. es darf kein Geld an ihr vorbei an den Gesellschafter fließen. So wird verhindert, dass Liquidität an den Gesellschafter abfließen kann, bzw. die Liquidität kann zurückfordert werden.

1. Auszahlung

Zwischen der Pellet-GmbH und Herrn Dr. Glas wurde ein Austauschvertrag geschlossen. Der Preis für das Grundstück, das die Pellet GmbH an Herrn Dr. Glas veräußerte, lag deutlich unter einem marktgerechten Preis. Eine derartige Gestaltung der Vereinbarung einer überhöhten Gegenleistung durch die GmbH fällt unter den Begriff der verdeckten Auszahlung. § 30 I GmbHG soll auch vor verdeckten Auszahlungen schützen.

2. Kapital zur Erhaltung des Stammkapitals erforderlich?

Das an Herrn Dr. Glas ausgezahlte Kapital müsste auch zur Erhaltung des Stammkapitals erforderlich gewesen sein. Laut Sachverhalt bestand bei der Pellet-GmbH zum Zeitpunkt des Vertragsschlusses eine Unterbilanz, das heißt das Nettovermögen war kleiner als das satzungsmäßige Stammkapital. Das Nettovermögen errechnet sich als Vermögen nach Abzug der Verbindlichkeiten. Vorliegend verblieb vom Vermögen nach Abzug der Verbindlichkeiten nur noch ein Betrag von 300 000 EUR als Nettovermögen, während sich das satzungsmäßige Stammkapital auf 500 000 EUR belief. Bilanztechnisch heißt dies, das Stammkapital wurde i.H.v. 200 000 EUR auf der Aktivseite aufgeführt. Die verdeckte Ausschüttung erfolgte auch nicht im Rahmen eines Beherrschungs- oder Gewinnabführungsvertrags, § 30 I 2 Var. 1 GmbHG.[30] Sie war angesichts der Verpflichtung ein Grundstück zu übereignen, dessen Wert sich auf die Hälfte des Kaufpreises belief, nicht durch einen vollwertigen Gegenleistungsanspruch gegen den Gesellschafter gedeckt, § 30 I 2 Var. 2 GmbHG. Und es wurde schließlich auch kein Gesellschafterdarlehen zurückgeführt, § 30 I 3 GmbHG. Die Auszahlung war somit verboten.

Exkurs: Die Unterbilanz. Beispiel einer Bilanz

Aktiva (EUR)		**Passiva (EUR)**	
Anlagevermögen	600 000	a) Stammkapital 500 000	
Umlaufvermögen	300 000	b) Jahresfehlbetrag/ Verlustvortrag 200 000	300 000
		Verbindlichkeiten	600 000
	900 000		**900 000**

a) Dem Vermögen in Höhe von 900 000 EUR stehen Verbindlichkeiten von 600 000 EUR gegenüber.
b) Das Nettovermögen beträgt damit 300 000 EUR.
c) Das Stammkapital in Höhe von 500 000 EUR ist eine rechnerische Ziffer. Es wird zum Nennwert ausgewiesen, unabhängig davon, ob das Stammkapital noch in dieser Höhe gedeckt ist.
d) Das Unternehmen ist noch nicht überschuldet im Sinn des § 19 InsO. Dies ist erst der Fall, wenn das Vermögen des Schuldners die bestehenden Verbindlichkeiten nicht mehr deckt. Bewertet wird nicht nach den allgemeinen Grundsätzen, sondern meist zu Zerschlagungswerten. Eine Überschuldung scheidet zudem aus, wenn die Fortführung des Unternehmens überwiegend wahrscheinlich ist (§ 19 II 1 InsO).
e) Die Aufnahme des Aktivpostens „Nicht durch Eigenkapital gedeckter Fehlbetrag" (§ 268 III HGB) erfolgt dann, wenn der Fehlbetrag das gesamte Eigenkapital übersteigt.

Aktiva (EUR)		**Passiva (EUR)**	
1. Anlagevermögen	600 000	1. Eigenkapital:	
2. Umlaufvermögen	300 000	a) Stammkapital 500 000	
3. Nicht durch EK gedeckter Fehlbetrag	100 000	b) Jahresfehlbetrag/ Verlustvortrag 500 000	0
		2. Verbindlichkeiten	1 000 000
	1 000 000		**1 000 000**

30 In dem Fall wäre u.U. zu prüfen, ob der Verlustausgleichsanspruch werthaltig sein muss.

3. Rechtsfolge

Auf Rechtsfolgenseite ist sowohl die gegenständliche Rückgewähr des Kaufpreises in voller Höhe denkbar, als auch ein wertmäßiger Ersatz des Betrags, der zur Auffüllung der Stammkapitalziffer erforderlich ist.

Für einen Anspruch auf Rückübereignung des Grundstücks, das heißt gegenständliche Rückgewähr, spricht es, wenn der Gegenstand zur Erfüllung satzungsgemäßer Ziele erforderlich ist (Maschine, Patent).[31] Weiter spricht für die gegenständliche Rückgewähr, dass die Wertermittlung der einzelnen Gegenstände durch die Gesellschaft mit Unwägbarkeiten verbunden ist und auf Kosten der Kapitalerhaltung gehen kann.

Herr Glas muss daher das Grundstück rückübereignen.

III. Anspruch aus §§ 43 III 1, 30 GmbHG

Ein Anspruch auf Rückübereignung ergibt sich überdies aufgrund der Eigenschaft des Herrn Glas als Geschäftsführer der Gesellschaft nach §§ 43 III 1, 30 GmbHG.

IV. Anspruch auf Berichtigung des Grundbuchs nach § 894 BGB

Ein Anspruch nach § 894 BGB auf Berichtigung des Grundbuchs würde nur bestehen, sofern das Grundbuch unrichtig ist. Das wäre nur der Fall, wenn die Übereignung des Grundstücks unwirksam war. Der einzige Ansatzpunkt wäre eine Unwirksamkeit nach § 134 BGB, sofern § 30 I GmbHG ein gesetzliches Verbot im Sinn dieser Norm darstellen würde. Die §§ 30 GmbHG haben allerdings abschließend spezialgesetzlichen Charakter und sind – anders als § 57 AktG – kein Verbotsgesetz nach § 134 BGB.[32] Ein Anspruch nach § 892 BGB scheidet damit aus.

V. Ergebnis zur Begründetheit

Aufgrund der Ansprüche aus § 143 InsO und § 31 GmbHG ist die Klage des Insolvenzverwalters begründet.

C. Gesamtergebnis

Die Klage ist zulässig und begründet und hat damit Aussicht auf Erfolg.

D. Variante

Der Insolvenzverwalter wird versuchen, im Wege der Anfechtung den an Herrn Dr. Glas gezahlten Betrag zurückzuerlangen. Eine Klage wäre begründet, wenn der Insolvenzverwalter von Dr. Glas die Rückzahlung von 70 000 EUR verlangen kann. Dazu müsste ein Anspruch auf Rückzahlung bestehen.

---

31 BGH, NJW 2008, 2119.
32 BGH, NJW 1997, 2599, vgl. *Armbrüster*, in MüKo, BGB, 8. Aufl. 2018, § 134, Rn. 75.

I. Anspruch aus § 143 I InsO

Ein Anspruch nach § 143 I 1 InsO setzt voraus, dass die 70 000 EUR durch eine anfechtbare Handlung aus dem Vermögen des Schuldners weggegeben worden sind. Eine anfechtbare Handlung läge vor, wenn die Zahlung der 70 000 EUR eine Rechtshandlung vor Eröffnung des Verfahrens darstellte, welche die Gläubiger benachteiligte, und der objektive und subjektive Tatbestand eines Anfechtungsgrundes erfüllt wären.

1. Rechtshandlung vor Eröffnung des Verfahrens

Die relevante Rechtshandlung ist die Rückzahlung der 70 000 EUR. Sie wurde im September 2021 und damit vor der Eröffnung des Verfahrens am 4.11.2021 vorgenommen.

2. Gläubigerbenachteiligung

Die Rechtshandlung müsste zu einer Benachteiligung der Gläubiger geführt, das heißt ihre Befriedigungschancen verschlechtert, haben. Ohne die Rückzahlung wäre die Forderung des Herrn Dr. Glas nur nachrangig und damit nur bei vollständiger Befriedigung der Insolvenzgläubiger beglichen worden, § 39 I Nr. 5 InsO. Den Insolvenzgläubigern hätten voraussichtlich zusätzliche 70 000 EUR zu ihrer Befriedigung zur Verfügung gestanden.[33]

3. Anfechtungsgrund

Weiter bedürfte es eines Anfechtungsgrundes.

a) § 130 I 1 Nr. 1 InsO

Ein Anfechtungsgrund könnte sich aus § 130 I 1 Nr. 1 InsO ergeben.

Bei Herrn Dr. Glas müsste es sich um einen Insolvenzgläubiger handeln. Gemäß § 38 InsO ist Insolvenzgläubiger, wer „einen zur Zeit der Eröffnung des Insolvenzverfahrens begründeten Vermögensanspruch gegen den Schuldner" hat. Auch nachrangige Gläubiger nach § 39 InsO sind Insolvenzgläubiger im Sinne dieser Vorschrift. Der Begriff des Insolvenzgläubigers in § 130 I InsO ist im Wege teleologischer Auslegung so zu verstehen, dass es nicht darauf ankommt, ob jemand tatsächlich bei Eröffnung des Verfahrens noch einen Anspruch hat, sondern ob er ohne die ihm gewährte Befriedigung oder Sicherung Insolvenzgläubiger gewesen wäre.[34]

Herrn Dr. Glas müsste Sicherung oder Befriedigung gewährt worden sein. Während Befriedigung die Erfüllung seiner Forderung bedeutet, versteht man unter Sicherung die Einräumung einer Rechtsposition, die die Durchsetzung des gesicherten Anspruchs

33 Es wird diskutiert, ob eine Benachteiligung der Gläubiger auch im Fall von Masseunzulänglichkeit möglich ist, da die Rückabwicklung in einem solchen Fall nur den Massegläubigern zugutekommt und die Insolvenzgläubiger folglich nicht benachteiligt sind. Die Anfechtung würde damit allerdings vom Zufall abhängig gemacht. Vgl. *de Bra*, in: Braun-InsO, 8. Aufl. 2020, § 129, Rn. 29.

34 Vgl. auch BGH, NJW-RR 2006, 1718.

erleichtert und sich von der Leistung, die der Gläubiger kraft seines Anspruchs fordern darf, wesensmäßig unterscheidet. Vorliegend wurde die Forderung des Herrn Dr. Glas erfüllt, mithin Befriedigung gewährt.

In zeitlicher Hinsicht müsste die Befriedigung nach § 130 I 1 Nr. 1 InsO in den letzten drei Monaten vor Antrag auf Eröffnung des Verfahrens vorgenommen worden sein. Herr Dr. Glas hat sich im September 2021 das Geld zurückgezahlt. Am 7. Oktober wurde Insolvenzantrag für die Pellet GmbH gestellt. Die Befriedigung wurde also in der Drei-Monats-Frist des § 130 I 1 Nr. 1 InsO vorgenommen.

Die Pellet GmbH müsste außerdem bereits zahlungsunfähig sein und Herr Dr. Glas müsste Kenntnis von der Zahlungsunfähigkeit gehabt haben. Die Zahlungsunfähigkeit der Pellet GmbH liegt nach dem Sachverhalt vor. Hinsichtlich der Kenntnis könnte die widerlegliche Vermutung (§ 292 ZPO) des § 130 III InsO zu einer Beweislastumkehr zulasten des Herrn Dr. Glas führen,[35] vorausgesetzt es handelt sich bei ihm um eine dem Schuldner nahestehende Person. Gemäß der Legaldefinition in § 138 II Nr. 1 InsO zählen die Mitglieder des Vertretungsorgans einer juristischen Person und damit die Geschäftsführung der GmbH zu den nahestehenden Personen. Herr Dr. Glas müsste beweisen, dass er keine Kenntnis hat. Das wird ihm nicht gelingen.

§ 130 InsO ist neben § 131 InsO anwendbar. Aus der Zusammenschau der §§ 130, 131 InsO ergibt sich, dass § 131 InsO für inkongruente Deckungen, das heißt für solche, die der Gläubiger „nicht (…) zu beanspruchen hatte“, § 130 InsO hingegen für kongruente Deckungen einschlägig ist. Herr Dr. Glas hatte zwar keinen Anspruch auf die Befriedigung. Der Wortlaut von § 130 InsO schließt die Anfechtung einer Befriedigung oder Sicherung jedoch auch ohne, dass sie beansprucht werden konnte nicht aus. Es bleibt zusammenzufassen, dass § 130 InsO sowohl kongruente wie inkongruente Deckungen erfasst, während § 131 InsO für inkongruente Deckungen gewisse Erleichterungen schafft. So sind auch hier, wo Herr Dr. Glas einen Anspruch auf Befriedigung hatte, beide Normen als Anfechtungsgrund nebeneinander anwendbar möglich.

Der Anfechtungsgrund des § 130 I 1 Nr. 1 InsO liegt vor.

b) § 131 I Nr. 2, 3 InsO

Ebenso liegen die Voraussetzungen der Anfechtungsgründe der inkongruenten Deckung nach § 131 I Nr. 2, 3 InsO in objektiver wie subjektiver Hinsicht vor.

c) § 132 I Nr. 1 InsO

Gleiches gilt für den Anfechtungsgrund der unmittelbaren Gläubigerbenachteiligung nach § 132 I Nr. 1 InsO.

35 Nach § 292 S. 1 ZPO ist im Fall von gesetzlichen Vermutungen, „der Beweis des Gegenteils zulässig, sofern nicht das Gesetz ein anderes vorschreibt.“

d) § 133 I InsO

Der Anfechtungsgrund wegen vorsätzlicher Benachteiligung nach § 133 I InsO setzt objektiv eine Gläubigerbenachteiligung voraus. Diese liegt hier, wie bereits dargelegt, vor.

In subjektiver Hinsicht verlangt § 133 I InsO Vorsatz der Pellet GmbH, ihre Gläubiger zu benachteiligen, ebenso wie Kenntnis dieses Vorsatzes durch Herrn Dr. Glas als „anderer Teil".

Hinsichtlich des Vorsatzes der Pellet GmbH ist jedenfalls von einer billigenden Inkaufnahme der Gläubigerbenachteiligung (*dolus eventualis*) auszugehen. Dafür spricht der ebenfalls vorliegende Anfechtungsgrund der inkongruenten Deckung im Sinn des § 131 InsO, ebenso wie die Zahlungsunfähigkeit.

Vorliegend hat die Pellet GmbH als Schuldnerin die in Rede stehenden 70 000 EUR nach Eintritt der Zahlungsunfähigkeit gezahlt. Bei der Rückzahlung handelte es sich um eine inkongruente Deckung nach § 131 I Nr. 2, Nr. 3 InsO. Es wird sich ihr daher voraussichtlich nachweisen lassen, dass sie eine Benachteiligung der Gläubiger zumindest billigend in Kauf genommen hat.

Die Kenntnis dieses Vorsatzes durch Herrn Dr. Glas wird gemäß § 133 I 2 InsO vermutet.

Auch aus § 133 I 1 InsO ergibt sich damit ein Insolvenzgrund.

e) § 133 IV InsO

Weiter könnte sich aus § 133 IV InsO ein Anfechtungsgrund ergeben.

Eine unmittelbare Benachteiligung der Gläubiger liegt vor.

Die Schuldnerin Pellet GmbH müsste einen entgeltlichen Vertrag mit einer nahestehenden Person früher als zwei Jahre vor dem Eröffnungsantrag geschlossen haben. Der Begriff des Vertrags in § 133 IV 1 InsO wird weit ausgelegt, so dass auch eine Erfüllungsleistung hierunter subsumiert werden kann. Aufgrund der Zinsen handelt es sich um einen entgeltlichen Vertrag. In zeitlicher Hinsicht sind die Anforderungen des § 133 IV 1 InsO ebenfalls erfüllt, da die Befriedigung der Forderung nicht einmal zwei Monate und damit weniger als zwei Jahre vor Eröffnung des Verfahrens erfolgte.

In subjektiver Hinsicht enthält § 133 IV InsO maßgebliche Erleichterungen für die Beweisführung des Insolvenzverwalters. Der Vorsatz der Schuldnerin und die Kenntnis des Gläubigers werden widerleglich vermutet.[36]

36 Aus § 133 IV 2 InsO geht implizit hervor, dass auch für § 133 IV InsO eine vorsätzliche Benachteiligung verlangt ist.

f) § 135 I Nr. 2 InsO

Ein Anfechtungsgrund könnte sich auch aus § 135 I Nr. 2 InsO ergeben. Demnach ist die Befriedigung der Forderung eines Gesellschafters auf Rückgewähr eines Darlehens im Sinne des § 39 I Nr. 5 InsO, die im letzten Jahr vor dem Eröffnungsantrag vorgenommen wurde, anfechtbar.

Die Forderung des Herrn Dr. Glas als Alleingesellschafter der Pellet-GmbH ist ein Gesellschafterdarlehen im Sinne des § 39 I Nr. 5 InsO.[37]

Es sind auch weder die Voraussetzungen des Sanierungsprivilegs nach § 39 IV 2 InsO noch des Kleinbeteiligungsprivilegs nach § 39 V InsO erfüllt. Herr Dr. Glas weder Gesellschaftsanteile bei drohender oder eingetretener Zahlungsunfähigkeit zum Zwecke der Sanierung erworben hat und noch ist er nicht geschäftsführender Gesellschafter, der mit 10 Prozent oder weniger am Haftkapital beteiligt ist.

Dem Gesellschafter Herrn Dr. Glas wurde i.H.v. 70 000 EUR Befriedigung gewährt, § 135 I Nr. 2 InsO. Dies geschah „im letzten Jahr vor dem Eröffnungsantrag" und damit innerhalb der zeitlichen Anforderungen des § 135 I Nr. 2 InsO.

§ 135 I Nr. 2 InsO ergibt somit einen weiteren Anfechtungsgrund.

g) Ergebnis zum Anfechtungsgrund

Es liegen die Anfechtungsgründe der §§ 130 I 1 Nr. 1, 131 I Nr. 2, Nr. 3, 132 I Nr. 1, 133 I, 133 IV, 135 I Nr. 2 InsO vor.

4. Ergebnis

Alle Voraussetzungen der Anfechtung liegen vor. Eine Klage auf Rückgewähr der 70 000 EUR wäre begründet.

II. Anspruch aus § 15b IV S. 1 InsO[38]

Gemäß § 15b IV S. 1 InsO ist der Geschäftsführer einer GmbH der Gesellschaft zum Ersatz von Zahlungen verpflichtet, die nach Eintritt der Zahlungsunfähigkeit der Gesellschaft geleistet werden, es sei denn die Zahlungen sind mit der Sorgfalt eines ordentlichen Geschäftsmanns vereinbar, § 15b I 2, II, III InsO.

---

37 Seit dem MoMiG 2008 hängt die Nachrangigkeit nicht mehr von dem Kriterium des Stehenlassens eines Darlehens in der Krise gemäß § 32a I GmbHG a.F. ab, sondern Gesellschafterdarlehen sind per se, von Anfang an und unabhängig von der Rechtsform nachrangig.
Auch die Vorschrift des § 32a II GmbHG a.F. wurde in die Insolvenzordnung verlagert (§ 44a InsO). Sie soll Umgehungen der Art verhindern, dass ein Gesellschafter einen Strohmann als Darlehensgeber vorschiebt. Der Darlehensgeber muss sich zunächst an den Gesellschafter wenden und kann sich nur, soweit er dort ausgefallen ist, an die Gesellschaft wenden.

38 Die rechtsformneutrale Vorschrift des § 15b IV InsO ersetzt seit dem 1.1.2021 den § 64 S. 1 GmbHG und die parallelen Normen (wie z.B. §§ 93 III Nr. 6, 92 II 1 AktG). § 64 S. 3 GmbH (§§ 93 III Nr. 6, 92 II 3 AktG) ist nun in § 15b V InsO geregelt.

Exkurs: § 15b InsO. Von der Haftung des Geschäftsführers oder Vorstands nach § 15b IV S. 1 InsO ist die sogenannte Insolvenzverursachungshaftung nach § 15b V InsO zu unterscheiden. Nach dieser Insolvenzverursachungshaftung hat die Geschäftsführung der Gesellschaft Zahlungen an Gesellschafter zu ersetzen, die erkennbar zur Zahlungsunfähigkeit der Gesellschaft führen mussten. Während der Haftung nach § 15b IV 1 InsO höchste Relevanz zukommt, wird die Insolvenzverursachungshaftung selten schlagend.[39]

Herr Dr. Glas hat als Geschäftsführer der Pellet-GmbH nach Eintritt der Zahlungsunfähigkeit eine Zahlung an sich selbst in Höhe von 70 000 EUR getätigt, die mit der Sorgfalt eines ordentlichen Geschäftsmanns nicht vereinbar war. Aus § 15b IV S. 1 InsO ergibt sich somit ein Anspruch auf Ersatz der 70 000 EUR.

Exkurs: Anwendung des § 144 I InsO in diesem Fall. Die Forderung des Herrn Dr. Glas, die durch Zahlung in Höhe von 70 000 EUR erloschen war, lebt wieder auf, wenn er die 70 000 EUR zurückgewährt. Das ergibt sich aus § 144 I InsO, dessen Normzweck es ist, eine ungerechtfertigte Bereicherung der Masse zu verhindern.[40] Die Forderung lebt in der Gestalt wieder auf, in der sie bei Vornahme der anfechtbaren Erfüllungshandlung bestand, hier also als nachrangige Forderung im Sinn des § 39 I Nr. 5 InsO.

Herr Dr. Glas kann seine Forderung in Höhe von insgesamt 100 000 EUR als nachrangige Insolvenzforderung beim Insolvenzverwalter anmelden, jedoch erst nach Aufforderung durch das Gericht, § 174 III InsO.

---

39 Der Hintergrund ist: Mit der Zahlung wird i.d.R. eine fällige Verbindlichkeit befriedigt. Dadurch sinkt die verfügbare Liquidität, aber zugleich werden die fälligen Verbindlichkeiten reduziert, so dass nur in seltenen Fällen die Zahlungsunfähigkeit gerade durch die Zahlung verursacht wird (letztlich nur, wenn sich durch die Zahlung das Verhältnis von Liquidität zu Verbindlichkeiten so verändert, dass eine Deckungslücke von weniger als 10% auf mehr als 10% Unterdeckung vergrößert wird).

40 Während § 144 I InsO die Anfechtung von Erfüllungsgeschäften betrifft, bezieht sich § 144 II InsO auf angefochtene Verpflichtungsgeschäfte. Nach der erfolgreichen Anfechtung besteht kein Grund mehr, die durch den Anfechtungsgegner erbrachte Gegenleistung in der Insolvenzmasse zu belassen.

Übungsfall 5

Unternehmensverkauf in der Insolvenz (Distressed M&A)

Als die Finanzlage der Pellet GmbH immer prekärer wird, beschließt Rechtsanwältin Stephanie Simon, seit Jahren Beraterin von Herrn Dr. Glas, ihre Kenntnisse des Unternehmensverkaufs im Zusammenhang mit einer möglichen Insolvenz aufzufrischen. Sie betraut ihren Referendar Herrn Xerox mit einer Recherche. Folgende Liste liegt am nächsten Morgen auf dem Tisch von Herrn Xerox (nächste Seite):

Herr Xerox,

bitte bearbeiten Sie diese Fragen zum Unternehmensverkauf in der Insolvenz.

Danke, S. Simon

1. Wie unterscheiden sich Reorganisation und übertragende Sanierung?
2. In welchen Fällen ist der Erhalt des alten Unternehmensträgers sinnvoll?
3. Auf welche Weise kann die Veräußerung des Unternehmens grundsätzlich vonstattengehen?
4. Wie hoch muss der Kaufpreis bei der Veräußerung mindestens bemessen sein?
5. Welche Themen sind beim Verkauf in der Krise besonders relevant?
6. Wie verhält es sich mit der Gewährleistung?
7. Welche Tatbestände kommen mit Blick auf eine Haftungskontinuität des Käufers in Betracht? Werden diese Risiken im Insolvenzverfahren reduziert?
8. Wie verhält es sich mit der Übernahme von Arbeitsverhältnissen?
9. Wie kann die Übernahme von Arbeitsverhältnissen beschränkt werden?
10. Worum handelt es sich bei einem Debt-Equity-Swap?
11. Welche Schwierigkeiten bringt ein Debt-Equity Swap mit sich?
12. Müssen die Gesellschafter an der Veräußerung mitwirken?
13. Wie unterscheidet sich der Unternehmenskauf vor dem Insolvenzantrag, im Insolvenzeröffnungsverfahren und nach der Insolvenzeröffnung?

Lösung

1. Wie unterscheiden sich Reorganisation und übertragende Sanierung?

Bei der Reorganisation bleibt der bisherige Rechtsträger (z.B. die XY-GmbH) erhalten. Die Reorganisierung kann z.B. über einen Insolvenzplan implementiert werden, der die Übertragung der Anteile an der XY-GmbH auf die Gläubiger oder einen Dritten vorsieht. Die Gläubiger bringen ihre Forderungen als Sacheinlage ein oder werden im Verlauf der Fortführung des Unternehmens (teilweise) befriedigt.

Zum anderen gibt es die praktisch bedeutsamere Variante der übertragenden Sanierung (siehe unter 3.). Es handelt sich dabei um eine Form der Verwertung (Liquidation) des Schuldnervermögens im Sinn des § 1 S. 1 InsO. Im Unterschied zur Verwertung der einzelnen Vermögensgegenstände bleibt hier aber die Essenz des Unternehmens erhalten, da alle Vermögensgegenstände auf einem neuen Rechtsträger, also beispielsweise der Z-GmbH, fortgeführt wird. Der ursprüngliche Rechtsträger, d.h. die XY-GmbH, wird im Anschluss meist liquidiert. Die Gläubiger werden aus dem Erlös befriedigt. Die übertragende Sanierung macht den weit überwiegenden Teil der Sanierungen aus.

Zusammen kommen die Sanierungen, sei es eine Reorganisation oder eine übertragende Sanierung, allerdings nur auf etwa 10 % aller Verfahren. In allen übrigen Insolvenzverfahren wird das Unternehmen zerschlagen. Viele Unternehmen sind bei Stellung des Insolvenzantrags bereits in einem derart schlechten Zustand, dass die Fortführung nicht möglich ist. Die Befriedigungsquote liegt dann häufig bei weniger als vier Prozent der Forderungen.[1]

2. In welchen Fällen ist der Erhalt des alten Unternehmensträgers sinnvoll?

Die Reorganisation, also die Sanierung des Unternehmensträgers, ist das Mittel der Wahl, wenn der Not leidende Rechtsträger günstige schuldrechtliche Vertragspositionen, Lizenzen, öffentlich-rechtliche Genehmigungen oder steuerlich relevante Verlustvorträge erworben hat, die nicht ohne weiteres auf einen anderen Rechtsträger übertragbar sind. Von Bedeutung sind auch bestehende Zulieferverträge oder wichtige Dauerschuldverhältnisse, da die Vertragspartner der Übernahme des Vertrags durch den Käufer zustimmen müssen.[2]

Soweit materielle Verträge des Schuldners ein Kündigungsrecht im Fall des Kontrollwechsels beinhalten (Change of Control), also z.B. für den Fall eines Wechsels von mehr als 50% der direkten oder indirekten Gesellschafter, muss mit den Vertragspartnern ein Verzicht des Kündigungsrechts verhandelt werden. Für den Kontrollwechsel, der über einen Insolvenzplan implementiert wird, schließt § 225a IV InsO das Kündigungsrecht aus.

---

1 Vgl. IfM-Materialien Nr. 186: „Die Quoten der Insolvenzgläubiger in Regel- und Insolvenzplanverfahren".

2 Vgl. *Eidenmüller*, ZHR 2011, 11 ff.

3. Auf welche Weise kann die Veräußerung eines Unternehmens grundsätzlich vonstattengehen?

a) Share Deal

Wenn das Unternehmen zwar reorganisiert und der alte Rechtsträger erhalten bleibt, das Unternehmen aber neue Eigentümer erhalten soll, können die Gesellschaftsanteile übertragen werden. Es handelt sich um einen Share Deal, der in einem Share Purchase Agreement (SPA) dokumentiert wird. Der Share Deal ist das Mittel der Wahl, wenn im Rahmen einer Reorganisation eine Veräußerung stattfinden soll. Das gleiche Ergebnis kann im Wege eines Debt-Equity-Swaps erzielt werden (siehe unter 9.).

Die neuen Eigentümer können die Abtretung der Geschäftsanteile unter die Bedingung einer maximalen Höhe der zu übernehmenden Verbindlichkeiten, das heißt eine Mindestentschuldung durch die bisherigen Gesellschafter stellen.

Die Attraktivität des Share Deal liegt in der, verglichen mit einem Asset Deal, einfacheren Übertragung des Unternehmens, da nur die Anteile am Unternehmen und nicht alle Vermögensgegenstände (*Assets*) einzeln übertragen werden müssen. Dafür gestaltet sich die Due Diligence häufig umfangreicher, da sämtliche Verbindlichkeiten ebenfalls übergehen.

b) Asset Deal

Bei einem Asset Deal werden die Wirtschaftsgüter auf einen neuen Rechtsträger, den Käufer, übertragen. Um dem sachenrechtlichen Bestimmtheitsgrundsatz zu genügen, bedarf es umfangreicher Anlagen zum Kaufvertrag, der die Einigung über den Eigentumsübergang enthält. Die einzelnen Vermögensgegenstände sind in den Anlagen verzeichnet. Der Asset Deal ist das Mittel der Wahl, wenn eine übertragende Sanierung stattfinden soll.

Verbindlichkeiten des Insolvenzschuldners werden nicht auf die Übernahmegesellschaft übertragen. Auf der Aktivseite kann sich der Erwerber die interessanten Vermögensgegenstände heraussuchen. Der Erwerber haftet daher für Verbindlichkeiten des Unternehmensträgers grundsätzlich nicht, soweit er diese nicht mit übernommen hat. Eine Ausnahme gilt für Arbeitsverhältnisse aufgrund des § 613a BGB.

Die besondere Attraktivität eines Asset Deals liegt in dieser Trennung von Vermögen und Verbindlichkeiten. Allerdings wird die fehlende Übernahme von Verbindlichkeiten zu einem entsprechend höheren Kaufpreis für die Assets führen.

c) Übernahmegesellschaft

Schließlich gibt es die Möglichkeit, eine Übernahmegesellschaft (NewCo) zu gründen und die Vermögensgegenstände im Wege der Einzelrechtsnachfolge auf diese zu übertragen. Anschließend werden die Gesellschaftsanteile an der Übernahmegesellschaft verkauft. Diese Variante ist damit eine Kombination von Asset-Deal und Share-Deal.

4. Wie hoch muss der Kaufpreis bei der Veräußerung mindestens bemessen sein?

Der Verwalter hat die Aufgabe, das zur Insolvenzmasse gehörende Vermögen zu verwerten (§ 159 InsO). Am Ende des Verfahrens sollen alle Vermögensgegenstände in Geld umgewandelt worden sein, da nur Geld an die Gläubiger ausgezahlt werden kann. Spiegelbildlich können auch die Gläubiger nur auf Geld gerichtete Forderungen zur Insolvenztabelle anmelden (§ 174 II InsO, zur Umrechnung siehe § 45 InsO).

Der Kaufpreis muss höher als der Zerschlagungswert sein, der sich aus der Veräußerung der einzelnen Vermögensgegenstände ergäben würde. Nur dann können die Gläubiger diese Variante der Verwertung des Unternehmens akzeptieren.

§ 160 I 1, II Nr. 1 InsO sieht die Zustimmung des Gläubigerausschusses zur Veräußerung vor. Für den Fall, dass kein Gläubigerausschuss bestellt ist, ist nach § 160 I 2, II Nr. 1 InsO die Zustimmung der Gläubigerversammlung einzuholen.

Gemäß § 164 InsO wird die Veräußerung durch einen Verstoß gegen § 160 InsO zwar nicht unwirksam (Außenverhältnis). Im Innenverhältnis macht sich der Insolvenzverwalter aber gemäß § 60 I 1 InsO schadensersatzpflichtig, wenn der Nachweis gelingt, dass er das Unternehmen zu einem zu niedrigen Preis veräußert hat.[3]

Unter bestimmten Voraussetzungen können der Schuldner oder die Gläubiger nach § 163 InsO die Anordnung durch das Insolvenzgericht beantragen, dass eine Veräußerung nur mit Zustimmung der Gläubigerversammlung möglich ist. § 163 InsO reduziert die Bedeutung des § 160 I 2 InsO.

Gerade bei der Veräußerung an dem Schuldner nahestehende Personen droht ein zu niedriger Preis vereinbart zu werden. Dem trägt § 162 InsO Rechnung, der hierfür die Zustimmung der Gläubigerversammlung vorsieht.

5. Welche Themen sind beim Verkauf in der Krise besonders relevant?

Das sind (1) das Erfüllungswahlrecht des Insolvenzverwalters für nicht vollständig erfüllte gegenseitige Verträge, (2) die mögliche Anfechtung des Kaufvertrags durch den Insolvenzverwalter und (3) die fehlende Durchsetzbarkeit von Garantien und Schadensersatzansprüchen.

Die Themen (1) und (2) sind nur für den Verkauf vor der Insolvenzeröffnung relevant, d.h. für den Verkauf vor einem Insolvenzantrag oder den Verkauf im Insolvenzeröffnungsverfahren. Im Eröffnungsverfahren lassen sich diese Risiken zwar reduzieren, in der Regel erfolgt ein während des Eröffnungsverfahrens verhandelte Verkauf aber erst unmittelbar nach der Insolvenzeröffnung.

---

3 Zur Haftung vgl. *Zimmermann*, Grundriss des Insolvenzrechts, 11. Aufl. 2018, Rn. 129 ff.

a) Das Erfüllungswahlrecht

Nach § 103 InsO kann der Insolvenzverwalter für von beiden Seiten noch nicht vollständig erfüllten Verträgen die Erfüllung bzw. Nichterfüllung wählen. Im Fall der Nichterfüllung kann der Vertragspartner Schadensersatz geltend machen, ist damit jedoch auf den Rang einer Insolvenzforderung verwiesen und wird mit Quote befriedigt, § 103 II 1 InsO. Abweichende Vereinbarungen sind unwirksam, § 119 InsO. Der Verwalter wird die Erfüllung des Kaufvertrags ablehnen, wenn er der Auffassung ist, das Unternehmen anderweitig besser veräußern zu können.

Zur vollständigen Erfüllung eines Kaufvertrags ist auch die Erfüllung sämtlicher Nebenpflichten erforderlich. Sobald eine Seite des Vertrags ihn vollständig erfüllt hat, besteht das Wahlrecht nicht mehr.

Daher ist ein zügiger Vollzug der jeweiligen Erfüllungshandlungen auf Seiten des Käufers wichtig, um gegen die Nichterfüllungswahl geschützt zu sein. Schwierig wird das, wenn eine Kartellfreigabe nötig wird oder wenn eine Vielzahl von Übertragungsakten als Erfüllungshandlungen des Verkäufers erforderlich ist.

Hilfreich sind folgende Vorkehrungen:
- Vermeidung von Kaufpreisanpassungsklauseln (variabler Kaufpreis, Earn-Out)
- Vermeidung von Einbehalten. Stattdessen vollständige Leistung des Käufers, z.B.
- Vollständige Vorleistung des Kaufpreises auf Treuhandkonto unter Vereinbarung der Erfüllungswirkung (wg. §§ 378 BGB unklar, aber nach Grundsatz der Privatautonomie wohl möglich)
- Vollständige Kaufpreiszahlung auf Konto des Verkäufers (=Erfüllung) und Verpfändung des Kontos an Käufer. Vollständige Kaufpreiszahlung gegen hinreichende Sicherung, die nicht erfüllungsschädlich ist (z.B. selbstschuldnerische Bankbürgschaft; Garantie der Konzernobergesellschaft)
- Vermeidung von Bedingungen zugunsten des Verkäufers
- Keine fortlaufenden Nebenpflichten oder Mitwirkungspflichten des Verkäufers (z.B. bei Bilanzerstellung)
- Bei Grundstücken sollte neben der Auflassung der Eintragungsantrag von beiden Seiten gestellt werden. § 103 InsO ist dann wegen des Anwartschaftsrechts nicht mehr anwendbar. Weiter schützt § 106 InsO die Vormerkung

b) Die Anfechtung

Die Anfechtung erlaubt es dem Insolvenzverwalter, Vermögensverschiebungen vor Eröffnung des Insolvenzverfahrens rückgängig zu machen, um die gleichmäßige Befriedigung der Insolvenzgläubiger zu gewährleisten. Dadurch wird das rücksichtsloses Eintreiben von Forderungen durch Gläubiger und die Begünstigung einzelner Gläubiger verhindert. Außerhalb der Insolvenz erfolgt die Anfechtung über das AnfG. Anfechtungsberechtigt sind Gläubiger, die einen vollstreckbaren Schuldtitel erlangt haben, § 2 AnfG.

Aufgrund der subjektiven Voraussetzungen, welche die meisten Anfechtungsgründe beinhalten (z.B. Kenntnis des Anfechtungsgegners von der Zahlungsunfähigkeit des Schuldners) befindet sich die solvente Vertragspartei in einem gewissen Dilemma, dass sie das Unterlassen einer umfangreichen Due Diligence zur wirtschaftlichen Situation u.U. vor der Kenntnis der (drohenden) Zahlungsunfähigkeit schützt, sich ein solches Unterlassen aber schwer mit den Sorgfaltsanforderungen an einen Geschäftsführer vereinbaren lässt. Besser ist eine detaillierte Prüfung, welche die Zahlungsfähigkeit des Schuldners bestätigt. Sinnvoll ist daher regelmäßig die Erstellung einer Fairness Opinion, um dem Vorwurf der unmittelbaren Gläubigerbenachteiligung zu begegnen. Treten bei der Erstellung der Fairness Opinion Schwierigkeiten auf (z.B. aufgrund des Zeitdrucks), kann bei entsprechender Ernsthaftigkeit des Verfahrens und Größe des Bieterkreises die Durchführung eines Auktionsverfahrens Vorbehalten gegenüber der Angemessenheit des Kaufpreises entgegenwirken.

Soweit es der Zeitdruck und die Größe der Transaktion zulassen, hilft ein IDW S 11 oder sogar ein IDW S 6 Gutachten zur Bestätigung, dass keine (drohende) Zahlungsunfähigkeit vorliegt. Als Schutz vor der Vorsatzanfechtung nach § 133 InsO kommt ein IDW S 6 Gutachten in Betracht, welches einen ernsthaften und in den Anfängen bereits umgesetzten Sanierungsversuch dokumentiert.

Weitere mögliche Maßnahmen zum Schutz vor Anfechtung sind:
- Kaufpreisfälligkeit erst drei Monate nach Signing („kritische Zeit" mit Blick auf Anfechtung). Rücktrittsrecht bei Zahlungsunfähigkeit oder Vermögensverfall. Aber: Möglicherweise Konflikt mit § 103 InsO, falls Verkäufer auch noch nicht vollständig erfüllt hat. Außerdem Konflikt mit der Bargeschäftsausnahme, § 142 InsO, die eine unmittelbare Gegenleistung voraussetzt. Zudem besteht regelmäßig ein dringender Liquiditätsbedarf des Verkäufers.
- Begründung eines Anwartschaftsrechts möglichst früh nach Signing, z.B. über eine aufschiebend bedingte Übereignung der Anteile oder Assets. Die Willenserklärung muss für Schuldner bindend sein, d.h. nur Bedingungen zugunsten des Käufers / gesetzl. Vollzugbedingungen. Die Anfechtungsfrist beginnt dann bereits, sobald die Willenserklärung für den Schuldner bindend geworden ist, nicht erst bei Bedingungseintritt, § 140 II InsO.
- Zahlung auf Treuhandkonto mit Vereinbarung der Erfüllungswirkung, so dass Kaufpreis bei Insolvenz noch unterscheidbar vorhanden ist (siehe § 144 II 1 InsO).
- Vereinbarung anderen als deutschen Rechts (Einrede des Art. 16 EuInsVO; § 339 InsO: keine Anfechtung, Unwirksamkeit o.ä. nach der *lex causae*).
- Keine Übernahme einzelner ungesicherter Verbindlichkeiten des Verkäufers, um eine Gläubigerbenachteiligung zu vermeiden.
- Inanspruchnahme des Bargeschäftsprivilegs nach § 142 I InsO durch kurzfristige Überweisung des Kaufpreises.

c) Die fehlende Durchsetzbarkeit von Garantien

Im Fall des Verkaufs vor der Insolvenz sind später nachfolgende Ansprüche in der Insolvenz des Anspruchsgegners als Insolvenzforderungen kaum etwas wert.

Bei einem Verkauf in der Insolvenz wiederum, wird der Insolvenzverwalter nur die nötigsten Garantien abgeben. Der Verwalter kennt das Unternehmen nicht ausreichend. Bisweilen fehlt es auch an belastbarem Zahlenmaterial, wenn die Buchhaltung lückenhaft ist. Vor allem aber haftet der Insolvenzverwalter persönlich. Tendenziell kommt es eher zu Abschlägen beim Kaufpreis als zu umfassenden Garantien.

Übliche Garantien sind die Garantie der Existenz des verkauften Anlagevermögens und der verkauften Roh-, Hilfs- und Betriebsstoffe. Für den Fall, dass Kaufgegenstände auch Anteile an nicht-insolventen Tochtergesellschaften enthalten, ist eine Garantie für die Inhaberschaft der Anteile üblich.

Haftungshöchstgrenzen von 10 % bis 15 % des Kaufpreises sind üblich. Die Begrenzung bezieht sich auf den Kaufpreis, nicht auf den Betrag, der der Insolvenzmasse zufließt, denn dieser ist abzüglich des Betrags, der den gesicherten Gläubiger zusteht.

Die Absicherung von Garantieansprüchen ist schwierig, denn der Insolvenzverwalter wird den erhaltenen Kaufpreis in der Regel unverzüglich an die Gläubiger ausschütten, insbesondere wenn es sich um absonderungsberechtigte Gläubiger handelt, die Sicherungsrechte an den verkauften Vermögensgegenständen hatten. Garantieansprüche sind daher nur durchsetzbar wenn ein Einbehalt oder Treuhandkonto vereinbart wird. Obgleich der Insolvenzverwalter dem Einbehalt anfänglich fast immer ablehnend gegenüber stehen, ist es regelmäßig durchsetzbar, soweit es (i) um einen überschaubaren Betrag (nicht mehr als 10 % bis 15% des Kaufpreises) und (ii) um einen kurzen Zeitraum (6 bis 12 Monate) geht.

6. Wie verhält es sich mit der Gewährleistung?

a) Gewährleistung bei einem Asset Deal?

Die Mangelhaftigkeit des Unternehmens kann sich nicht nur aus Mängeln des Unternehmens selbst, sondern auch aus Mängeln der einzelnen Sachen und Rechte ergeben.

Dabei ist jedoch zu berücksichtigen, dass der einzelne Gegenstand im Rahmen eines Unternehmenskaufes veräußert worden ist, das heißt kleinere Mängel einzelner Gegenstände bleiben unter Umständen unberücksichtigt.

Denkbar sind grundsätzlich alle gesetzlichen Mängelrechte nach § 453 I Alt. 2 BGB („sonstige Gegenstände“) i.V.m. §§ 434 ff. BGB. Sie sind in der Regel aber nicht praktikabel. Aufgrund des mangelnden Zuschnitts der gesetzlichen Regelungen auf Unternehmenskäufe empfiehlt sich die individualvertragliche Ausgestaltung der Gewährleistung unter Ausschluss der dispositiven gesetzlichen Regelungen.

b) Gewährleistung bei einem Share Deal

Fraglich ist, wie bei einer übertragenden Sanierung die Gewährleistung vertraglich ausgestaltet sein sollte.

Gewährleistungsfragen sind bei der übertragenden Sanierung eher von geringerer Bedeutung. Der Verwalter wird als Veräußerer in der Regel jegliche Gewährleistung ausschließen, sind diese doch gemäß § 55 I Nr. 1 InsO Masseansprüche, für die der Verwalter unter Umständen persönlich haftet (§ 61 InsO).[4]

Eine Exkulpation nach § 61 S. 2 InsO ist möglich, wenn der Insolvenzverwalter nachweist, dass ihn kein Verschulden trifft. An diesem fehlt es, wenn er bei einer Prognoseentscheidung davon ausgehen durfte, dass die Verbindlichkeit im Zeitpunkt ihrer Fälligkeit bezahlt werden kann beziehungsweise dies mit hoher Wahrscheinlichkeit anzunehmen war. Häufig wird die persönliche Haftung des Insolvenzverwalters auch vertraglich ausgeschlossen.

Außerdem empfiehlt es sich, in den Vertrag eine Klausel aufzunehmen, wonach der Käufer Einsicht in alle relevanten Unterlagen und alle Gegenstände in Augenschein genommen hat. § 442 I 1 BGB schließt dann die Gewährleistungsrechte aus. Andererseits wird der Kaufpreis dadurch erhebliche Abschläge erfahren.

Eine gewisse Gewährleistung kann durch den Insolvenzverwalter geboten werden, ohne dass er sich dadurch in die Gefahr einer persönlichen Haftung begibt, indem Rückstellungen aus der Masse gebildet werden. Im Rahmen einer Nachtragsverteilung gem. § 203 Nr. 1 InsO werden diese dann an die Gläubiger ausgezahlt, sofern der Erwerber mögliche Ansprüche bis zum Ablauf einer vereinbarten Frist für die Geltendmachung der Gewährleistung nicht geltend macht. Voraussetzung ist, dass die Masse für diese Rückstellungen ausreicht (siehe auch die Antwort auf Frage Nr. 6).

7. Welche Tatbestände kommen mit Blick auf eine Haftungskontinuität des Käufers in Betracht? Werden diese Risiken im Insolvenzverfahren reduziert?

Die Haftungskontinuität des Käufers auch beim Asset Deal Dies gründet insbesondere auf den Tatbeständen des § 25 I 1 HGB, des § 75 I AO und des § 613a II BGB.[5] Bei einem Verkauf des Unternehmens über einen Asset Deal im Insolvenzverfahren fallen die Risiken wesentlich geringer aus.

a) Haftung nach § 25 HGB bei Firmenfortführung

Gemäß § 25 I 1 HGB haftet der Erwerber eines Handelsgeschäfts, wenn er das Handelsgeschäft fortführt, für sämtliche Altverbindlichkeiten. Die Haftung kann gemäß § 25 II InsO durch die Eintragung eines Haftungsausschlusses im Handelsregister oder gemäß § 25 III HGB durch die Änderung der Firma vermieden werden.

4 Vgl. *Zimmermann*, Grundriss des Insolvenzrechts, 11. Aufl. 2018, Rn. 134.
5 In seltenen Fällen ist auch Art. 107 AEUV relevant.

Wird ein Handelsgeschäft während des Insolvenzverfahrens veräußert, greift außerdem bereits der Tatbestand des § 25 I 1 HGB nicht ein. Der Schutzzweck des § 25 HGB, nämlich der Schutz einer typischen Verkehrserwartung der Haftungskontinuität, ist bei der Veräußerung durch den Insolvenzverwalter nicht einschlägig. Dieselben Gläubiger, die von § 25 I HGB geschützt sind, profitieren von der bestmöglichen Verwertung des Unternehmens. Eine Veräußerung des Unternehmens bei gleichzeitiger Haftungskontinuität für alle Verbindlichkeiten ist jedoch utopisch. Kein potentieller Käufer interessiert sich für ein überschuldetes oder zahlungsunfähiges Unternehmen, das gerade erst aufgrund dieser Verbindlichkeiten die Eröffnung des Verfahrens beantragen musste. Dem Insolvenzverwalter bliebe dann nur die Zerschlagung; für die Gläubiger das denkbar schlechteste Szenario. Selbst wenn es nicht zur Zerschlagung des Unternehmens käme, ginge die Anwendung des § 25 I HGB zu Lasten der Gläubiger, da die Haftung durch den Erwerber kaufpreismindernd berücksichtigt würde und damit weniger Geld zur Verteilung an die Gläubiger zur Verfügung stünde.

Der Anwendungsbereich des § 25 I HGB ist somit zu weit und wird für den Verkauf im Rahmen während des Insolvenzverfahrens teleologisch reduziert.

b) Haftung nach § 75 I 1 AO für Betriebssteuern

Gemäß § 75 I 1 AO haftet der Erwerber eines Unternehmens bis zur Höhe des übernommenen Vermögens für Steuern, bei denen sich die Steuerpflicht auf den Betrieb des Unternehmens gründet und die seit Beginn des letzten, vor der Übertragung liegenden Kalenderjahrs entstanden sind.

Für den Erwerb aus der Insolvenzmasse normiert § 75 II AO eine Ausnahme von der Haftung. Anders als im Fall des § 25 I 1 HGB bedarf es für § 75 II AO damit angesichts der expliziten Regelung keiner teleologischen Reduktion des Tatbestands.

> **Exkurs: § 75 AO – Haftung des Betriebsübernehmers.** (1) Wird ein Unternehmen oder ein in der Gliederung eines Unternehmens gesondert geführter Betrieb im Ganzen übereignet, so haftet der Erwerber für Steuern, bei denen sich die Steuerpflicht auf den Betrieb des Unternehmens gründet, und für Steuerabzugsbeträge, vorausgesetzt, dass die Steuern seit dem Beginn des letzten, vor der Übereignung liegenden Kalenderjahrs entstanden sind und bis zum Ablauf von einem Jahr nach Anmeldung des Betriebs durch den Erwerber festgesetzt oder angemeldet werden. Die Haftung beschränkt sich auf den Bestand des übernommenen Vermögens. Den Steuern stehen die Ansprüche auf Erstattung von Steuervergütungen gleich.
>
> (2) Absatz 1 gilt nicht für Erwerbe aus einer Insolvenzmasse und für Erwerbe im Vollstreckungsverfahren.

c) Haftung nach § 613a II 1 BGB

§ 613a II 1 BGB ist wegen der Besonderheit des Betriebsübergangs in Insolvenzverfahren in einem wichtigen Aspekt teleologisch zu reduzieren.[6] Beim Erwerb im eröffneten Insolvenzverfahren gilt § 613a II BGB nicht uneingeschränkt: Der Erwerber haftet nicht für solche Ansprüche der Arbeitsnehmer, die bei Eröffnung des Insolvenzverfahrens bereits entstanden waren. Begründen kann man dies mit dem Grundsatz der Gläubigergleichbehandlung, da die Arbeitnehmergläubiger ansonsten volle Befriedigung durch den Erwerber erhielten, während die übrigen Gläubiger nur quotal befriedigt würden. Auf diese Weise kann beispielsweise ein Teil der Pensionsverbindlichkeiten, nämlich alle bis zu Insolvenzeröffnung verdienten Pensionsansprüche, zurückgelassen werden.[7]

8. Wie verhält es sich mit der Übernahme von Arbeitsverhältnissen?

Der neue Inhaber des Betriebs könnte in die Rechte und Pflichten aus den bestehenden Arbeitsverhältnissen eintreten, § 613a I 1 BGB.

§ 613a I 1 BGB ist sowohl im Eröffnungs- wie auch im eröffneten Verfahren anwendbar. § 613a I 1 BGB setzt voraus, dass ein Betrieb oder Betriebsteil durch Rechtsgeschäft auf einen anderen Inhaber übergeht.

Unter einem Betrieb versteht man die organisatorische Einheit, innerhalb deren ein Unternehmer allein oder in Gemeinschaft mit seinen Mitarbeitern mit Hilfe von sachlichen und immateriellen Mitteln arbeitstechnische Zwecke fortgesetzt verfolgt.

§ 613a BGB beruht auf einer Richtlinie.[8] Die Auslegung der Norm hat daher unionsrechtskonform zu erfolgen. Für den Übergang eines Betriebs ist dementsprechend darauf abzustellen, ob die identische wirtschaftliche Einheit übertragen wird, und ob diese Identität bei der Übertragung erhalten bleibt. Unter einer „wirtschaftlichen Einheit" versteht man dabei eine organisierte Gesamtheit von Personen und Sachen, mit der eine wirtschaftliche Tätigkeit mit eigener Zielsetzung ausgeübt werden kann. Diese Auslegung steht mit der Rechtsprechung des EuGH und inzwischen auch des BAG in Einklang.[9]

Schließlich muss der Betriebsübergang durch Rechtsgeschäft erfolgen. Dies dient der Abgrenzung zur Gesamtrechtsnachfolge und zur Übertragung kraft Hoheitsaktes und ist sowohl bei einem Asset Deal wie bei einem Share Deal der Fall.

Im Insolvenzverfahren wird die Haftung nach § 613a BGB durch die Rechtsprechung teleologisch beschränkt.

Wichtig im Insolvenzverfahren sind die erleichterte Kündigungsmöglichkeit nach § 113 I InsO mit einer Kündigungsfrist von maximal drei Monaten und das reduzierte Sozialplanvolumen.

---

6 BAG, NJW 1980, 1124, 1125; BAG, BB 2004, 1570.
7 § 613a BGB betrifft außerdem nur die Pensionsansprüche der aktiven Arbeitnehmer. Rentner sind keine Arbeitnehmer im Sinne der Vorschrift.
8 Richtlinie 77/187 EWG vom 14.2.1977.
9 EuGH, NZA 1994, 545 (Christel Schmidt).

9. Wie kann die Übernahme von Arbeitsverhältnissen beschränkt werden?

Wenn ein Käufer lediglich die Arbeitsverhältnisse übernehmen möchte, die nach seinem Fortführungskonzept erforderlich sind, hat er die Möglichkeit, sich durch Kündigung von den übrigen Arbeitnehmern zu trennen oder eine andere Gestaltung zu wählen.

a) Kündigung vor Betriebsübertragung

Eine Kündigung könnte an § 613a IV i.V.m. § 134 BGB scheitern; unzulässig ist hiernach eine Kündigung aus Anlass des Betriebsübergangs. Möglich sind jedoch Kündigungen durch den bisherigen Arbeitgeber aufgrund eines verbindlichen Konzepts oder Sanierungsplans des Erwerbers, wodurch der Arbeitsplatz entfallen ist. Hierfür können die verkürzte Kündigungsfrist nach § 113 InsO in Anspruch genommen werden, welche eine Kündigung mit einer Frist von maximal drei Monaten erlaubt.

Eine weitere Hürde ergibt sich aus dem besonderen Kündigungsschutz nach dem KSchG. Denkbar sind allerdings betriebsbedingte Kündigungen gemäß § 1 II 1 KSchG. Sie liegen vor, wenn eine unternehmerische Entscheidung kausal zum Wegfall von mindestens einem Arbeitsplatz führt. Es muss dann aber eine Sozialauswahl vorgenommen werden, § 1 III KSchG. Gemäß § 1 V KSchG bestehen gewisse Erleichterungen für Kündigungen, wenn die Voraussetzungen einer Betriebsänderung (§ 111 BetrVG) erfüllt sind und die Arbeitnehmer, denen gekündigt werden soll, in einem Interessenausgleich (§ 112 BetrVG) zwischen Arbeitgeber und Betriebsrat namentlich bezeichnet sind. Es wird dann vermutet, dass die Kündigung durch dringende betriebliche Erfordernisse bedingt ist. Welche Veränderungen unter eine Betriebsänderung fallen, wird in § 111 S. 3 BetrVG abschließend definiert.

Eine arbeitsgerichtliche Überprüfung der Sozialauswahl kann dann nur noch auf grobe Fehlerhaftigkeit erfolgen, § 1 V 2 KSchG. Außerdem kommt es zu Lasten der Arbeitnehmer zu einer Umkehr der Beweislast hinsichtlich der Betriebsbedingtheit der Kündigung, § 1 V 1 KSchG.

§ 111 BetrVG – Betriebsänderungen

In Unternehmen mit in der Regel mehr als zwanzig wahlberechtigten Arbeitnehmern hat der Unternehmer den Betriebsrat über geplante Betriebsänderungen, die wesentliche Nachteile für die Belegschaft oder erhebliche Teile der Belegschaft zur Folge haben können, rechtzeitig und umfassend zu unterrichten und die geplanten Betriebsänderungen mit dem Betriebsrat zu beraten. Der Betriebsrat kann in Unternehmen mit mehr als 300 Arbeitnehmern zu seiner Unterstützung einen Berater hinzuziehen; § 80 Abs. 4 gilt entsprechend; im Übrigen bleibt § 80 Abs. 3 unberührt. Als Betriebsänderung im Sinne des Satzes 1 gelten

1. Einschränkung und Stilllegung des ganzen Betriebs oder wesentlicher Teile.
2. Verlegung des ganzen Betriebs oder wesentlicher Betriebsteile.
3. Zusammenschluss mit anderen Betrieben.
4. grundlegende Änderungen in der Betriebsorganisation, des Betriebszwecks oder der Betriebsanlagen.
5. Einführung grundlegender neuer Arbeitsmethoden und Fertigungsverfahren.

Gewisse Erleichterungen erfolgen auch durch § 120 InsO mit Blick auf die Vereinfachung von Betriebsvereinbarungen und ihre Kündigungsfristen.[10]

Nach § 123 InsO ist das Sozialplanvolumen in der Insolvenz begrenzt. Hier geht es um Zahlungen, welche die Arbeitnehmer zusätzlich zu den Auslauflöhnen erhalten. Das geringere Sozialplanvolumen und die verkürzte Kündigungsfrist machen das Insolvenzverfahren interessant, wenn im Rahmen der operativen Restrukturierung eine Vielzahl von Arbeitsverträgen beendet werden sollen. Häufig geht dies mit der Schließung von Ladenlokalen, Büroräumen oder sonstigen Betriebsflächen einher, so dass die erleichterte Beendigung von Mietvertragen nach § 109 InsO ebenfalls in Anspruch genommen wird.

b) Andere Gestaltungsmöglichkeiten

Eine Möglichkeit könnte darin bestehen, die Arbeitnehmer zur Kündigung oder Zustimmung zu Aufhebungsverträgen zu drängen und so einen Neuabschluss von Arbeitsverträgen mit der Erwerberin zu schlechteren Konditionen zu ermöglichen. Laut BAG ist eine solche Vorgehensweise als eine Umgehung von § 613a IV BGB jedoch unzulässig.[11]

Die gängigste Vorgehensweise ist stattdessen die Gründung einer Beschäftigungs- und Qualifizierungsgesellschaft (BQG).[12] Es handelt sich dabei im Ergebnis ebenfalls um eine Umgehung des § 613a BGB, die aber durch das BAG toleriert wird. Sie hat den Vorteil, dass der Staat einen Teil der Kosten übernimmt. Denn nach § 216b SGB III haben Arbeitnehmer, die von einem unvermeidbaren Arbeitsausfall betroffen sind, Anspruch auf Transferkurzarbeitergeld für bis zu zwölf Monate. Damit sollen Entlassungen vermieden und die Vermittlungsaussichten gestärkt werden.

Noch vor dem Betriebsübergang werden die Arbeitsverhältnisse mit dem insolventen Unternehmen durch Aufhebungsvertrag einverständlich beendet. Zugleich werden Arbeitsverträge mit der Beschäftigungs- und Qualifizierungsgesellschaft für einen befristeten Zeitraum geschlossen. Diese Verträge werden häufig als dreiseitiger Vertrag gestaltet, so dass sich Aufhebungs- und neuer Arbeitsvertrag auf einem Dokument befinden. Als Kurzarbeitszeit werden null Stunden vereinbart. Ziel der BQG ist es, die Mitarbeiter beruflich weiterzubilden und sie nach Betriebsübergang dem Erwerber über Zeitarbeitsverträge zu überlassen. Ein Teil der Arbeitnehmer wird schließlich bei dem Erwerber weiterbeschäftigt. Um die Kontinuität des Arbeitsverhältnisses zu verhindern, darf nicht von vornherein dokumentiert sein, welche Arbeitnehmer später ein Angebot des Erwerbers erhalten.

---

10 Vgl. auch § 125 InsO.

11 BAG, ZIP 1988, 120, 122/123. Eine Abbedingung des § 613a I 1 BGB im Arbeitsvertrag kommt nicht in Betracht, denn es handelt sich um zwingendes Arbeitnehmerschutzrecht. Ohnehin ist in der Insolvenz eine Abbedingung reichlich spät.

12 Sie wird auch Transfergesellschaft genannt.

Die Arbeitnehmer müssen zustimmen. Sie werden dazu aber regelmäßig bereit sein, wenn die einzige Alternative des Unternehmensverkaufs die Betriebsstilllegung und der Verlust der Arbeitsplätze ist, sind doch im Fall einer Betriebsstilllegung ohne weiteres betriebsbedingte Kündigungen möglich.

10. Worum handelt es sich bei einem Debt-Equity-Swap?

Bei einem Debt-Equity-Swap wird eine Sachkapitalerhöhung gegen Ausgabe neuer Anteile durchgeführt. Die beteiligungswilligen Gläubiger bringen dabei ihre Forderungen als Sacheinlage in die Gesellschaft ein, was zur Folge hat, dass die Forderungen durch Konfusion erlöschen und sich die Gesellschaft dieser Außenstände entledigt. Aus den Gläubigern werden Gesellschafter.

Ein Debt-Equity-Swap ist ein hilfreiches Sanierungsinstrument, da die Gläubiger durch den Erwerb von Anteilsrechten dazu bewogen werden, das Unternehmen nicht fallen zu lassen, sondern sich häufig für das Unternehmen engagieren und Kapital bereitstellen. Vor allem aber geht der Debt-Equity-Swap mit einer erheblichen Reduzierung der (finanziellen) Verbindlichkeiten des Unternehmens einher und es kann eine nachhaltige Kapitalstruktur sichergestellt werden. Damit ist der Debt-Equity-Swap die ultimative Maßnahme einer umfassenden finanziellen Restrukturierung. Er setzt voraus, dass der Geschäftsbetrieb des Schuldners so attraktiv ist, dass sich die Gläubiger auf den Debt-Equity-Swap einlassen („good company, bad balance sheet").

Häufig geht dem Debt-Equity-Swap ein Kapitalschnitt, also eine Herabsetzung des Grund- oder Stammkapitals nach den §§ 229 ff. AktG, 58a ff. GmbHG, voraus. Häufig erfolgt eine nominelle Kapitalherabsetzung auf null. Dies ist möglich, solange eine gleichzeitige Barkapitalerhöhung den Mindestbetrag des Grund- oder Stammkapitals wiederherstellt. Damit wird der fehlende wirtschaftliche Wert der bisherigen Kapitalanteile abgebildet. Die Attraktivität des Debt-Equity-Swaps für die neuen Gesellschafter steigt. Sie müssen sich den Einfluss nicht mit den Altgesellschaftern teilen. Zudem wird früher eine Ausschüttung künftiger Gewinne möglich, sofern hierfür Ausschüttungssperren beachtet werden müssen, die als Prozentwerte bezogen auf das Stammkapital definiert werden (vgl. zum Beispiel § 233 I AktG, § 58d I GmbHG).

Ein Debt-Equity-Swap über einen Insolvenzplan gegen den Willen der Anteilseigner ist seit 2012 möglich. Das hat Sanierungen erheblich erleichtert, denn einzelne Anteilseigner können im Übrigen nur in beschränktem Umfang dazu angehalten werden, aus gesellschaftsrechtlicher Treuepflicht Sanierungsmaßnahmen zuzustimmen.[13] Zu diesem Zweck wurden die §§ 217 S. 2, 222 I Nr. 4, 225a und 246a InsO in die Insolvenzordnung aufgenommen. Gemäß § 217 S. 2 InsO können „die Anteils- oder Mitgliedschaftsrechte der am Schuldner beteiligten Personen in den Plan einbezogen werden". Nach § 222 I Nr. 4 InsO bilden die Gesellschafter in diesem Fall eine eigene Gruppe. Nach § 225a II 1 InsO kann im gestaltenden Teil des Plans „vorgesehen werden, dass Forderungen von Gläubigern in Anteils- oder Mitgliedschaftsrechte am Schuldner umgewandelt werden".

13 Vgl. dazu BGH, BB 2010, 10 (Sanieren oder Ausscheiden; BGH, NJW 1995, 1739 (Girmes).

11. Welche Schwierigkeiten bringt ein Debt-Equity Swap mit sich?

Für die Gläubiger ist ein solcher Schritt insofern mit Nachteilen verknüpft, als sie nicht mehr eine feste, ergebnisunabhängige Verzinsung erhalten. Weitere Schwierigkeiten liegen darin, dass der Debt-Equity-Swap erst mit einer bestimmten Anzahl teilnehmender Gläubiger eine effektive Sanierung darstellt.

Die Bewertung der Forderung ist schwierig. Die Bewertungsvorschriften für die Kapitalaufbringung finden Anwendung. Es gilt das Vollwertigkeitsprinzip. Der Gesetzgeber tendiert zu einer Bewertung auf Grundlage des Liquidationswertes. Die Forderungen sind damit nur sehr wenig wert. Die geringe Forderungsbewertung führt zu einer geringen Zeichnung von Kapital und zu geringen Anteilsrechten am Schuldner. Weiter besteht die Gefahr der Differenzhaftung wegen fehlender Werthaltigkeit der eingebrachten Forderungen. Schließlich droht der Nachrang etwaiger anderer Forderungen des Gläubigers in der Insolvenz, sofern sie nun Gesellschafterdarlehen darstellen. Dies ist nur dann nicht Fall, wenn der neue Gesellschafter das Kleinbeteiligtenprivileg des § 39 V InsO oder das Sanierungsprivileg des § 39 IV 2 InsO in Anspruch nehmen kann. Auf das Sanierungsprivileg des § 39 IV 2 InsO kann sich auch der Gesellschafter berufen, der zuvor unter § 39 V InsO fiel.

12. Müssen die Gesellschafter an der Veräußerung mitwirken?

Bis zur Verfahrenseröffnung ist die Zustimmung der Gesellschafter erforderlich (Ausnahme seit 1.1.2021 u.U. § 276a III InsO).

Im Insolvenzverfahren ist stattdessen die Zustimmung der Gläubiger erforderlich. Soweit ein Gläubigerausschuss vorhanden ist, muss er Veräußerung zustimmen (§ 160 I 1, II Nr. 1 InsO). Die Gläubigerversammlung muss zustimmen, soweit kein Gläubigerausschuss bestellt wurde (§ 160 I 2, II Nr. 1 InsO) oder wenn die Veräußerung an „besonders Interessierte" oder unter Wert erfolgt (§ 162 InsO). In letzterem Fall nur auf Antrag des Schuldners.

Der Verkauf und Übertragung sind im Außenverhältnis zwar auch ohne die Zustimmung wirksam, § 164 InsO. Allerdings besteht in diesem Fall ein Haftungsrisiko für den Insolvenzverwalter.

Auch eine Übertragung der Anteile (Insolvenzplan) kann im Insolvenzverfahren gegen den Willen der Gesellschafter erfolgen (Obstruktionsverbot, § 245 InsO). Gleiches gilt in einem Verfahren nach dem StaRUG, wobei die Gesellschafter hier wesentlich größeren Einfluss auf den Beginn des Verfahrens haben, da es an einer Antragspflicht fehlt.

13. Wie unterscheidet sich der Unternehmenskauf vor dem Insolvenzantrag, im Insolvenzeröffnungsverfahren und nach der Insolvenzeröffnung?

Der Unternehmensverkauf vor dem Insolvenzantrag ist in besonderer Weise von den Risiken der Anfechtung und der Nichterfüllungswahl betroffen.

Im Eröffnungsverfahren ändert sich diese Situation grundsätzlich nicht. Aufgrund der Möglichkeit des Insolvenzgerichts, den Verwalter mit der Befugnis zum Eingehen von Masseverbindlichkeiten auszustatten, kann die Rechtssicherheit eines Verkaufs im eröffneten Verfahren in wichtigen Aspekten in das Eröffnungsverfahren vorverlagert werden.

Dabei soll nach der Systematik der InsO der Verkauf grundsätzlich erst im eröffneten Verfahren nach dem Berichtstermin erfolgen, § 159 InsO, da die Verwertungsphase erst dann einsetzt. Es ist nicht unumstritten, ob im Eröffnungsverfahren ein überhaupt Unternehmensverkauf überhaupt zulässig ist. Gegen die Zulässigkeit spricht, dass die Verwertung dem eröffneten Insolvenzverfahren zugeordnet wurde. Der vorläufige Insolvenzverwalter soll das Unternehmen „bis zur Entscheidung über die Eröffnung des Insolvenzverfahrens" fortführen, § 22 I 2 Nr. 2 InsO (siehe auch § 158 I InsO). Nach dieser Norm ist lediglich die Betriebsstilllegung bereits im Eröffnungsverfahren möglich ist, wenn dies dazu dient eine erhebliche Verminderung des Vermögens zu vermeiden. Die Veräußerung wird in § 22 I 2 Nr. 2 InsO, anders als in § 158 I InsO, nicht neben der Stilllegung genannt. Daher ist sie in systematischer Auslegung der InsO wohl nicht als Minus zur Stilllegung zulässig.

Weiter spricht gegen den Verkauf des Unternehmens im Eröffnungsverfahren der irreversible Eingriff in die Schuldnerrechte, obwohl zu diesem Zeitpunkt noch gar nicht feststeht, ob es wirklich zu einer Verfahrenseröffnung kommen wird. Ähnlich kann auch unter Gläubigerschutzaspekten argumentiert werden. Der Gläubigerschutz durch Beteiligungsrechte des Gläubigerausschusses besteht erst ab der Eröffnung des Verfahrens. Andererseits nimmt im Eröffnungsverfahren das Gericht den Gläubigerschutz wahr und seit dem ESUG (2012) ist die Möglichkeit eines vorläufigen Gläubigerausschusses vorgesehen.

Die Rechtsprechung zeigt sich reserviert, hält eine Veräußerung aber für möglich.[14]

Weitere Schwierigkeiten:

- Der schwache vorläufige Insolvenzverwalter ist nicht zu Übertragungsakten berechtigt. Er kann nur normale Insolvenzforderungen begründen, worauf sich ein Unternehmenskäufer vernünftigerweise nicht einlässt.
- Rechtshandlungen des vorläufigen Verwalters sind durch den Insolvenzverwalter anfechtbar, selbst wenn dieser personengleich mit dem vorläufigen Insolvenzverwalter ist. Das gilt dann nicht, wenn der vorläufige Verwalter besonderes Vertrauen in Anspruch genommen hat.
- Zwar wird § 75 II AO von der Rspr. auf das Eröffnungsverfahren erstreckt wird. Aber § 613a BGB findet – zumindest nach der BAG-Rspr. – im Eröffnungsverfahren vollumfänglich Anwendung.[15] Auch § 25 I 1 HGB findet Anwendung, da der Anwendungsbereich erst ab Verfahrenseröffnung teleologisch zu reduzieren ist.

---

14 BGH, NZI 2006, 235, 237.
15 *Classen*, BB, 2010, 2898, 2901.

Für die Zulässigkeit der Veräußerung im Eröffnungsverfahren spricht das Interesse an einer schnellstmöglichen Verwertung des Unternehmens aufgrund eines möglicherweise rasanten Wertverlusts. Es besteht die Gefahr, dass wichtige Kunden oder Lieferanten die Geschäftsbeziehung abbrechen und ein vertiefter Imageschaden entsteht. Dabei handelt es sich um sogenannte indirekte Insolvenzkosten.

Eine Hilfskonstruktionen ist der Unternehmenskauf unter der aufschiebenden Bedingung der Verfahrenseröffnung und dem Eintritt der Voraussetzungen der §§ 158, 160 BGB.[16]

In der Praxis wird der Unternehmensverkauf im Eröffnungsverfahren vorbereitet werden und unmittelbar nach der Verfahrenseröffnung, häufig noch am selben Tag, unterschrieben. Auf diese Weise kann eine schnelle Veräußerung rechtssicher durchgeführt werden.

Der Verkauf im eröffneten Insolvenzverfahren ist anfechtungsfest und auch nicht dem Erfüllungswahlrecht ausgesetzt. Er macht es auch leichter, mit Vermögensgegenstände zu veräußern, die mit Sicherungsrechten der Gläubiger belastet sind (§§ 165 ff. InsO). Im Interesse der Fortführung des Unternehmens und der Vermeidung von Kosten für die Insolvenzmasse erfolgt damit die Veräußerung häufig mit Zustimmung des Gläubigerausschusses vor dem Berichtstermin, § 158 InsO.

16 *Arends, Hofert-von Weiss,* BB 2009,1538, 1540.

Übungsfall 6

Die Haftung wegen Insolvenzverschleppung

Die Pellet-GmbH, deren Verwaltungssitz in München liegt, war bereits im September 2021 zahlungsunfähig gewesen, § 17 I, II InsO. Dies war dem, in München ansässigen, Geschäftsführer Herrn Dr. Glas auch bekannt. Auf einer handschriftlichen Notiz vom 6. September 2021 hatte er vermerkt, „Wir sind zahlungsunfähig. Gang zum Insolvenzgericht unvermeidbar."

Trotz alledem bestellte er am 30. September 2021 bei der Alu-Bayern-AG, die ihren Satzungs- und Verwaltungssitz in Regensburg hat, einen größeren Posten Aluminium zum Preis von 30 000 EUR, welcher auch sogleich ausgeliefert und zu Überrollbügeln verarbeitet wurde. Der Kaufpreis ist durch die Pellet-GmbH dagegen nicht beglichen worden. Das Aluminium hatte einen Wert von 25 000 EUR.

Die Alu-Bayern-AG hatte vor Abschluss des Kaufvertrags keine Nachforschungen zur wirtschaftlichen Lage der Käuferin angestellt. Sie wurde in den Verkaufsgesprächen mit Herrn Dr. Glas auch nicht weiter thematisiert. Schon bald ist absehbar, dass die Alu-Bayern AG in dem am 7.10.2021 beantragten und am 4.11.2021 eröffneten Insolvenzverfahren über das Vermögen der Pellet GmbH nur eine geringe Quote von etwa 2000 EUR auf ihre Forderung erhalten wird. Die Alu-Bayern AG möchte sich daher am Geschäftsführer schadlos halten.

Sie erhebt, vertreten durch einen Rechtsanwalt, Klage auf Ersatz ihres Schadens gegen Herrn Dr. Glas zum Landgericht München. Der Antrag der Alu-Bayern AG lautet auf Zahlung von 25 000 EUR Zug um Zug gegen Abtretung ihres Anspruchs gegen die Insolvenzmasse.

Bearbeitungsvermerk: Wie wird das Landgericht München entscheiden?

Lösung

A. Zulässigkeit der Klage
- I. Ordnungsgemäße Klageerhebung, § 253 I, II ZPO
- II. Gerichtsbezogene Sachurteilsvoraussetzungen
  - 1. Sachliche Zuständigkeit
  - 2. Örtliche Zuständigkeit
    - a) Gerichtsstand des Erfüllungsortes, § 29 I ZPO
    - b) Gerichtsstand der unerlaubten Handlung, § 32 ZPO
    - c) Allgemeiner Gerichtsstand eines Insolvenzverwalters, § 19a ZPO
    - d) Allgemeiner Gerichtsstand, §§ 12, 13 ZPO
    - e) Ergebnis zur örtlichen Zuständigkeit
- III. Parteibezogene Sachurteilsvoraussetzungen
  - 1. Prozessführungsbefugnis
  - 2. Gesamtschaden i.S.d. § 92 S. 1 InsO
  - 3. Subsumtion
  - 4. Ergebnis zu § 92 S. 1 InsO
- IV. Zwischenergebnis zur Zulässigkeit

B. Begründetheit der Klage
- I. Anspruch aus §§ 280 I, 241 II i.V.m. 311 III BGB
  - 1. Vorvertragliches Schuldverhältnis
  - 2. Inanspruchnahme besonderen Vertrauens
  - 3. Besonderes wirtschaftliches Eigeninteresse
  - 4. Ergebnis zu I.
- II. Anspruch aus § 823 I BGB
- III. Anspruch aus § 823 II 1 BGB i.V.m. § 15a I InsO
  - 1. Schutzgesetzcharakter und Schutzbereich des § 15a I InsO
    - a) § 15a InsO als Schutzgesetz
    - b) Persönlicher Schutzbereich des § 15a InsO
    - c) Erfüllung der tatbestandlichen Voraussetzungen des Schutzgesetzes
    - d) Haftungsausfüllende Kausalität und Schaden, §§ 249 ff. BGB
      - (1) „Quotenschaden"
      - (2) Ersatz des gesamten Ausfallbetrags
      - (3) Anspruchskürzung gemäß § 254 BGB
  - 2. Ergebnis zu § 823 II i.V.m. § 15a InsO
- IV. Anspruch aus § 823 II 1 BGB i.V.m. § 263 I StGB
- V. Anspruch aus § 823 II BGB i.V.m. § 15a IV, V InsO
  - 1. Tatbestandliche Voraussetzungen des Schutzgesetzes
- VI. Durchgriffshaftung wegen existenzvernichtenden Eingriffs
- VII. Anspruch aus § 826 BGB
- VIII. Anspruch aus § 15b IV 1 InsO
- IX. Ergebnis zur Begründetheit

C. Endergebnis

Die Klage der Alu-Bayern-AG hat Aussicht auf Erfolg, wenn sie zulässig und begründet ist.

A. Zulässigkeit der Klage

I. Ordnungsgemäße Klageerhebung, § 253 I, II ZPO

Von der ordnungsgemäßen Klageerhebung kann mangels entgegenstehender Angaben im Sachverhalt ausgegangen werden.

II. Gerichtsbezogene Sachurteilsvoraussetzungen

1. Sachliche Zuständigkeit

Sachlich zuständig ist gemäß §§ 23, 71 GVG das Landgericht, da der Streitwert bei 25 000 EUR liegt.

Exkurs: Zuständigkeit des Insolvenzgerichts. Die ausschließliche sachliche Zuständigkeit des Amtsgerichts als Insolvenzgericht nach § 2 I InsO spielt für den vorliegenden Sachverhalt keine Rolle, da sie ausweislich des Wortlauts nur „für das Insolvenzverfahren" Geltung beansprucht und damit nur Entscheidungen betrifft, die die Eröffnung und den Verlauf des Insolvenzverfahrens zum Inhalt haben. Ein Rechtsstreit über materiell-rechtliche Fragen ist vor den allgemeinen Gerichten zu verfolgen, so zum Beispiel ein Streit über Aussonderungsrechte, der lediglich anlässlich des Insolvenzverfahrens entsteht. Auch die Klage, die sich überdies gegen Herrn Dr. Glas persönlich richtet, wird daher nicht durch das Insolvenzgericht behandelt.

2. Örtliche Zuständigkeit[1]

Ein ausschließlicher Gerichtsstand nach den §§ 12 ff. ZPO ist nicht einschlägig.

Die Klägerin hat daher gemäß § 35 ZPO die Wahl zwischen eventuell in Betracht kommenden besonderen Gerichtsständen und dem allgemeinen Gerichtsstand des Beklagten Herrn Dr. Glas nach §§ 12, 13 ZPO.

a) Gerichtsstand des Erfüllungsortes, § 29 I ZPO

Ein besonderer Gerichtsstand könnte sich aus dem Gerichtsstand des Erfüllungsorts nach § 29 I ZPO ergeben. § 29 I ZPO stellt auf Ort ab, an dem die streitige Verpflichtung zu erfüllen ist. § 29 ZPO erfasst auch vertragliche Sekundäransprüche. Hier kommt als Sekundäranspruch ein Anspruch aus c.i.c. in Betracht. Der Ort, an dem die streitige Verpflichtung zu erfüllen ist, ist der Ort der Leistungshandlung, das heißt der

1 Die örtliche Zuständigkeit wird grundsätzlich in den §§ 12 ff. ZPO geregelt. Die örtliche Zuständigkeit des Insolvenzgerichts nach § 3 I InsO ist für den vorliegenden Sachverhalt ohne Relevanz, da bereits die sachliche Zuständigkeit nicht gegeben war.

Leistungsort im Sinn der §§ 270 IV, 269 I BGB).[2] Vorliegend geht es um einen auf Geldzahlung gerichteten Schadensersatzanspruch. Gemäß § 270 IV BGB gilt für Geldschulden ebenfalls § 269 BGB.[3] Im Zweifel hat die Leistung demnach am Wohnsitz des Schuldners zu erfolgen.[4] Wohnsitz des Herrn Dr. Glas ist München.

Der Beklagte Herr Dr. Glas ist zwar nicht Partei des Vertrages mit der Aluminium-Bayern-AG, sondern nur das Organ einer Vertragspartei. § 29 I ZPO erfasst jedoch auch die Sonderbeziehung zu dem Vertreter der anderen Partei nach § 311 III, 241 II BGB, aus der sich hier ein Anspruch ergeben könnte.

Nach § 29 I ZPO ist daher das Landgericht München örtlich zuständig.

Der mögliche Anspruch aus § 823 II BGB i.V.m. § 15a I 1 InsO passt aufgrund der Tatsache, dass die Haftung aus einem gesetzlichen Schuldverhältnis herrührt und gegenüber einem offenen Personenkreis besteht, nicht unter die § 29 I ZPO. Ein nach § 29 I ZPO zuständiges Gericht kann allerdings auch über deliktische Ansprüche entscheiden, § 17 II GVG.

b) Gerichtsstand der unerlaubten Handlung, § 32 ZPO

Weiter kommt der besondere Gerichtsstand der unerlaubten Handlung nach § 32 ZPO in Betracht.

Er begründet nach dem sogenannten Ubiquitätsprinzip einen Gerichtsstand sowohl am Handlungsort als auch an dem Ort des Schadenseintritts.

Handlungsort ist der Sitz der Pellet-GmbH in München.

Die doppelrelevante Tatsache der deliktischen Schädigung der Aluminium-Bayern-AG kann schlüssig behauptet werden.

Auch aus § 32 ZPO ergibt sich somit die örtliche Zuständigkeit des Landgerichts München I.

---

2 Die Formulierung des § 29 I ZPO ist hier missverständlich, das sie von Erfüllung der Leistung spricht, worunter man eher den Erfolgsort als den Leistungsort vermutet.

3 Die Auslegungsregel des § 270 I BGB, die Geldschulden als qualifizierte Schickschulden bezeichnet, trifft gemäß § 270 IV BGB keine Aussage über den Leistungsort.

4 Stünde die Lieferung des Aluminiums in Streit wäre gemäß § 269 I BGB zur Bestimmung des Leistungsortes in erster Linie auf die Parteivereinbarung und die Umstände, insbesondere die Natur des Schuldverhältnisses, abzustellen. Lässt sich der Leistungsort darüber nicht bestimmen, trifft § 269 I BGB eine Negativentscheidung gegen die Bringschuld. Unabhängig davon, ob eine Hol- oder eine Schickschuld vorliegen, liegt der Ort der Leistungshandlung dann beim Schuldner. Der Erfolgsort liegt bei der Schickschuld beim Gläubiger, so dass Leistungs- und Erfolgsort auseinanderfallen. Bei der Holschuld liegt der Erfolgsort beim Schuldner, womit sowohl Leistungs- als auch Erfolgsort beim Schuldner liegen. Vorliegend läge der besondere Gerichtsstand des Erfüllungsortes damit gemäß § 269 I, II BGB am Ort der gewerblichen Niederlassung der Aluminium-Bayern-AG in Regensburg.

Exkurs: Doppelrelevante Tatsachen. Doppelrelevante Tatsachen liegen vor, wenn eine Tatsache sowohl die Zulässigkeit als auch die Begründetheit der Klage betrifft. Für die Zulässigkeit genügt es damit, wenn schlüssig das Bestehen eines deliktischen Schadensersatzanspruchs als Neugläubigerin behauptet werden kann. Schlüssiges Vorbringen bedeutet, unterstellt das Vorbringen sei wahr, ergibt sich ein Schadensersatzanspruch. Der Vollbeweis wird erst in der Begründetheit der Klage erhoben. Ein häufiges Beispiel für eine doppelrelevante Tatsache ist die Eigenschaft als Arbeitnehmer.

c) Allgemeiner Gerichtsstand eines Insolvenzverwalters, § 19a ZPO

In Betracht kommen könnte ferner § 19a ZPO als allgemeiner Gerichtsstand eines Insolvenzverwalters. Er erfasst Passivprozesse gegen diesen, sofern sie sich auf die Insolvenzmasse beziehen. Im vorliegenden Fall steht aber der Geschäftsführer Herr Dr. Glas und nicht der Insolvenzverwalter auf der Beklagtenseite; § 19a ZPO ist daher nicht einschlägig.

d) Allgemeiner Gerichtsstand, §§ 12, 13 ZPO

Der allgemeine Gerichtsstand ergibt sich aus den §§ 12, 13 ZPO und liegt damit am Wohnsitz des Beklagten Herrn Dr. Glas in München.

e) Ergebnis zur örtlichen Zuständigkeit

Das Landgericht München ist damit nach §§ 29 I, 32, 12, 13 ZPO örtlich zuständig.

III. Parteibezogene Sachurteilsvoraussetzungen

Zu den parteibezogenen Sachurteilsvoraussetzungen zählen die Partei- und Prozessfähigkeit, sowie die Prozessführungsbefugnis.

Die Alu-Bayern-AG ist gemäß § 50 I ZPO, § 1 I 2 AktG parteifähig. Sie wird im Prozess durch ihren Vorstand vertreten, § 51 I ZPO, § 78 I 1 AktG, und ist damit prozessfähig.

Als Prozesshandlungsvoraussetzung ist vor dem Landgericht die Vertretung durch einen Rechtsanwalt notwendig, § 78 I 1 ZPO (Postulationszwang).

1. Prozessführungsbefugnis

Problematisch ist, ob die Alu-Bayern-AG bei der Geltendmachung ihrer Ansprüche gegen den Geschäftsführer Dr. Glas aktiv prozessführungsbefugt ist. Unter dem Begriff der Prozessführungsbefugnis versteht man die Befugnis, über das durch die Klage geltend gemachte Recht im eigenen Namen einen Aktiv- oder Passivprozess zu führen. Außerhalb des Insolvenzverfahrens würde es ohne weiteres genügen, wenn die Alu-Bayern-AG das Bestehen eines eigenen Rechts gegen den Geschäftsführer Dr. Glas behaupten könnte.

Aufgrund des Insolvenzverfahrens könnte die Geltendmachung eines möglichen Schadensersatzanspruchs durch die Alu-Bayern-AG jedoch an § 92 S. 1 InsO scheitern. Nach dieser Norm kann während der Dauer des Insolvenzverfahrens nur der Insolvenzverwalter die Ansprüche der Insolvenzgläubiger auf Ersatz eines Gesamtschadens geltend machen. Gemäß § 92 InsO verlieren die Gläubiger ihre Einziehungs- und Prozessführungsbefugnis für Gesamtschadensansprüche, obwohl sie materiell rechtlich Anspruchsinhaber bleiben. Zugleich wird der Insolvenzverwalter ermächtigt, den Schaden geltend zu machen.

Exkurs: § 92 InsO. Ratio der Norm ist es, Ansprüche, die allen Gläubigern zustehen, gemäß dem Grundsatz der *par conditio creditorum* der Insolvenzmasse zuzuweisen. § 92 InsO setzt damit das, für die Einzelzwangsvollstreckung maßgebliche, Prioritätsprinzip außer Kraft. Es soll vermieden werden, dass einzelne Schadensersatzgläubiger durch rascheres Vorgehen gegen den Geschäftsführer privilegiert werden („Windhundprinzip"), da die Insolvenzmasse regelmäßig nicht ausreicht, um die Ansprüche aller Gläubiger zu tilgen.

Im Gegensatz zu einem Gesamtschaden steht der sogenannte Individualschaden, der ohne die Einschränkung des § 92 InsO auch während des Insolvenzverfahrens von den Gläubigern eingeklagt werden kann.

2. Gesamtschaden i.S.d. § 92 S. 1 InsO

Bei einem Gesamtschaden handelt es sich gemäß der Legaldefinition des § 92 S. 1 InsO um einen Schaden, den die Insolvenzgläubiger gemeinschaftlich durch eine Verminderung des zur Insolvenzmasse gehörenden Vermögens vor oder nach der Eröffnung des Insolvenzverfahrens erlitten haben.

Aus dem Tatbestandsmerkmal der „Verminderung des zur Insolvenzmasse gehörenden Vermögens" geht hervor, dass ein Gesamtschaden eine Verringerung der Insolvenzmasse und damit eine Reduzierung der an die Insolvenzgläubiger auszuschüttenden Insolvenzquote bedeutet.

Aus diesem Grund ist im Rahmen des § 92 InsO zwischen Alt- und Neugläubigern zu unterscheiden. Diese Unterscheidung zwischen Alt- und Neugläubigern ist eine Konsequenz der unterschiedlichen Behandlung der beiden Gläubigergruppen auf Rechtsfolgenseite. Nur die Altgläubiger erleiden einen Schaden durch die Verminderung des zur Insolvenzmasse gehörenden Vermögens (Quotenschaden). Aufgrund der verspäteten Insolvenzantragsstellung verringern sich das zur Insolvenzmasse gehörende Vermögen und der an sie auszuzahlende Anteil ihrer Insolvenzforderung (Insolvenzquote). Bei pflichtgemäßer Insolvenzantragsstellung hätten sie eine höhere Quote erhalten. Ihnen soll der Differenzbetrag zwischen der tatsächlichen Quote und der bei pflichtgemäßer Insolvenzantragsstellung erzielbaren Quote erstattet werden (Differenzhypothese, § 249 I BGB), indem der Insolvenzverwalter nach § 92 InsO die Masse wieder „auffüllt".

Die Neugläubiger hingegen erhalten seit einer Rechtssprechungsänderung durch den Zweiten Zivilsenat des BGH im Jahr 1994 nicht länger nur ihren jeweiligen Quotenschaden ersetzt,[5] sondern ihren gesamten Schaden. Denn gemäß der für das Schadensersatzrecht nach § 249 I BGB maßgeblichen Differenzhypothese sind die Gläubiger so zu stellen, wie sie bei pflichtgemäßer Insolvenzantragstellung stünden. Sie hätten dann regelmäßig keinen Vertrag mit der Gesellschaft geschlossen, so dass sich ihr Schadensersatzanspruch auf das negative Interesse beläuft und nicht auf die Schmälerung der Insolvenzmasse durch den verspäteten Antrag beschränkt.

Die Abgrenzung der Gläubigergruppen erfolgt danach, ob die Forderung des jeweiligen Gläubigers vor oder nach dem Zeitpunkt der Insolvenzreife entstanden war. Die Insolvenzreife tritt ein, sobald gemäß § 15a I 1 InsO ein Insolvenzantrag gestellt werden müsste, das heißt bei Vorliegen der Insolvenzgründe Zahlungsunfähigkeit oder Überschuldung.[6]

3. Subsumtion

Die Frage, ob ein Gesamtschaden oder ein Individualschaden vorliegt, bemisst sich daher danach, ob die Alu-Bayern-AG als Altgläubigerin oder Neugläubigerin zu qualifizieren ist.

Die Alu-Bayern-AG hat mit der Pellet-GmbH den Kaufvertrag über das Aluminium zu einem Zeitpunkt abgeschlossen, zu dem letztere bereits zahlungsunfähig war, § 17 I, II InsO, und damit ein Insolvenzeröffnungsgrund vorlag. Für die Insolvenzreife kommt es, wie § 64 S. 1 GmbHG, § 92 II 1 AktG und § 130a I 1 HGB zeigen, auf das Vorliegen eines Insolvenzeröffnungsgrundes an. Die Insolvenzreife tritt nicht erst nach Verstreichen der Drei-Wochen-Frist des § 15a I 1 InsO ein. Die Alu-Bayern-AG ist somit Neugläubigerin.

Nachdem diese Frage sowohl die Zulässigkeit als auch die Begründetheit der Klage der AG betrifft, liegt eine sogenannte doppelrelevante Tatsache vor. Für die Zulässigkeit genügt es damit, wenn schlüssig das Bestehen eines Schadensersatzanspruchs als Neugläubigerin behauptet werden kann. Dies bedeutet, unterstellt das Vorbringen sei wahr, müsste sich ein Schadensersatzanspruch ergeben. Eine solche schlüssige Behauptung wird der Klägerin hier gelingen.

4. Ergebnis zu § 92 S. 1 InsO

Nach alledem greift § 92 S. 1 InsO im vorliegenden Fall nicht ein. Die Alu-Bayern-AG ist folglich uneingeschränkt prozessführungsbefugt.

---

5 BGH, NJW 1994, 2220, 2222 ff. Der Zweite Senat hatte zuvor die Zustimmung der weiteren betroffenen Zivilsenate des BGH (III., VI., IX. Zivilsenat) und des 3. Senats des BAG eingeholt.

6 Sowohl Alt- wie Neugläubigern wird der ihnen entstandene Schaden ersetzt. Eine Ungleichbehandlung der beiden Gläubigergruppen liegt also nicht vor.

Dasselbe gilt für Herrn Dr. Glas. Auch er muss sich allerdings durch einen Rechtsanwalt vertreten lassen, § 78 I 1 ZPO.

Die parteibezogenen Sachurteilsvoraussetzungen sind damit erfüllt.

IV. Zwischenergebnis zur Zulässigkeit

Im Übrigen bestehen gegen die Zulässigkeit der Klage keine Bedenken. Die Klage der Alu-Bayern-AG gegen Herrn Dr. Glas ist zulässig.

B. Begründetheit der Klage

Die Klage der Alu-Bayern-AG ist begründet, wenn die Alu-Bayern- AG von Herrn Dr. Glas die Rückzahlung von 25 000 EUR verlangen kann. Zu prüfen ist zunächst, ob (quasi-)vertragliche Ansprüche bestehen.

I. Anspruch aus §§ 280 I, 241 II i.V.m. 311 III BGB

Die Alu-Bayern-AG könnte einen Anspruch auf Zahlung von 25 000 EUR aus c.i.c. haben, §§ 280 I, 241 II i.V.m. 311 III BGB. Das wäre der Fall, wenn ein vorvertragliches Schuldverhältnis zwischen Herrn Dr. Glas und der Alu-Bayern-AG entstanden wäre und Herr Dr. Glas schuldhaft eine Pflicht aus diesem vorvertraglichen Schuldverhältnis verletzt hätte.

1. Vorvertragliches Schuldverhältnis

Es müsste ein vorvertragliches Schuldverhältnis zwischen Herrn Dr. Glas und der Alu-Bayern-AG entstanden sein.

Zu bedenken ist, dass Herr Dr. Glas beim Abschluss des Kaufvertrags in seiner Eigenschaft als Geschäftsführer der Pellet-GmbH und damit als deren Vertreter gehandelt hat. Grundsätzlich treffen die rechtlichen Wirkungen der Vertretung nur die GmbH und gerade nicht den Geschäftsführer. Ein vorvertragliches Schuldverhältnis ergibt sich mithin nicht aus § 311 II BGB.

Allerdings kommt unter den Voraussetzungen des § 311 III 1 BGB eine Eigenhaftung des Vertreters in Betracht. Es handelt sich bei § 311 III 1 BGB wie bei § 311 II BGB um eine Haftung aus c.i.c., da der Wortlaut „Vertragspartei werden sollen“ auf einen künftigen Vertragsschluss hinweist. Zu prüfen ist damit, ob Herr Dr. Glas zu dem Personenkreis des § 311 III 1 BGB zählt.

2. Inanspruchnahme besonderen Vertrauens

Gemäß § 311 III 2 BGB entsteht ein vorvertragliches Schuldverhältnis insbesondere, wenn der Dritte in besonderem Maße für sich Vertrauen in Anspruch nimmt und dadurch die Vertragsverhandlungen oder den Vertragsschluss erheblich beeinflusst. Zu klären ist daher, ob Herr Dr. Glas beim Erwerb des Postens Aluminium für die GmbH in besonderem Maße Vertrauen in Anspruch genommen hat.

Ein solches, über das normale Verhandlungsvertrauen hinausgehende, besonderes persönliches Verhandlungsvertrauen kann nur in engen Grenzen angenommen werden, nämlich dann, wenn bei dem Vertragspartner ein zusätzliches, vom Vertreter selbst herrührendes Vertrauen auf die Richtigkeit und Vollständigkeit der Vertretererklärungen hervorgerufen wird. Es muss eine zusätzliche Gewähr für den Bestand und die ordnungsgemäße Erfüllung des Geschäfts geleistet werden. Für den vorliegenden Fall ist nicht ersichtlich, dass Herr Dr. Glas die Zahlungsfähigkeit der Pellet-GmbH besonders betont hätte oder Gewähr hierfür leisten wollte. Schließlich bestand auch keine Aufklärungspflicht gegenüber der Alu-Bayern-AG, aufgrund welcher ein Schweigen von Dr. Glas besonderes Vertrauen hätte erzeugen können.

Folglich lässt sich ein vorvertragliches Schuldverhältnis nicht auf die Inanspruchnahme von Vertrauen gründen.

3. Besonderes wirtschaftliches Eigeninteresse

Als weiterer Ansatzpunkt für ein vorvertragliches Schuldverhältnis könnte an ein besonderes wirtschaftliches Eigeninteresse des Geschäftsführers angeknüpft werden. Dies ist grundsätzlich möglich, da § 311 III 2 BGB nicht abschließend formuliert ist.

Ansatzpunkt könnte hier die Geschäftsführerstellung des Herrn Dr. Glas sein. Allerdings verfolgt Herr Dr. Glas insoweit lediglich ein wirtschaftliches Interesse, das allen Personen gemeinsam ist, die für die Pellet-GmbH tätig sind.

Darüber hinaus begründet auch die Eigenschaft von Herrn Dr. Glas als Gesellschafter der GmbH kein besonderes wirtschaftliches Eigeninteresse. Eine persönliche Haftung der Gesellschafter einer GmbH würde zur Entwertung des § 13 II GmbHG führen, wonach den Gläubigern für die Verbindlichkeiten der Gesellschaft nur das Gesellschaftsvermögen haftet. Die Gesellschafterhaftung in der GmbH würde an diejenige in einer Personengesellschaft angenähert.

Auch aus einem besonderen wirtschaftlichem Eigeninteresse ergibt sich vorliegend kein Schuldverhältnis im Sinne des § 311 III 1 BGB.

4. Ergebnis zu I

Ein vorvertragliches Schuldverhältnis im Sinne des § 311 III BGB zwischen der Alu-Bayern-AG und Herrn Dr. Glas ist nicht gegeben. Damit scheidet eine Haftung gemäß §§ 280 I, 241 II i.V.m. 311 III 1, 2 BGB aus.

II. Anspruch aus § 823 I BGB

Ein Anspruch aus § 823 I BGB scheitert schon daran, dass das Vermögen der Alu-Bayern-AG kein von § 823 I BGB geschütztes Rechtsgut ist. Es liegt auch keine Verletzung eines sonstigen Rechts in Gestalt des Rahmenrechts des eingerichteten und ausgeübten Gewerbebetriebs vor.

III. Anspruch aus § 823 II 1 BGB i.V.m. § 15a I InsO

Allerdings könnte sich ein deliktischer Anspruch der Alu-Bayern-AG aus § 823 II 1 BGB i.V.m. § 15a I InsO ergeben. § 823 II BGB weist keine Beschränkung auf enumerative Rechtsgüter auf, so dass auch primäre Vermögensschäden ersatzfähig sind.

1. Schutzgesetzcharakter und Schutzbereich des § 15a I InsO

Zunächst müsste § 15a I 1 InsO ein Schutzgesetz i.S.v. § 823 II 1 BGB darstellen und die Alu-Bayern-AG in dessen persönlichen und sachlichen Schutzbereich fallen.

a) § 15a InsO als Schutzgesetz

§ 15a I 1 InsO stellt ein Schutzgesetz im Sinn des § 823 II 1 BGB dar. Sein Normzweck liegt im Gläubigerschutz und dem Schutz des Geschäftsverkehrs.

b) Persönlicher Schutzbereich des § 15a InsO

Die Alu-Bayern-AG müsste in den persönlichen Schutzbereich des § 15a InsO fallen.

Unstreitig vom Schutzbereich des § 15a I 1 InsO erfasst sind die sogenannten Altgläubiger, deren Befriedigungsaussichten durch die verspätete Antragsstellung gemindert worden sind. Hierfür spricht unter anderem, dass mit einer rechtzeitigen Stellung des Insolvenzantrags das Hinzukommen weiterer Gläubiger und somit auch eine Verringerung der jedem einzelnen Gläubiger zukommenden Insolvenzquote vermieden werden kann.

Fraglich ist, ob auch Neugläubiger wie die Alu-Bayern-AG vom Schutzbereich des § 15a I 1 InsO erfasst werden.

Zugunsten der Neugläubiger lässt sich der weit formulierte Wortlaut der Norm anführen, sowie der Zweck, quasi-insolvente Unternehmungen aus dem Markt auszusortieren. Vertragliche Neugläubiger sollen davor geschützt werden, in geschäftlichen Kontakt mit einer insolventen Kapitalgesellschaft zu kommen. Auch wenn es gelingt, ein insolventes Unternehmen fortzuführen, erlangt der Neugläubiger bei einem Vertragsschluss, der durch einen Insolvenzverwalter bewirkt wird, eine Masseverbindlichkeit nach § 55 I Nr. 1 InsO und kann daher bei rechtzeitiger Antragsstellung nie Insolvenzgläubiger sein. Daher sind auch Neugläubiger vom persönlichen Schutzbereich des § 15a I 1 InsO umfasst.

c) Erfüllung der tatbestandlichen Voraussetzungen des Schutzgesetzes

Daneben müssten die tatbestandlichen Voraussetzungen des Schutzgesetzes § 15a I 1 InsO erfüllt sein. Es müsste eine juristische Person zahlungsunfähig oder überschuldet geworden sein und es müsste sich bei Herrn Dr. Glas um ein Mitglied des Vertretungsorgans gehandelt haben, das es versäumt hat, ohne schuldhaftes Zögern, spätestens aber drei Wochen nach Eintritt der Zahlungsunfähigkeit oder Überschuldung, einen Eröffnungsantrag zu stellen.

Laut Sachverhalt ist die Pellet-GmbH seit 6. September zahlungsunfähig, § 17 I, II InsO.[7]

Dem Geschäftsführer Herrn Dr. Glas könnte schuldhaftes Zögern bei Stellung des Insolvenzantrags vorzuwerfen sein. Dr. Glas hatte seit dem 6. September positive Kenntnis von der Zahlungsunfähigkeit der Pellet-GmbH. Es wäre sofortiges Handeln geboten gewesen; stattdessen hatte Dr. Glas am 30.9.2021 noch keinen Insolvenzantrag gestellt gehabt. Damit hat er nach dem Sorgfaltsmaßstab des ordentlichen Geschäftsmanns zumindest fahrlässig gehandelt, § 276 I 2 BGB. Einer Verschuldensprüfung nach § 823 II 2 BGB bedarf es dann nicht mehr, nachdem der Tatbestand des § 15a I 1 InsO in der Variante des schuldhaften Zögerns, ein Verschulden des Geschäftsführers verlangt.

Zudem hat Herr Dr. Glas die Dreiwochen-Frist des § 15a I 1 InsO verstreichen lassen, da er erst am 7.10.2021 den Antrag auf Eröffnung des Insolvenzverfahrens gestellt hat. Dies geschah auch mindestens fahrlässig, §§ 823 II, 276 BGB.

Die tatbestandlichen Voraussetzungen des § 15a I 1 InsO sind somit erfüllt.

d) Haftungsausfüllende Kausalität und Schaden, §§ 249 ff. BGB

Zu klären ist der Umfang des haftungsausfüllend kausal entstandenen Schadens. Beachtung verdient hier insbesondere die haftungsausfüllende Kausalität.

(1) „Quotenschaden“

Der Schadensersatzanspruch der Alu-Bayern-AG könnte auf den sogenannten Quotenschaden beschränkt sein.

Die Haftung des GmbH-Geschäftsführers gegenüber den Altgläubigern, als denjenigen, die ihre Forderung bereits vor dem Zeitpunkt der Insolvenzreife erworben hatten, ist auf diesen Quotenschaden beschränkt. Ersetzt wird nur der Ausgleich zwischen der tatsächlichen verringerten Insolvenzquote und der hypothetisch höheren Insolvenzquote bei rechtzeitiger Antragstellung.

Zu klären ist, ob man diese Überlegung auf Neugläubiger wie die Alu-Bayern-AG übertragen kann. Hierfür spricht, dass ein Vollersatz für die Neugläubiger dem § 15a I 1 InsO den Schutzzweck verliehe, jeglichen rechtlichen Kontakt mit einer insolventen Gesellschaft zu vermeiden. § 15a I 1 InsO könnte sich als Schutzgesetz darauf beschränken, Schmälerungen der Insolvenzmasse während der Insolvenzreife auszugleichen. Folglich könnte auch nur die fiktive Minderung der Insolvenzquote geltend gemacht werden. Weiter lässt sich argumentieren, die Neugläubiger hätten durch ihre Vorleistung der Pellet GmbH auf eigenes Risiko Kredit gewährt.

---

7 Zur Feststellung der Zahlungsunfähigkeit siehe Anhang 1.

Folgt man dieser Ansicht, wäre nur für die Differenz zur hypothetisch höheren Insolvenzquote ohne die Verzögerung der Antragsstellung Ersatz zu leisten.

(2) Ersatz des gesamten Ausfallbetrags

In Betracht kommt aber auch der Ersatz des negativen Interesses, also des gesamten Ausfallbetrags abzüglich der Insolvenzquote.

Der Wortlaut des § 15a I InsO erlaubt den vollen Ersatz über den Quotenschaden hinaus.

Der Schaden der Neugläubiger besteht zudem darin, dass sie bereits zum Zeitpunkt des Vertragsabschlusses mit der insolventen GmbH einen nicht werthaltigen Anspruch erhalten haben. Im Vertrauen auf die Solvenz der Pellet GmbH erbringen sie jedoch Leistungen, die am Ende nicht vergütet werden.

Weiter spricht die Anwendung der Conditio-sine-qua-non-Formel dafür, dass den Neugläubigern nicht nur der Quotenschaden, sondern das negative Interesse ersetzt werden soll. Hätte Herr Dr. Glas ohne schuldhaftes Zögern die Insolvenzantragspflicht erfüllt, hätten die Pellet-GmbH und die Alu-Bayern-AG nicht mehr miteinander kontrahiert. Letztere wäre nicht Insolvenzgläubigerin geworden und hätte nicht nur keinen Quotenschaden, sondern überhaupt keinen Schaden erlitten.

Die Entwertung der Forderungen der Altgläubiger fällt in deren Risikobereich; es realisiert sich die typische Gefahr des „Insolvent-Werdens" des Geschäftsgegners. Die Neugläubiger haben der insolvenzreifen GmbH dagegen keinen Kredit eingeräumt, sondern vielmehr darauf vertraut, mit einer solventen GmbH zu kontrahieren.[8]

Schließlich korrespondiert eine Haftung für den Vertrauensschaden (abzüglich der Insolvenzquote) mit dem Schutzzweck der § 15a I 1 InsO, der tatsächlich dahin geht, eine insolvente Gesellschaft vom weiteren Geschäftsverkehr fernzuhalten und dadurch potentielle Gläubiger vor Schaden zu bewahren.

Nach alledem sprechen die besseren Argumente dafür, der Alu-Bayern-AG den kompletten Ausfallbetrag in Höhe von 25 000 EUR, Zug um Zug gegen Abtretung ihres Anspruchs gegen die Insolvenzmasse zu ersetzen.

(3) Anspruchskürzung gemäß § 254 BGB

Der Anspruch könnte unter dem Gesichtspunkt des Mitverschuldens gemäß § 254 II, I BGB zu kürzen sein.

Es sind nach dem Sachverhalt jedoch keine Anzeichen dafür ersichtlich, demnach die Alu-Bayern-AG vor Vertragsschluss die Bonität der Pellet-GmbH hätte überprüfen müssen oder erkennbare Umstände vorlagen, welche die Forderung gegen die Gesellschaft als gefährdet erschienen ließen.

---

8 Dieses Argument passt nur bedingt für andere deliktische Schädigungen. Auch diese wären allerdings unter Umständen nicht eingetreten, wenn das Unternehmen rechtzeitig Insolvenzantrag gestellt hätte.

2. Ergebnis zu § 823 II i.V.m. § 15a InsO

Die Alu-Bayern-AG hat einen Schadensersatzanspruch aus § 823 II BGB i.V.m. § 15a I 1 InsO auf Ersatz der 25 000 EUR.

IV. Anspruch aus § 823 II 1 BGB i.V.m. § 263 I StGB

Daneben könnte sich ein Schadensersatzanspruch aus § 823 II BGB i.V.m. § 263 I StGB ergeben.

§ 263 I StGB stellt ein Schutzgesetz i.S.v. § 823 II BGB dar.

Allerdings müssten auch die tatbestandlichen Voraussetzungen des § 263 I StGB erfüllt sein. Im Rahmen des objektiven Tatbestands ist fraglich, ob Geschäftsführer Herr Dr. Glas eine Täuschung begangen hat. Es fehlt an einem positiven oder konkludenten Tun: Für eine Täuschung durch Unterlassen bedürfte es spezieller Aufklärungspflichten, die ein punktueller geschäftlicher Kontakt jedoch bei weitem nicht hergibt.

Folglich scheidet ein Anspruch aus § 823 II BGB i.V.m. § 263 I StGB aus.

V. Anspruch aus § 823 II BGB i.V.m. § 15a IV, V InsO

In Betracht kommt ein Anspruch aus § 823 II BGB i.V.m. § 15a IV, V InsO.

§ 15a IV, V InsO stellen Schutzgesetze zugunsten der gegenwärtigen und künftigen Gesellschaftsgläubiger dar. Die Alu-Bayern-AG ist vom sachlichen und persönlichen Schutzbereich der Norm erfasst.

1. Tatbestandliche Voraussetzungen des Schutzgesetzes

Es müssten die tatbestandlichen Voraussetzungen des § 15a IV, V InsO erfüllt sein.

Im Rahmen des objektiven Tatbestands bedarf es der Nichterfüllung der Antragspflicht gemäß § 15a IV, V InsO. Der Insolvenzgrund der Zahlungsunfähigkeit lag vor. Die Antragspflicht wurde von Herrn Dr. Glas nicht erfüllt.

Der subjektive Tatbestand der Fahrlässigkeit ist unter anderem erfüllt, wenn der Geschäftsführer die Antragsstellung nach Kenntniserlangung vergisst oder sie unter Verstoß gegen seine Sorgfaltspflichten unterlässt. Ersteres ist hier der Fall: Der Geschäftsführer Herr Dr. Glas hatte von der Pflicht zur Antragsstellung Kenntnis erlangt, aber in der Folgezeit diese nicht erfüllt.

Rechtswidrigkeit und Schuld sind gegeben.

Bezüglich des Umfangs des zu ersetzenden Schadens kann auf die Ausführungen zu dem Anspruch aus § 823 II BGB i.V.m. § 15a I InsO verwiesen werden. Die Alu-Bayern-AG hat demnach einen Schadensersatzanspruch gegen Herrn Dr. Glas gemäß § 823 II BGB i.V.m. § 15a IV, V InsO.

VI. Durchgriffshaftung wegen existenzvernichtenden Eingriffs

Eine Durchgriffshaftung gegen Herrn Dr. Glas als Gesellschafter (und Geschäftsführer) nach der Rechtsfigur des existenzvernichtenden Eingriffs scheidet aus. Es ist nicht ersichtlich, dass Dr. Glas nicht angemessen auf das Vermögen und die Geschäftschancen der Pellet-GmbH Rücksicht genommen hätte und ein Eingriff dafür gesorgt hätte, dass die GmbH ihren Verbindlichkeiten nicht mehr nachkommen konnte.[9] Auch die Zweckbindung des Vermögens der GmbH zur vorrangigen Befriedigung der Gläubiger ist beachtet worden.[10]

In seiner neueren Rechtsprechung hat der BGH die Figur des existenzvernichtenden Eingriffs zwar ausdrücklich bestätigt und sie als Unterfall des § 826 BGB eingeordnet, sie jedoch als reine Innenhaftung ausgestaltet, das heißt als Anspruch der geschädigten Gesellschaft selbst.[11] Auch aus diesem Grund muss eine (Außen-)Haftung des Geschäftsführers Dr. Glas ausscheiden.

VII. Anspruch aus § 826 BGB

Für einen Anspruch aus § 826 BGB außerhalb der Fallgruppe der Existenzvernichtungshaftung fehlt es bereits am Schädigungsvorsatz seitens des Geschäftsführers Herrn Dr. Glas.

VIII. Anspruch aus § 15b IV S. 1 InsO

Ebenso kommt eine Haftung nach § 15b IV S. 1 InsO nicht in Betracht. Zum einen ergibt sich aus § 15b IV S. 1 InsO nur ein Anspruch der Gesellschaft, zum anderen liegt mit der bloßen Verpflichtung aus dem Kaufvertrag auch keine Zahlung im Sinn des § 15b IV S. 1 InsO vor.[12]

IX. Ergebnis zur Begründetheit

Die Alu-Bayern-AG hat gegen Herrn Dr. Glas einen Anspruch auf Zahlung von 25 000 EUR gemäß § 823 II BGB i.V.m. § 15a I InsO beziehungsweise gemäß § 823 II BGB i.V.m. § 15a IV, V InsO, Zug um Zug gegen Abtretung ihres Anspruchs gegen die Insolvenzmasse. Die Klage ist damit begründet.

C. Endergebnis

Die Klage ist zulässig und vollumfänglich begründet und hat damit Aussicht auf Erfolg.

---

9 Vgl. BGH, NJW 2001, 3622 (Bremer Vulkan).
10 Vgl. BGH, NJW 2001, 3622 (Bremer Vulkan) und BGH, ZIP 2002, 1578, 1580, (KBV).
11 BGH, NJW 2007, 2689 (Trihotel).
12 Siehe auch Fall 4.

Exkurs: Der Schaden des Neugläubigers besteht in der Differenz zwischen seinem negativen Interesse und der Insolvenzquote. Denn in Höhe der Insolvenzquote erhält der Neugläubiger seinen Schaden ersetzt.

Der Anspruch des Neugläubigers kann ausnahmsweise auch auf Ersatz des entgangenen Gewinns gerichtet sein – hier wären das der Ersatz von 30 000 EUR gewesen (Gewinnanteil 5 000 EUR). Dies ist dann der Fall, wenn der Neugläubiger darlegen kann, dass er den Gewinn anderweitig erzielt hätte, wenn er nicht den Vertrag mit der insolventen Gesellschaft geschlossen hätte.

Da, solange das Insolvenzverfahren andauert, noch nicht feststeht, wie hoch die Insolvenzquote ausfallen wird, kann der Prozess solange ausgesetzt werden, bis das Insolvenzverfahren abgeschlossen ist (§ 148 ZPO). Die zweite Möglichkeit ist der hier gewählte Weg, Ersatz des vollen Schadens zu verlangen, jedoch Zug um Zug gegen Abtretung des Anspruchs gegen die Insolvenzmasse auf die Insolvenzquote.

Übungsfall 7

Das Insolvenzplanverfahren

Im Juli 2021 erhält der Geschäftsführer der Pellet GmbH folgende E-Mail seiner Beraterin, Frau Rechtsanwältin Stephanie Simon.

9.7.2021

Lieber Herr Dr. Glas,
Angesichts der schwierigen Liquiditätslage der Pellet GmbH sollten wir alle Optionen durchgehen, insbesondere auch die Erstellung eines Insolvenzplans sowie ein Insolvenzverfahren in Eigenverwaltung.

BG, Stephanie Simon
– Rechtsanwältin –

Herr Glas vereinbart daraufhin einen Termin mit Frau Simon. An einem Freitagnachmittag treffen sich die beiden in den Räumen der Kanzlei Simon. Herr Dr. Glas hatte sich diverse Fragen zum Insolvenzplanverfahren notiert.

Bearbeitungsvermerk: Bitte beantworten Sie die Fragen von Herrn Glas.

Fragen zum Insolvenzplan:

1. Wo findet sich der Insolvenzplan geregelt?
2. Welche Voraussetzungen hat das Planverfahren?
3. Ergeben sich im Planverfahren Veränderungen gegenüber dem normalen Insolvenzverfahren hinsichtlich Verfügungsbefugnis, Anfechtungsrecht und (Nicht-)Erfüllungswahl?
4. Welches ausländische Insolvenzrecht stand für das Planverfahren Pate?
5. Können die absonderungsberechtigten Gläubiger von einem Insolvenzplan erfasst werden?
6. Wie verhält es sich mit den aussonderungsberechtigten Gläubigern?
7. Kann in einem Insolvenzplan die Liquidation des Unternehmens vorgesehen werden?
8. Wer darf einen Insolvenzplan vorlegen?
9. Zu welchem Zeitpunkt darf frühestens ein Insolvenzplan vorgelegt werden?
10. Aus welchen Teilen besteht der Plan? Was findet sich in ihnen geregelt?
11. Welche Mehrheiten sind nötig, damit ein Insolvenzplan angenommen wird?
12. Um was handelt es sich bei dem sogenannten „Obstruktionsverbot“?
13. Welchem Zweck dient die Regelung des § 264 InsO?
14. Wie endet das Planverfahren?
15. Welche Rechtsmittel gibt es gegen den Plan?

16. Was geschieht mit dem Anteil der Forderung eines Insolvenzgläubigers, die nicht im Planverfahren befriedigt wird?
17. Worum handelt es sich beim sogenannten ESUG?
18. Was wurde im Rahmen des ESUG am Planverfahren geändert?
19. Welcher Anteil an Insolvenzverfahren wird als Planverfahren abgewickelt?

Lösung

1. Wo findet sich der Insolvenzplan geregelt?

In den §§ 217 ff. InsO.[1]

2. Welche Voraussetzungen hat das Planverfahren?

Die Gläubiger müssen im Berichtstermin für den Plan votiert haben (§ 156 InsO). Zudem muss die Masse ausreichen, um die Masseverbindlichkeiten zu decken (§ 258 II InsO).

3. Ergeben sich im Planverfahren Veränderungen gegenüber dem normalen Insolvenzverfahren hinsichtlich Verfügungsbefugnis, Anfechtungsrecht und (Nicht-)Erfüllungswahl?

Im Planverfahren ergeben sich keine Änderungen mit Blick auf die Verfügungsbefugnis, die Anfechtung oder die Erfüllungswahl. Das geschieht nur in Kombination mit einem in Eigenverwaltung geführten Planverfahren. Kernbereich des Planverfahrens sind stattdessen seine Möglichkeiten, die beteiligten Gläubigergruppen zur Teilnahme an der Reorganisation zu bewegen und obstruierende Gläubiger zu überstimmen.

4. Welches ausländische Insolvenzrecht stand für das Planverfahren Pate?

Vorbild für das Planverfahren ist das Vergleichsverfahren nach der VerglO und das Verfahren nach Chapter 11 des US Bankruptcy Codes.

5. Können die absonderungsberechtigten Gläubiger von einem Insolvenzplan erfasst werden?

Ja. Das ergibt sich aus § 217 InsO. § 217 InsO enthält einen abschließenden Katalog der Regelungsgegenstände eines Insolvenzplans. Die §§ 232, 238 InsO erwähnen die absonderungsberechtigten Gläubiger ebenfalls.

6. Wie verhält es sich mit den aussonderungsberechtigten Gläubigern?

In die Rechte der aussonderungsberechtigten Gläubiger kann durch den Plan nicht eingegriffen werden. Sie werden in § 217 InsO nicht erwähnt. Ihre zumeist dinglichen Rechte werden durch das Verfahren daher nicht beeinträchtigt.

7. Kann in einem Insolvenzplan die Liquidation des Unternehmens vorgesehen werden?

Ja, ein Unternehmen kann über einen Insolvenzplan auch liquidiert werden. Der Plan findet allerdings insbesondere für Reorganisationen Verwendung, vgl. § 1 S. 1 InsO.

1 Vgl. *Zimmermann*, Grundriss des Insolvenzrechts, 11. Aufl. 2018, Rn. 520 ff.

8. Wer darf einen Insolvenzplan vorlegen?

Gemäß § 218 I 1 InsO sind der Insolvenzverwalter und der Schuldner vorlageberechtigt. Im Rahmen der Eigenverwaltung ist zudem der Sachwalter, der dort den Insolvenzverwalter ersetzt, vorlageberechtigt (§ 284 InsO).

Einzelne Gläubiger haben kein Planinitiativrecht. Sie können jedoch in der Gläubigerversammlung den Insolvenzverwalter beauftragen, einen Insolvenzplan auszuarbeiten (§§ 157 S. 2, 218 II InsO).

9. Zu welchem Zeitpunkt darf frühestens ein Insolvenzplan vorgelegt werden?

Gemäß § 218 I 2 InsO darf der Plan frühestens mit dem Antrag auf Eröffnung des Verfahrens vorgelegt werden. Sofern der Plan zu diesem Zeitpunkt bereits ausgearbeitet und mit den Gläubigern abgestimmt ist, kann das Insolvenzverfahren sehr kurz ausfallen (sogenannter *pre-packaged plan*).

10. Aus welchen Teilen besteht der Plan? Was findet sich in ihnen geregelt?

Der Insolvenzplan besteht aus drei Teilen, § 219 InsO: Dem darstellenden Teil, dem gestaltenden Teil und den Planungsrechnungen und sonstigen Plananlagen (§§ 229, 230 InsO).

Der Inhalt des darstellenden Teils wird durch § 220 InsO vorgegeben. Dieser Teil dient der Information der Beteiligten. Im gestaltenden Teil wird „festgelegt, wie die Rechtsstellung der Beteiligten durch den Plan geändert werden soll" (§ 221 InsO).

Es werden Gruppen der Gläubiger gebildet. Sie unterscheiden sich in ihrer Rechtsstellung gegenüber dem Schuldner. Vier Gruppen werden in § 222 I Nr. 1 bis Nr. 4 InsO explizit benannt. In den §§ 223 InsO bis 225a InsO werden Details zu diesen vier Gruppen normiert.

Gemäß § 222 II InsO können weitere Gruppen gebildet werden, die sich nicht in ihrer Rechtsstellung, sondern ihren wirtschaftlichen Interessen unterscheiden. So kann unter anderem zwischen Arbeitnehmern, Banken, Lieferanten, Kleingläubigern oder dem Fiskus unterschieden werden. Diese Gruppenbildung bietet sich an, um Unterschieden gerecht zu werden, wie sie beispielsweise innerhalb der großen Gruppe der Insolvenzgläubiger bestehen können §§ 222 I Nr. 2, 38 InsO). Denn innerhalb einer Gruppe sind sämtliche Gläubiger gleich zu behandeln, es sei denn alle Gläubiger dieser Gruppe stimmen der unterschiedlichen Behandlung zu (§ 226 II 1 InsO).

Vor dem Hintergrund der Abstimmung über den Plan, bei der es darauf ankommt, dass die Mehrheit der abstimmenden Gruppen dem Plan mit den erforderlichen Mehrheiten zustimmt (§§ 244 I, 245 I Nr. 3 InsO), kommt der Gruppenbildung ein hohes strategisches Gewicht zu.

Das Gleichbehandlungsgebot des § 226 InsO bezieht sich nur auf die Gläubiger innerhalb der jeweiligen Gruppe.

11. Welche Mehrheiten sind nötig, damit ein Insolvenzplan angenommen wird?

Die Annahme eines Insolvenzplans bedarf einer doppelten Mehrheit: Gemäß § 244 I Nr. 1 InsO ist eine Mehrheit nach Köpfen und gemäß § 244 I Nr. 2 InsO außerdem eine Summenmehrheit der Ansprüche gefordert.

Die Abstimmung über den Plan erfolgt in Gruppen (§ 243 InsO). Sie werden nach § 222 InsO gebildet.

12. Um was handelt es sich bei dem sogenannten „Obstruktionsverbot"?

Nach § 245 InsO wird die Zustimmung einer Abstimmungsgruppe unter bestimmten Umständen fingiert. Damit soll verhindert werden, dass einzelne Gläubiger obstruieren, das heißt sich quer stellen oder sich ihre Zustimmung teuer abkaufen lassen. Vor Ersetzung der Zustimmung müssen kumulativ drei Voraussetzungen erfüllt sein: (1) keine Schlechterstellung gegenüber der Situation ohne Plan, (2) eine angemessene Beteiligung am Wert, wie sie in § 245 II InsO näher beschrieben wird, und (3) die Zustimmung der Mehrheit der Gruppen.

Vorbild für das Obstruktionsverbot ist das „*cram-down*" im US-amerikanischen Sanierungsverfahren nach Chapter 11 des Bankruptcy Codes.[2]

Für die nachrangigen Gläubiger gilt ergänzend § 246 InsO.

13. Welchem Zweck dient die Regelung des § 264 InsO?

In einem Insolvenzplan vorgesehene Kredite erhalten in einem Folgeinsolvenzverfahren den Rang von Masseforderungen.[3] Die Kredite werden als Rahmenkredite bezeichnet.

14. Wie endet das Planverfahren?

Wenn die Gläubiger und der Schuldner dem Plan zugestimmt haben, bedarf der Plan der Zustimmung des Schuldners, § 247 InsO, da dessen Mitwirkung bei der Realisierung des Plans notwendig ist.

Weiter bedarf der Plan der Bestätigung durch das Insolvenzgericht (§§ 248 ff. InsO). Die Bestätigung erfolgt durch Beschluss (§ 252 I InsO).

Im Rahmen der Bestätigung können einzelne Gläubiger einen Minderheitenschutzantrag nach § 251 InsO auf Versagung der Bestätigung stellen. Um den Plan nicht über Gebühr zu gefährden, sieht § 251 InsO strenge Voraussetzungen für einen Minderheitenschutzan-

2 Vgl. dazu *Herweg*: Das Obstruktionsverbot bei der Unternehmenssanierung, Köln 2004.
3 Vgl. auch §§ 265, 266 InsO.

trag vor Diese sind: Widerspruch gegen den Plan spätestens im Abstimmungstermin nach § 251 I Nr. 1 InsO, Glaubhaftmachung der Schlechterstellung (§ 251 I Nr. 2, II InsO, § 294 ZPO). Zudem ist der Antrag abzuweisen, wenn im Plan Mittel für eine Gleichstellung des Gläubigers bereitgestellt wurden.

Nach Rechtskraft des Bestätigungsbeschlusses erfolgt die Aufhebung des Insolvenzverfahrens durch das Insolvenzgericht (§ 258 I InsO).

15. Welche Rechtsmittel gibt es gegen den Plan?

Rechtsmittel gegen den Beschluss des Insolvenzgerichts ist die sofortige Beschwerde (§§ 253 I, § 6 InsO, §§ 567 ff. ZPO). Die Beschwerdemöglichkeit wird dadurch eingegrenzt, dass der Beschwerdeführer die Voraussetzungen des § 253 II InsO erfüllen muss (Widerspruch und Abstimmung gegen den Plan, Glaubhaftmachung einer wesentlichen Schlechterstellung (das heißt mehr als 10%), die nicht durch den Mittelfonds ausgeglichen werden kann).

Im Interesse baldiger Rechtskraft weist das Landgericht nach § 253 IV 1 InsO die Beschwerde auf Antrag des Insolvenzverwalters unverzüglich zurück, wenn das alsbaldige Wirksamwerden des Insolvenzplans vorrangig erscheint, weil die Nachteile einer Verzögerung des Planvollzugs nach freier Überzeugung des Gerichts die Nachteile für den Beschwerdeführer überwiegen (Freigabeverfahren). Der Beschwerdeführer hat dann nach § 253 IV 3 InsO Anspruch auf Schadensersatz.

16. Was geschieht mit dem Anteil der Forderung eines Insolvenzgläubigers, die nicht im Planverfahren befriedigt wird?

Gemäß § 227 I InsO wird der Schuldner von seinen restlichen Verbindlichkeiten gegenüber den Insolvenzgläubigern befreit,[4] es sei denn, der Plan sieht etwas anderes vor. Dies ist eine signifikante Abweichung von § 201 InsO, demgemäß die Insolvenzgläubiger ihre verbleibenden Forderungen nach der Aufhebung des Insolvenzverfahrens weiterhin geltend machen können und nach § 201 II 1 InsO unter Umständen sogar sogleich aus einem vollstreckbaren Titel vollstrecken können.[5] § 227 InsO unterstreicht die Eignung des Planverfahrens für den Erhalt eines Unternehmens.

Für einen Schutz des Schuldners vor Nachzüglern sorgen die mit dem ESUG eingeführten §§ 259a, 259b InsO. Umstritten ist, ob eine Ausschlussklausel für Nachzügler wirksam ist.[6]

4 Mit einer Ausnahme für Geldstrafen in § 225 III InsO.

5 Vgl. § 201 II 1 InsO: „Die Insolvenzgläubiger, deren Forderungen festgestellt und nicht vom Schuldner im Prüfungstermin bestritten worden sind, können aus der Eintragung in die Tabelle wie aus einem vollstreckbaren Urteil die Zwangsvollstreckung gegen den Schuldner betreiben."

6 Für die Wirksamkeit von Ausschlussklauseln nach ESUG, vgl. AG Hamburg, BeckRS 2014, 13309; BAG, NZI 2013, 1076.

17. Worum handelt es sich beim sogenannten ESUG?

Das „Gesetz zur weiteren Erleichterung der Sanierung von Unternehmen" (ESUG) trat zum 1.3.2012 in Kraft. Es hatte zum Ziel, die Insolvenzordnung und einige andere Gesetze sanierungsfreundlicher zu gestalten.

18. Was wurde im Rahmen des ESUG am Planverfahren geändert?

Das ESUG brachte kürzere Fristen im Interesse einer Beschleunigung des Verfahrens (§§ 231 I 2, 232 III 2 InsO), die Fiktion der Zustimmung der Anteilseigner zum Plan, sofern sie sich nicht an der Abstimmung beteiligen (§ 246a InsO) und die Einschränkung der Obstruktionsmöglichkeiten und der Rechtsmittel. Zudem sind Eingriffe in die Rechte der Anteilseigner inzwischen auch gegen den Willen der bisherigen Gesellschaften möglich. Zu diesem Zweck wurden die §§ 217 S. 2, 222 I Nr. 4, 225a und 246a InsO in die Insolvenzordnung aufgenommen. Auch der Umgang mit Nachzüglern wurde normiert (§§ 259a, 259b InsO).

19. Welcher Anteil an Insolvenzverfahren wird als Planverfahren abgewickelt?

Weniger als 2 % aller Insolvenzverfahren werden als Planverfahren abgewickelt.

Übungsfall 8

Die Eigenverwaltung

Nachdem die Zeit mit Frau Simon nicht ausgereicht hatte, auch die Eigenverwaltung zu besprechen, kommt Herr Dr. Glas am nächsten Freitag wiederum in die Kanzlei. Er hat diesmal die folgenden Fragen mitgebracht:

1. Wo findet sich die Eigenverwaltung geregelt?
2. Welchen Zweck erfüllt die Eigenverwaltung?
3. Welcher Anteil an Insolvenzverfahren wird in Eigenverwaltung abgewickelt?
4. Warum ist der Anteil der Eigenverwaltung derart gering?
5. Was wurde durch das SanInsFoG mit Wirkung zum 1.1.2021 an der Eigenverwaltung verändert?
6. Was ist das Besondere am Schutzschirmverfahren?
7. Warum bietet sich die Kombination von Planverfahren und Eigenverwaltung an?
8. Ist die Eigenverwaltung bereits im Eröffnungsverfahren möglich?
9. Welche Aufgaben übernimmt der Schuldner, welche Aufgaben übernimmt der Sachwalter?
10. Welches Insolvenzrecht stand für die Eigenverwaltung Pate?

Lösung

1. Wo findet sich die Eigenverwaltung geregelt?

Die Eigenverwaltung wird in den §§ 270 ff. InsO geregelt.[1]

2. Welchen Zweck erfüllt die Eigenverwaltung?

Die Eigenverwaltung soll den Schuldner zur früheren Antragsstellung motivieren. Dies ist ihr vornehmster Zweck.

Daneben gibt es weitere Argumente, etwa die Nutzbarmachung der Kenntnisse der bisherigen Geschäftsführung, die Vermeidung der Einarbeitungszeit eines Verwalters oder die Verringerung von Aufwand und Kosten, da Sachwalter nur circa 60 % der Vergütung eines Insolvenzverwalters (§ 12 InsVV) erhält, sowie Vorteile bei Konzerninsolvenzen.[2]

3. Welcher Anteil an Insolvenzverfahren wird in Eigenverwaltung abgewickelt?

Nur circa 0,5 %. Da allerdings einige große Verfahren in Eigenverwaltung abgewickelt wurden, genießt sie einen unverhältnismäßig hohen Bekanntheitsgrad. Zu diesen Großverfahren gehört die Insolvenz der Philipp Holzmann AG, der Babcock Borsig AG, der KirchMedia GmbH & Co. KGaA, der AgfaPhoto GmbH und der Ihr Platz GmbH & Co. KG.

Seit dem Inkrafttreten des ESUG im Frühjahr 2012 gibt es einen leichten Anstieg der Verfahren in Eigenverwaltung. So wurden unter anderem die Insolvenzen der Pfleiderer AG, des Suhrkamp Verlages, der IVG Immobilien AG, der centrotherm photovoltaics AG, der DURA Unternehmensgruppe, der Eppe-Drescher Gruppe, der SIAG Industrie GmbH, der Leiser Fabrikations- und Handelsgesellschaft und der Loewe AG in Eigenverwaltung geführt. Die Unternehmen wählten zudem das neue „Schutzschirmverfahren" nach § 270d InsO[3] und damit verbunden einen Insolvenzplan als Einstieg in die Insolvenz.

4. Warum ist der Anteil der Eigenverwaltung derart gering?

Es fehlt das Vertrauen der Gläubiger in die Kompetenz der alten Geschäftsführung („Der Bock würde zum Gärtner."). Auch die Insolvenzrichter üben sich daher in Zurückhaltung.

Da es sich um eine Abweichung von der routinemäßigen Abwicklung handelt, bedeutet ein Verfahren in Eigenverwaltung zudem hohen Aufwand und entsprechend hohe Kosten für die Rechtsberater und Insolvenzverwalter.

1 Vgl. *Zimmermann*, Grundriss des Insolvenzrechts, 11. Aufl. 2018, Rn. 534 ff.
2 *Eidenmüller*, ZHR 2011, 11.
3 Bis zum 1.1.2021 war das Schutzschirmverfahren in § 270b InsO geregelt und zwar ausführlicher als nach dem aktuellen Stand.

Dazu kommt, dass die Eigenverwaltung vor allem bei einer frühzeitigen Antragstellung attraktiv ist, das schlechte Image der Insolvenz potentielle Antragssteller jedoch von einer frühen Antragstellung Abstand nehmen lässt. Die mit dem schlechten Image der Insolvenz verbundenen indirekten Insolvenzkosten (Abspringen von Vertragspartnern, etc.) tun ihr Übriges, um Schuldner von dem Antrag auf Eigenverwaltung abzuhalten. Schließlich wird die Insolvenz als persönliches Scheitern gesehen und auch deshalb um jeden Preis vermieden.[4]

5. Was wurde durch das SanInsFoG mit Wirkung zum 1.1.2021 an der Eigenverwaltung verändert?

Die Voraussetzungen an die Eigenverwaltung wurden erhöht. Ein Schuldner muss nun den Katalog des § 270a I InsO abarbeiten und u.a. eine sechsmonatige Finanzplanung vorlegen. Auch muss das Insolvenzverfahren bereits konzeptionell durchdacht sein und der Schuldner sollte weder mit erheblichen Verbindlichkeiten in Rückstand sein noch Offenlegungspflichten verletzt haben, §§ 270a II Nr. 3, 270b II Nr. 3 InsO. Der Schuldner hat im vorläufigen Eigenverwaltungsverfahren auf Antrag die Möglichkeit, Masseverbindlichkeiten zu begründen, § 270c IV InsO.

6. Was ist das Besondere am Schutzschirmverfahren?

Mit dem ESUG wurde im Jahr 2012 das sogenannte Schutzschirmverfahren nach § 270d InsO eingeführt (bis zum 1.1.2021 war das § 270b InsO).

Das Gericht bestimmt, sofern ein Schuldner bei drohender Zahlungsunfähigkeit oder Überschuldung einen Antrag auf Eröffnung des Verfahrens unter Eigenverwaltung gestellt hat, eine Frist von bis zu drei Monaten zur Vorlage eines Insolvenzplans. Der Schuldner muss außerdem eine Bescheinigung vorlegen, aus der hervorgeht, dass er erstens nicht zahlungsunfähig ist und zweitens die angestrebte Sanierung nicht aussichtlos ist (§ 270d I 1 InsO).

Gerade der Insolvenzgrund der drohenden Zahlungsunfähigkeit nach § 18 InsO ermöglicht nur dem Schuldner die Antragstellung, nicht hingegen den Gläubigern. Dieser Umstand bietet dem Schuldner die Chance, gemeinsam mit den größten Gläubigern einen sogenannten „pre-packaged"-Plan zu erarbeiten. Dieser Plan kann dann nach Eröffnung des Verfahrens sehr schnell in Kraft gesetzt und das Insolvenzverfahren beendet werden.

Gemäß § 270d III InsO hat das Insolvenzgericht auf Antrag des Schuldners Maßnahmen nach § 21 II 1 Nr. 3 InsO anzuordnen, das heißt Maßnahmen der Zwangsvollstreckung gegen den Schuldner zu untersagen. Damit wird ein „Schirm" über den Schuldner gespannt, der ihn vor dem Zugriff der Gläubiger schützt. Dem Schuldner wird eine Atempause gewährt, in der er einen Insolvenzplan ausarbeiten kann. Die Gläubiger werden aufgrund der Alternative eines Insolvenzverfahrens geneigt sein, auf einen Teil ihrer Forderungen zu verzichten.

4 Anders zum Beispiel in den USA, wo ein starker Akzent auf dem „fresh start" liegt.

Nach § 270c IV InsO kann der Schuldner zur Eingehung von Masseverbindlichkeiten ermächtigt werden. Dies ist wichtig, da häufig Liquiditätsbedarf für die Fortführung des Geschäftsbetriebs besteht. Gelingt die Fortführung, kann das Massedarlehen zurückgezahlt und gleichzeitig für alle Beteiligten Wert gesichert werden, da der Wert eines fortgeführten Unternehmens in aller Regel ein Vielfaches seines Zerschlagungswert beträgt.

7. Warum bietet sich die Kombination von Planverfahren und Eigenverwaltung an?

Im Planverfahren wird häufig reorganisiert. Dafür darf das Unternehmen noch nicht völlig heruntergewirtschaftet sein, das heißt der Schuldner muss den Antrag auf Insolvenz frühzeitig gestellt haben. Dem dient wiederum die Eigenverwaltung.

8. Ist die Eigenverwaltung bereits im Eröffnungsverfahren möglich?

Ja. Seit 2012 ist die vorläufige Eigenverwaltung möglich. Zum 1.1.2021 wurde die vorläufige Eigenverwaltung grundlegend reformiert. Der Schuldner muss nach § 270a InsO mit dem Antrag auf Eigenverwaltung umfassende Informationen und Planungen vorlegen. Unter anderem muss der Schuldner über ausreichend Liquidität für sechs Monate verfügen, § 270a I Nr. 1 InsO. Dabei können auch neu aufzunehmende Darlehen berücksichtigt werden. Das Gericht ordnet die vorläufige Eigenverwaltung an, wenn diese Eigenverwaltungsplanung nach § 270a InsO vollständig und schlüssig und keine Umstände bekannt sind, aus denen sich ergibt, dass die Eigenverwaltungsplanung in wesentlichen Punkten auf unzutreffenden Tatsachen beruht, § 270b I 1 InsO. Ist der Schuldner mit Zahlungen gegenüber Arbeitnehmern in Verzug oder mit Zahlungen gegenüber Pensionszusagen, dem Steuerschuldverhältnis, gegenüber Sozialversicherungsträgern oder Lieferanten erheblich in Verzug oder gibt es andere Unregelmäßigkeiten, erfolgt die Anordnung der vorläufigen Eigenverwaltung nur im Ausnahmefall, § 270b II InsO.

Das Insolvenzgericht wird dem Schuldner kein allgemeines Verfügungsverbot nach § 21 II 1 Nr. 2 Alt. 1 InsO auferlegen und nur im Ausnahmefall einen Zustimmungsvorbehalt anordnen (§§ 270c II 2, 270b I 2, 21 II Nr. 2 Alt. 2 InsO).

An die Stelle des vorläufigen Insolvenzverwalters tritt ein vorläufiger Sachwalter.

9. Welche Aufgaben übernimmt der Schuldner, welche Aufgaben übernimmt der Sachwalter?

Der Schuldner kann gemäß § 279 S. 1 InsO Erfüllung oder Nichterfüllung nach Maßgabe der §§ 103 ff. InsO wählen. Der Schuldner übernimmt hier Aufgaben des Insolvenzverwalters und füllt damit eine doppelte Rolle aus: Zum einen ist er Schuldner, zum anderen Treuhänder der Gläubiger. Er erstellt die Verzeichnisse und verwertet die Massegegenstände, an denen Absonderungsrechte bestehen (§§ 151–153 InsO, § 282 InsO).

Verbindlichkeiten, die nicht zum gewöhnlichen Geschäftsbetrieb gehören, soll der Schuldner nur mit Zustimmung des Sachwalters eingehen (§ 275 InsO). Ein Verstoß gegen diese Vorschrift wirkt sich nicht auf die Wirksamkeit der Verpflichtung aus. Das Insolvenzgericht kann allerdings einen Zustimmungsvorbehalt anordnen, § 277 InsO.

Der Sachwalter übernimmt gemäß § 280 InsO die Anfechtung (§§ 129 ff. InsO), die Inanspruchnahme der Gesellschafter (§ 93 InsO) sowie die Haftung wegen eines Gesamtschadens, die insbesondere die Haftung wegen Insolvenzverschleppung gegenüber den Altgläubigern betrifft (§ 92 InsO).[5] Damit soll Interessenkonflikten Rechnung getragen werden, die den Schuldner von der Geltendmachung von Haftungs- oder Anfechtungsansprüchen abhalten könnten.

10. Welches Insolvenzrecht stand für die Eigenverwaltung Pate?

Das Reorganisationsverfahren nach Chapter 11 des Bankruptcy Codes in den USA. Dort gibt es den sogenannten debtor-in-possession. Die Geschäftsführung des insolventen Unternehmens bleibt verfügungsbefugt, handelt nun aber treuhänderisch gebunden für die Gläubiger (in-possession).

5 Vgl. Übungsfall 6.

Übungsfall 9

Die Konzerninsolvenz

Bereits vor der Beratung zu Eigenverwaltung und Planverfahren hatte Frau Rechtsanwältin Simon, die langjährige Beraterin von Herrn Dr. Glas, auf ihrer Agenda, sich zu den Änderungen zum Konzerninsolvenzrecht zu informieren (§§ 3a ff. InsO, 269a ff., 270d InsO).

Das Thema interessiert sie sehr; sie wittert neues Geschäft. Die Vorlesung Aktienrecht liegt allerdings schon etliche Jahre zurück und sie hatte in letzter Zeit nur wenig mit Konzernrecht zu tun. Frau Simon notiert daher ihre Fragen und ruft dann ihren Referendar Felix Xerox ins Zimmer. Mit den Worten „Herr Xerox, ich habe hier schon wieder eine Aufgabe zu Ihrer Ausbildung." übergibt sie ihm die folgenden Fragen:

1. Was ist ein Konzern?
2. Welche Schwierigkeiten ergeben sich in der Insolvenz von Konzernen? Betrachten Sie hierzu das Schaubild eines Konzerns auf der folgenden Seite und analysieren Sie insbesondere
   a) welche Auswirkungen eine Insolvenz des Darlehensnehmers auf den Konzern als Ganzes haben könnte, und
   b) welche Gerichte für die Insolvenzverfahren der einzelnen Gesellschaften jeweils zuständig sind?
3. Warum hat die Konzerninsolvenz besonders große Relevanz?
4. Wie lässt sich die Konzerninsolvenz in den Griff bekommen und wie finden sich die nötigen Instrumente in der InsO wieder?
5. Wie ist die Rechtslage zur Konzerninsolvenz auf europäischer Ebene?

Schaubild eines Konzerns

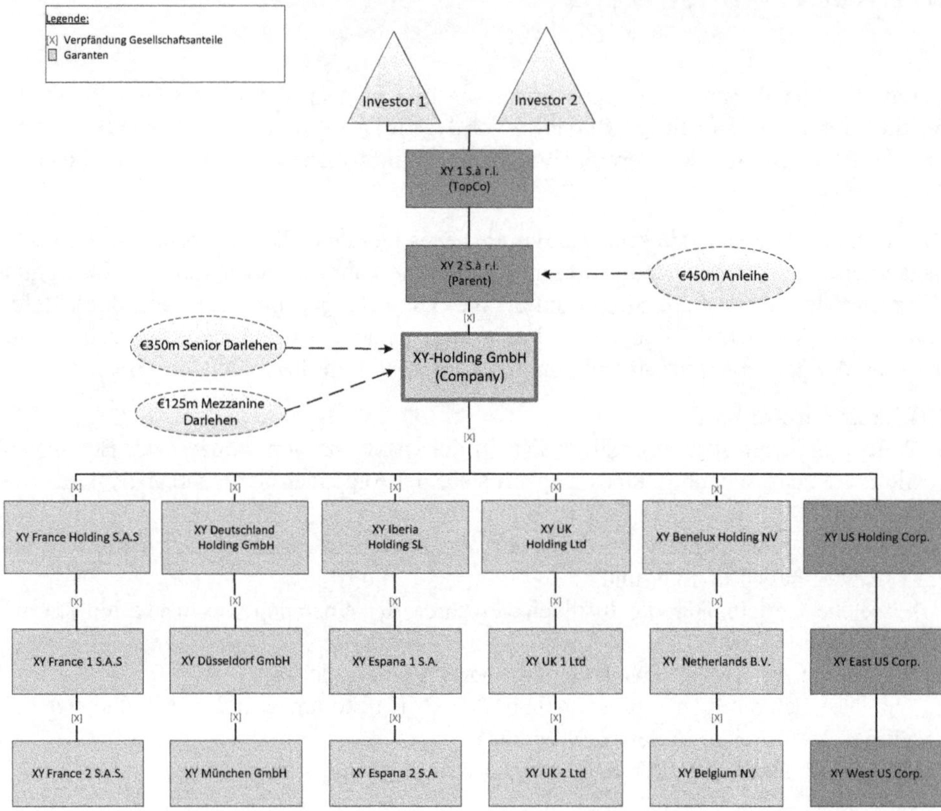

Lösung

1. Was ist ein Konzern?

Ein Konzern ist die Zusammenfassung rechtlich selbstständiger, wirtschaftlich zusammengehöriger Unternehmen. § 18 AktG hält eine Definition bereit. Sie ist rechtsformneutral:

§ 18 AktG

(1) Sind ein herrschendes und ein oder mehrere abhängige Unternehmen unter der **einheitlichen Leitung** des herrschenden Unternehmens zusammengefaßt, so bilden sie einen Konzern; die einzelnen Unternehmen sind Konzernunternehmen. Unternehmen, zwischen denen ein Beherrschungsvertrag (§ 291) besteht oder von denen das eine in das andere eingegliedert ist (§ 319), sind als unter einheitlicher Leitung zusammengefaßt anzusehen. Von einem **abhängigen Unternehmen** wird vermutet, daß es mit dem herrschenden Unternehmen einen Konzern bildet.

(2) Sind rechtlich selbstständige Unternehmen, ohne daß das eine Unternehmen von dem anderen abhängig ist, unter **einheitlicher Leitung** zusammengefaßt, so bilden sie auch einen **Konzern**; die einzelnen Unternehmen sind Konzernunternehmen.

§ 18 I AktG regelt den Unterordnungskonzern, § 18 II AktG regelt den Gleichordnungskonzern. Der Terminus „unter der einheitlichen Leitung“ ist ein unbestimmter Rechtsbegriff und wird im Gesetz nicht definiert. Einheitliche Leitung liegt im Fall der Zusammenfassung von Unternehmen unter einer Planungseinheit vor, die mindestens einen der zentralen Entscheidungsbereiche wie Logistik, Finanzen, Personal, Produktion betrifft.

Im weiteren Sinne kann das Recht der verbundenen Unternehmen im Sinn der §§ 15 ff. AktG als Konzernrecht bezeichnet werden. Die §§ 15 ff. AktG definieren die verschiedenen Formen der Unternehmensverbindung (Mehrheitsbeteiligung, Abhängigkeit, Konzern, wechselseitige Beteiligung).

Die §§ 291 bis 393 AktG, das Dritte Buch des AktG, regeln die verbundenen Unternehmen (sogenanntes materielles Konzernrecht). Hier wird zwischen Vertragskonzernen und faktischen Konzernen unterschieden. Bei einem Vertragskonzern wird die einheitliche Leitung durch Unternehmensverträge (Beherrschungs- und Gewinnabführungsvertrag, § 291 AktG) vereinbart. Bei einem faktischen Konzern fehlt ein Beherrschungsvertrag, doch es liegt faktisch eine einheitliche Leitung vor (§§ 311–318 AktG). Auch bei einem faktischen Konzern sieht das Gesetz Schranken der Einflussnahme des herrschenden Unternehmens vor.

Die §§ 319 bis 327 AktG regeln die Eingliederung. Das damit verbundene Weisungsrecht (§ 323 AktG) geht über dasjenige eines Beherrschungsvertrags hinaus.

2. Welche Schwierigkeiten ergeben sich in der Insolvenz eines Konzerns?

a) Auswirkungen auf den Konzern als Ganzes

Die Insolvenz einer Konzerngesellschaft, insbesondere von Gesellschaften, die oben im Konzern angesiedelt sind (Muttergesellschaften, Holdings), zieht schnell die Insolvenz weiterer Konzerngesellschaften nach sich. Dies kann die Fortführung des restlichen Konzerns erschweren oder unmöglich machen.

Die gilt umso mehr, wenn wie in der Praxis üblich, mehrere Konzerngesellschaften die Rückzahlung der Verbindlichkeiten garantiert haben und Sicherheiten über ihr Vermögen bestellt wurden. Mit Einfordern der Garantie durch die Gläubiger werden auch diese Konzerngesellschaften mit hoher Wahrscheinlichkeit insolvent.

b) Schwierigkeiten hinsichtlich der Zuständigkeit des Insolvenzgerichts

Aufgrund der rechtlichen Eigenständigkeit der einzelnen Gesellschaften wird für jede insolvente Gesellschaft des Konzerns ein eigenes Insolvenzverfahren eröffnet.[1] Dies führt regelmäßig zur Zuständigkeit unterschiedlicher Insolvenzgerichte, unter Umständen in verschiedenen Jurisdiktionen. Sowohl § 3 I InsO als auch Art. 3 I EuInsVO stellen für jede einzelne Gesellschaft auf den Mittelpunkt ihrer wirtschaftlichen Tätigkeit ab.

c) Schwierigkeiten hinsichtlich der Person des Insolvenzverwalters

Aufgrund der rechtlichen Eigenständigkeit der einzelnen Gesellschaften wird für jede insolvente Gesellschaft des Konzerns ein eigenes Insolvenzverfahren eröffnet. Dies führt im Grundsatz zur Bestellung verschiedener Verwalter.

d) Weitere Fragen, die sich in der Konzerninsolvenz stellen

Die Feststellung der Insolvenzgründe wird erschwert (unter anderem bei Patronatserklärungen der Muttergesellschaft).

Bei einem Vertragskonzern wirkt sich die Verfahrenseröffnung auf die Unternehmensverträge (Beherrschungs- und Gewinnabführungsvertrag) aus. Die Verträge können mit Verfahrenseröffnung aus wichtigem Grund gekündigt werden bzw. enden nach teilweiser Auffassung (h.M. zur Konkursordnung) automatisch.[2]

Der interne Leistungsaustausch kann gemäß den §§ 129 ff. InsO angefochten werden. Die Wertschöpfungskette kann daher nicht immer aufrechterhalten bleiben.

Die Verlustausgleichsverpflichtung des herrschenden Unternehmens nach § 302 AktG endet erst mit der Eröffnung des Insolvenzverfahrens über das anhängige Unternehmen.

1 Insbesondere ist ein Konzern keine GbR.
2 *Hirte*, in Uhlenbruck, 15. Aufl. 2019, § 11 Rn. 397 f.

Die Insolvenz zeigt auch Auswirkungen auf das Cash-Pooling, wie es häufig im Rahmen eines Konzerns besteht, insbesondere können erbrachte Zahlungen angefochten werden. Zudem ist es für die Tochtergesellschaften u.U. nicht länger möglich, Zahlungen an die Muttergesellschaft zu leisten ohne gegen die Kapitalerhaltungspflicht in § 30 I GmbHG zu verstoßen.

Sofern der Konzern Gesellschaften in mehreren Staaten hat, können unterschiedliche Jurisdiktionen von der Insolvenz betroffen sein. Unterschiedliche Insolvenzregimes kommen zur Anwendung. Zudem müssen Qualifikationsfragen geklärt werden, insbesondere muss zwischen gesellschaftsrechtlicher und insolvenzrechtlicher Qualifikation abgegrenzt werden.

3. Warum hat die Konzerninsolvenz besonders große Relevanz?

Es handelt sich häufig um sehr große Unternehmen. Konzernförmig organisierte Unternehmen stehen für einen Umsatzanteil von 70 % und einen Beschäftigtenanteil von 53 %.[3]

4. Wie lässt sich die Konzerninsolvenz in den Griff bekommen und wie finden sich die nötigen Instrumente in der InsO wieder?

a) Zuständigkeit eines Insolvenzgerichts für die gesamte Gruppe

Denkbar ist es, dass ein einziges Insolvenzgericht für die Insolvenzverfahren aller Konzerngesellschaften zuständig ist. Man könnte das zuständige Gericht nach dem wirtschaftlichen Schwerpunkt der Mutter bestimmen. Dieser ist aber unter Umständen schwer und nicht eindeutig festzustellen. Stattdessen könnte auf den Ort abgestellt werden, an dem die erste Konzerngesellschaft einen Antrag auf Eröffnung des Insolvenzverfahrens gestellt hat (Prioritätsprinzip). Der deutsche Gesetzgeber hat sich für einen Gruppengerichtstand und Verweisungsmöglichkeiten entschieden (siehe die §§ 3a ff. InsO). Die Insolvenzverfahren können bei dem Insolvenzgericht konzentriert werden, bei dem der erste Insolvenzantrag gestellt worden war. Weichen die Antragstellungen voneinander ab, kann das angerufene Gericht das Verfahren an das Gericht des Gruppen-Gerichtsstands verweisen (§ 3b InsO).

b) Ernennung eines Insolvenzverwalters für die gesamte Gruppe

Hilfreich ist es, wenn derselbe Insolvenzverwalter für alle Konzerngesellschaften bestellt würde. Häufig wurde bereits in der Vergangenheit nur ein Verwalter, beziehungsweise mehrere Verwalter aus derselben Kanzlei für die einzelnen Konzerngesellschaften bestellt.

§ 56b InsO sieht im Rahmen der Verwalterbestellung die Möglichkeit der Bestellung derselben Person für alle insolventen Gruppengesellschaften vor. Dabei ergibt sich das

3 www.bmjv.de/SharedDocs/Archiv/DE/Kurzmeldungen/2013/20130828_Gesetzentwurf_zum_Konzerninsolvenzrecht_vom_Kabinett_beschlossen.html?nn=4795612%22 (abgerufen am 14.8.2014).

Problem der Unabhängigkeit des Insolvenzverwalters, die § 56 I 1 InsO verlangt. Sie ist insbesondere für den Fall von Anfechtungs- oder Haftungsansprüchen der Gruppengesellschaften untereinander wichtig. Eine Möglichkeit, die Unabhängigkeit sicherzustellen, ist die Ernennung von Sonderinsolvenzverwaltern für spezifische Fragestellungen (siehe auch § 56b I 2 InsO). Idealerweise sollte der Sonderinsolvenzverwalter nicht aus derselben Kanzlei wie der Insolvenzverwalter kommen, auch wenn es aus Effizienzgründen häufig so gehandhabt wird, dass Kanzleikollegen des Insolvenzverwalters zu Sonderinsolvenzverwaltern ernannt werden.

Beispiel einer Konzerninsolvenz: Klaus Hubert Görg wurde zunächst als Insolvenzverwalter der Muttergesellschaft Arcandor AG, als auch der Tochtergesellschaften Karstadt Warenhaus GmbH, Quelle GmbH und Primondo GmbH bestellt. Im weiteren Verlauf wurden verschiedene Mitarbeiter der Sozietät Görg zu Insolvenzverwaltern von Arcandor Konzerngesellschaften bestellt.

c) Verfahrensmäßige Koordinierung und Konzentration der Insolvenzverfahren

Bei der verfahrensmäßigen Koordinierung erfolgt die Abwicklung für jeden Rechtsträger in einem gesonderten Verfahren. Die verschiedenen Gerichte und Verwalter sollen jedoch zusammenarbeiten. Es werden Koordinationspflichten für Gerichte und Verwalter vorgesehen und die Verfahren werden in einem gewissen Ausmaß auf wenige Verwalter und Gerichte konzentriert.

Die Verwalter sollen sich an die Gläubigerversammlung der anderen Verfahren wenden dürfen und zum Beispiel Abwicklungsvorschläge unterbreiten dürfen.

Für die Koordinierung spricht die Mehrung der Haftungsmasse durch aufeinander abgestimmte Verwertung und reduzierte Verfahrenskosten.[4]

Diesen Weg hat der deutsche Gesetzgeber gewählt. Mit den §§ 269a ff. InsO wurde 2018 ein neuer Regelkomplex in die InsO aufgenommen und die Zusammenarbeit der Verwalter, die Zusammenarbeit der Gläubigerausschüsse, das Koordinationsverfahren, der Koordinationsverwalter und der Koordinationsplan normiert.

d) Substantielle (materielle) Konsolidierung der Insolvenzverfahren

Die Möglichkeiten einer Regelung der Konzerninsolvenz gehen über die verfahrensmäßige Koordinierung und die Konzentration von Zuständigkeiten und Verwaltern hinaus. So ist es denkbar, die Verfahren substantiell zu konsolidieren.

Im Fall der substantiellen Konsolidierung betrachtet man den Konzern als ein einziges Unternehmen, für dessen Insolvenz ein Gericht zuständig ist und ein Verwalter bestellt wird.

Dafür spricht, dass es sich bei einem Konzern wirtschaftlich häufig um ein großes Unternehmen handelt, das lediglich aus mehreren rechtlichen Einheiten besteht.

---

4 Vgl. *Eidenmüller/Frobenius*, Beilage zu ZIP 22/2013, 1, 3.

Gegen eine substantielle Konsolidierung spricht jedoch der Grundsatz der juristischen Person und damit der Haftungsbeschränkung jeder einzelnen Konzerngesellschaft. Zudem benachteiligt es die Gläubiger einer zahlungskräftigeren Gesellschaft des Konzerns, wenn deren Insolvenzquote durch die Verbindlichkeiten der zahlungsschwächeren Konzerngesellschaften geschmälert wird. Weiter ist zu beachten, dass die Haftungstrennung bereits lange vor der Insolvenz eine Anreizfunktion für die Kreditvergabe hat. Eine Bank kann das Risiko besser kalkulieren, wenn sie sich nur einer Gesellschaft gegenübersieht.

Aufgrund dieser Kritikpunkte sieht der im Jahr 2010 vorgestellte Teil 3 des UNCITRAL Legislative Guide on Insolvency Law eine substantielle Konsolidierung nur im Fall von Vermögensvermischung oder betrügerischen Aktivitäten vor.[5] Diese Ausnahmefälle (Vermögensvermischung oder betrügerische Aktivitäten) werden grds. bereits durch Richterrecht und die Regelungen zum Rechtsmissbrauch erfasst.[6]

Der deutsche Gesetzgeber hat sich gegen eine substantielle Konsolidierung entschieden.

e) Verfahrensmäßige Konsolidierung der Insolvenzverfahren

Einen weiteren Weg schlagen *Eidenmüller/Frobenius* vor. Bei der verfahrensmäßigen Konsolidierung handelt es sich um ein einheitliches Verfahren über alle Konzerngesellschaften, bei dem jedoch die Haftungsmassen getrennt bleiben.[7]

In diese Richtung geht das Gruppen-Koordinationsverfahren (siehe §§ 269d ff. InsO).

f) Zusammenfassung

Die Vorschriften zur Konzerninsolvenz wurden mit Wirkung zum 21.4.2018 Teil der Insolvenzordnung. Dabei geht es um folgende Punkte:

- Allgemeine Kooperationsrechte und Kooperationspflichten, §§ 269a ff. InsO.
- Ein besonderes Koordinationsverfahren, §§ 269d ff. InsO.
- Die Einführung eines Konzerngerichtsstands, §§ 3a ff. InsO.
- Eine einheitliche Verwalterbestellung, § 56b InsO.

5. Wie ist die Rechtslage zur Konzerninsolvenz auf europäischer Ebene?

Konzerne sind häufig international tätig. Sie sind damit ein Hauptanwendungsfall für die Vorschriften des internationalen Insolvenzrechts.

Die EuInsVO (VO Nr. 2015/848) enthält in den Artikeln 56 – 77 Koordination- und Informationspflichten der Insolvenzverwalter, der Insolvenzgerichte, sowie zwischen Insolvenzverwaltern und Insolvenzgerichten. Obwohl die EuInsVO bereits 2017 in Kraft trat, folgt sie dem Vorbild des deutschen Regierungsentwurfs zur Konzerninsol-

5 www.uncitral.org/pdf/english/texts/insolven/Leg-Guide-Insol-Part3-ebook-E.pdf (14.8.2014).
6 Vgl. *Eidenmüller/Frobenius*, Beilage zu ZIP 22/2013, 1, 3.
7 Vgl. *Eidenmüller/Frobenius*, Beilage zu ZIP 22/2013, 1, 3.

venz. Nur aufgrund von Verzögerungen im Gesetzgebungsverfahren traten die deutschen Regelungen erst nach den europäischen Regelungen in Kraft. Entsprechend den deutschen Regelungen wurde auch ein Gruppen-Koordinationsverfahren aufgenommen (siehe Art. 61 ff. EuInsVO). Es fehlt allerdings weitgehend an Möglichkeiten, die Verwalter der einzelnen Verfahren zur Zusammenarbeit zu verpflichten (siehe Art. 64 u. 65 EuInsVO). Auch die Zuständigkeit des zuerst angerufenen Gerichts ist nicht unproblematisch.

Übungsfall 10

EuInsVO und internationales Insolvenzrecht

Die Railways Ltd hat sich auf den Bau von Triebwagen für den Personennahverkehr spezialisiert. Sie ist in London registriert. Dort beschäftigt sie jedoch nur eine einzige Halbtagskraft. Der Verwaltungssitz liegt hingegen in München, die Produktionsstätten sind auf verschiedene osteuropäische Staaten verteilt. Die Frauentürme Münchens stellen das Hintergrundbild der zweisprachig (deutsch/englisch) gestalteten Firmenhomepage dar. Die angegebenen Bankverbindungen betreffen nur Konten bei deutschen Banken. Die Kontaktnummern beginnen sämtlich mit der Vorwahl +49 89. Die allgemeine Kontakt-E-Mail lautet kontakt@railways.de.

Anfang des Jahres 2021 hatte die Pellet GmbH 20 Kupplungssysteme für Zugwagons an die Railways Ltd geliefert. Nachdem die Railways-Ltd das Entgelt in Höhe von insgesamt 50 000 EUR über Monate nicht bezahlt hatte und Maßnahmen der Einzelzwangsvollstreckung fruchtlos geblieben waren, stellte die Pellet GmbH beim Insolvenzgericht (Amtsgericht) München Insolvenzantrag über das Vermögen der Railways Ltd.

a) Ist das Insolvenzgericht München zuständig?
b) Welches Recht ist auf das Insolvenzverfahren anwendbar?
c) Haftet der Director der Ltd möglicherweise nach § 15b InsO?
d) Welche Änderungen ergeben sich, wenn sich dieser Sachverhalt mit der in Delaware registrierten Railways Corporation abgespielt hätte, deren Verwaltungssitz sich ebenfalls in München befindet?
e) Zusatzfrage:[1] Die Railways Ltd hatte nicht ohne Grund die Forderung der Pellet GmbH nicht beglichen. Sie befand sich in einer schwierigen finanziellen Lage. Zinszahlungen auf Kredite und eine von der Railways Ltd ausgegebene Anleihe, die englischem Recht unterliegt, konnten nicht gezahlt werden. Die Railways Ltd erwägt daher, die Verbindlichkeiten aus der Anleihe im Rahmen eines *Scheme of Arrangement* (*Scheme*) zu restrukturieren. Der Director der Railways Ltd fragt Sie nach einigen Eckdaten zum *Scheme*. Insbesondere interessieren ihn der Anwendungsbereich eines *Schemes*, der Ablauf des *Schemes*, sowie die Anerkennung des *Scheme* in Deutschland.

1 Diese Zusatzfrage wurde aufgrund der hohen Praxisbedeutung des *Scheme of Arrangement* für die deutsche und europäische Restrukturierungspraxis aufgenommen. Sie ist nicht klausurrelevant, da sie englisches Recht betrifft.

Auszüge aus der Verordnung (EU) Nr. 2015/848 des Europäischen Parlaments und des Rates vom 20. Mai 2015 über Insolvenzverfahren[2]

DAS EUROPÄISCHE PARLAMENT UND DER RAT DER EUROPÄISCHEN UNION [...] in Erwägung nachstehender Gründe:

(2) Die Union hat sich die Schaffung eines Raums der Freiheit, der Sicherheit und des Rechts zum Ziel gesetzt.

(2) Für ein reibungsloses Funktionieren des Binnenmarktes sind effiziente und wirksame grenzüberschreitende Insolvenzverfahren erforderlich. Die Annahme dieser Verordnung ist zur Verwirklichung dieses Ziels erforderlich, das in den Bereich der justiziellen Zusammenarbeit in Zivilsachen im Sinne des Artikels 81 des Vertrags fällt.

[...]

(88) Gemäß den Artikeln 1 und 2 des dem Vertrag über die Europäische Union und dem Vertrag über die Arbeitsweise der Europäischen Union beigefügten Protokolls Nr. 22 über die Position Dänemarks beteiligt sich Dänemark nicht an der Annahme dieser Verordnung und ist weder durch diese Verordnung gebunden noch zu ihrer Anwendung verpflichtet. –

HABEN FOLGENDE VERORDNUNG ERLASSEN:

Artikel 1 – Anwendungsbereich

(1) Diese Verordnung gilt für öffentliche Gesamtverfahren einschließlich vorläufiger Verfahren, die auf der Grundlage gesetzlicher Regelungen zur Insolvenz stattfinden und in denen zu Zwecken der Rettung, Schuldenanpassung, Reorganisation oder Liquidation

a) dem Schuldner die Verfügungsgewalt über sein Vermögen ganz oder teilweise entzogen und ein Verwalter bestellt wird,
b) das Vermögen und die Geschäfte des Schuldners der Kontrolle oder Aufsicht durch ein Gericht unterstellt werden oder
c) die vorübergehende Aussetzung von Einzelvollstreckungsverfahren von einem Gericht oder kraft Gesetzes gewährt wird, um Verhandlungen zwischen dem Schuldner und seinen Gläubigern zu ermöglichen, sofern das Verfahren, in dem die Aussetzung gewährt wird, geeignete Maßnahmen zum Schutz der Gesamtheit der Gläubiger vorsieht und in dem Fall, dass keine Einigung erzielt wird, einem der in den Buchstaben a oder b genannten Verfahren vorgeschaltet ist.

Kann ein in diesem Absatz genanntes Verfahren in Situationen eingeleitet werden, in denen lediglich die Wahrscheinlichkeit einer Insolvenz besteht, ist der Zweck des Verfahrens die Vermeidung der Insolvenz des Schuldners oder der Einstellung seiner Geschäftstätigkeit.

Die Verfahren, auf die in diesem Absatz Bezug genommen wird, sind in Anhang A aufgeführt.

(2) [...]

Artikel 2 – Begriffsbestimmungen

Für die Zwecke dieser Verordnung bezeichnet der Ausdruck

4. Insolvenzverfahren" ein in Anhang A aufgeführtes Verfahren; [...]

2 Nachfolgerin der Verordnung (EG) Nr. 1346/2000 des Rates vom 29. Mai 2000 über Insolvenzverfahren.

Artikel 3 – Internationale Zuständigkeit

(1) Für die Eröffnung des Insolvenzverfahrens sind die Gerichte des Mitgliedstaats zuständig, in dessen Hoheitsgebiet der Schuldner den Mittelpunkt seiner hauptsächlichen Interessen hat (im Folgenden „Hauptinsolvenzverfahren"). Mittelpunkt der hauptsächlichen Interessen ist der Ort, an dem der Schuldner gewöhnlich der Verwaltung seiner Interessen nachgeht und der für Dritte feststellbar ist.

(2) Bei Gesellschaften oder juristischen Personen wird bis zum Beweis des Gegenteils vermutet, dass der Mittelpunkt ihrer hauptsächlichen Interessen der Ort ihres Sitzes ist. Diese Annahme gilt nur, wenn der Sitz nicht in einem Zeitraum von drei Monaten vor dem Antrag auf Eröffnung des Insolvenzverfahrens in einen anderen Mitgliedstaat verlegt wurde. […]

Artikel 7 – Anwendbares Recht

(1) Soweit diese Verordnung nichts anderes bestimmt, gilt für das Insolvenzverfahren und seine Wirkungen das Insolvenzrecht des Mitgliedstaats, in dessen Hoheitsgebiet das Verfahren eröffnet wird (im Folgenden „Staat der Verfahrenseröffnung").

Lösung

I. Teilfrage a)

Das Insolvenzgericht München wäre zuständig, wenn die deutschen Insolvenzgerichte international für die Eröffnung eines Insolvenzverfahrens über das Vermögen der Railways Ltd zuständig wären und das Insolvenzgericht München innerhalb Deutschlands das örtlich zuständige Insolvenzgericht wäre.

1. Internationale Zuständigkeit der deutschen Insolvenzgerichte

Die internationale Zuständigkeit der deutschen Insolvenzgerichte könnte sich aus Art. 3 I EuInsVO ergeben. Aufgrund des Anwendungsvorrangs des Europarechts sind die §§ 335 InsO insoweit nicht anwendbar.

Exkurs: EuInsVO (VO (EU) Nr. 2015/848). Die EuInsVO regelt das sogenannte internationale Insolvenzrecht und das internationale Insolvenzverfahrensrecht. Das internationale Insolvenzrecht betrifft die Frage nach dem anwendbaren Insolvenzrecht, das internationale Insolvenzverfahrensrecht insbesondere die Frage, welches Insolvenzgericht bei grenzüberschreitenden Insolvenzen zuständig ist (Art. 3 EuInsVO) sowie der Anerkennung von Verfahren (Art. 19 ff. EuInsVO).

Die Brüssel Ia Verordnung (VO (EU) Nr. 1215/2012,[3] welche die Zuständigkeit für Zivil- und Handelssachen regelt, nimmt Insolvenzverfahren aus ihrem Anwendungsbereich aus (vgl. Art. 1 II lit. b) Brüssel Ia: „Konkurse, Vergleiche und ähnliche Verfahren“). Die beiden Verordnungen überschneiden sich damit in ihrem Anwendungsbereich nicht.

Reform der EuInsVO

2015 wurde die EuInsVO reformiert. Die neue EuInsVO gilt, mit wenigen Ausnahmen, für Insolvenzverfahren, die nach dem 26. Juni 2017 eröffnet werden.

Anwendungsbereich: Die neue Verordnung erstreckt den Anwendungsbereich der EuInsVO auf vorläufige Insolvenzverfahren und Verfahren in Eigenverwaltung. Letztlich zählt im Ergebnis jedoch weiterhin (nur), ob ein Verfahren in Annex A aufgeführt ist.

Zuständigkeit: Mit Blick auf die Jurisdiktion wurde die Rechtsprechung des EuGH zum Centre of Main Interest (COMI) in die Verordnung integriert. Der EuGH verlangt objektive und für Dritte feststellbare Kriterien.[4] Auch wurde eine dreimonatige Sperre für die Vermutung eingeführt, dass der Centre of Main Interest am satzungsmäßigen Sitz liegt. Damit soll Forum Shopping verhindert werden.[5] Weiter wurden Prüfungs- und Begründungspflichten des eröffnenden Gerichts eingeführt (Art. 4 EuInsVO). Art. 5 EuInsVO sieht Rechtsmittel auch für Gläubiger vor. Art. 6 EuInsVO statuiert eine Zuständigkeit für Annexklagen.

---

3 Sie ersetzt seit dem 10.1.2015 die VO (EG) Nr. 44/2001 (Brüssel I); häufig auch EuGVVO genannt.
4 EuGH (Eurofood), NZI 2006, 360, 361, Rn. 34; EuGH (Interedil), NZI 2011, 990, Rn. 51 f., EuGH (Rastelli Davide), NZI 2012, 147.
5 Es ist zweifelhaft, ob dies gelingt. So ist eine Verlegung des COMI weiterhin möglich.

Sekundärverfahren: Sekundärverfahren sollen eingedämmt werden. Die Gerichte sollen die Eröffnung von Sekundärinsolvenzverfahren, also von Verfahren, die dem Hauptinsolvenzverfahren die Wirkung auf die Vermögensgegenstände im Staat des Sekundärverfahrens nehmen, verweigern können, die Kooperation von Haupt- und Sekundärverfahren soll verbessert werden und Sekundärverfahren sollen nicht länger zwingend Liquidationsverfahren sein müssen.

Konzerninsolvenzverfahren: Die neue Verordnung sieht zudem Regelungen für die Koordination von Konzerninsolvenzen vor. Wie auch nach dem deutschen Gesetzentwurf, soll es auch auf europäischer Ebene ein weitgehend unverbindliches Gruppen-Koordinationsverfahren geben, in dem ein Koordinator einen Koordinationsplan vorschlägt.

Daneben gibt es Neuerungen beispielsweise hinsichtlich der Vernetzung der Insolvenzregister.

Art. 102c EGInsO: Das Einführungsgesetz zur Insolvenzordnung enthält in Art. 102c zahlreiche Regelungen zur Durchführung der EuInsVO.

a) Anwendungsbereich der EuInsVO

Der Anwendungsbereich der EuInsVO müsste eröffnet sein.

(1) Sachlicher Anwendungsbereich der EuInsVO

Der sachliche Anwendungsbereich der EuInsVO bezieht sich gemäß Art. 1 I EuInsVO auf Gesamtverfahren. Eine genaue Beschreibung der umfassten Verfahren ergibt sich aus Art. 2 Nr. 4 EuInsVO i.V.m. Anhang A der Verordnung. Unter der Rubrik Deutschland wird dort das Insolvenzverfahren aufgeführt. Der sachliche Anwendungsbereich der EuInsVO ist damit eröffnet.

(2) Räumlicher Anwendungsbereich der EuInsVO

Gemäß Art. 288 II 2 AEUV gilt eine Verordnung der EU unmittelbar in jedem Mitgliedsstaat.[6] Die Bundesrepublik Deutschland ist Mitgliedsstaat der Europäischen Union.

(3) Grenzüberschreitender Bezug

Das Erfordernis eines grenzüberschreitenden Bezugs ergibt sich aus dem zweiten Erwägungsgrund der EuInsVO, wonach die effiziente Regelung grenzüberschreitender Insolvenzen erreicht werden soll. Angesichts der Registrierung des Railways Ltd in London und ihres Verwaltungssitzes in München, liegt ein grenzüberschreitender Bezug vor.

b) Zuständigkeit für die Verfahrenseröffnung, Art. 3 EuInsVO

Die Verfahrenseröffnung richtet sich gemäß Art. 3 I 1 EuInsVO nach dem Mittelpunkt der hauptsächlichen Interessen des Schuldners.[7]

---

6 Eine Ausnahme macht ausweislich des Erwägungsgrunds 33 EuInsVO Dänemark.
7 Der sogenannte „center of main interest“ (COMI).

Bei juristischen Personen wird gemäß Art. 3 I 2 EuInsVO bis zum Beweis des Gegenteils vermutet, der Mittelpunkt ihrer hauptsächlichen Interessen sei der Ort des satzungsmäßigen Sitzes. Da die Railways Ltd in London registriert ist, wären englische Gerichte für das Insolvenzverfahren international zuständig.

Die Vermutung des Art. 3 I 2 EuInsVO kann jedoch widerlegt werden. Die Norm lässt den „Beweis des Gegenteils" zu. Gemäß der Entscheidung *Eurofood/Parmalat* des EuGH sind allerdings hohe Anforderungen an die Widerlegung der Vermutung des Art. 3 I 2 EuInsVO zu stellen.[8] Die internationale Zuständigkeit soll vorhersehbar und damit rechtssicher sein. Wie der EuGH in *Interedil* ausgeführt hat,[9] müssen die zugrundeliegenden Tatsachen objektiv und für die Gläubiger erkennbar sein. Es bedarf einer Gesamtbetrachtung, die alle Umstände des Einzelfalls berücksichtigt. Um die Vermutung des Art. 3 I 2 EuInsVO zu widerlegen, müssen neben dem Sitz des Managements und der Ausübung der Kontrolle über das Unternehmen geschäftliche Aktivitäten in dem anderen Mitgliedstaat entfaltet werden.[10]

Vorliegend sprechen zahlreiche Indizien dafür, dass der Mittelpunkt der hauptsächlichen Interessen der Railways Ltd in München liegt. Die Frauentürme Münchens stellen das Hintergrundbild der deutsch/englisch gestalteten Firmenhomepage dar. Die angegebenen Bankverbindungen betreffen nur Konten bei deutschen Banken. Die Kontaktnummern beginnen sämtlich mit der Vorwahl +49 89 und die Kontakt-E-Mail hat die Endung „.de". Die Vermutung des Art. 3 I 2 EuInsVO kann somit widerlegt werden.

Der Mittelpunkt der hauptsächlichen Interessen der Railways Ltd liegt in München.

c) Ergebnis zur internationalen Zuständigkeit

Damit sind die deutschen Insolvenzgerichte für die Verfahrenseröffnung (international) zuständig.

Exkurs: IPR und IZVR in der Klausur.

I. Ebene der **Zulässigkeit** einer Klage vor einem deutschen Gericht

1. Anwendbares Verfahrensrecht (IZVR)

Es gilt hier der Grundsatz der *lex fori*, das heißt, es ist das Verfahrensrecht des Gerichtsstands anwendbar; vor deutschen Gerichten mithin deutsches Verfahrensrecht.

8 EuGH, NZI 2006, 360 ff. (Eurofood/Parmalat).

9 EuGH, DZWIR 2012, 60 (Interedil). Besprochen von *Cranshaw*, DZWIR 2012, 53.

10 EuGH, DZWIR 2012, 60 (Interedil). Der EuGH lässt damit die „mind of management"-Theorie nicht genügen, die auf den Ort der strategischen und sonstigen unternehmensführenden Entscheidungen abstellt. Der EuGH bevorzugt vielmehr die sogenannte „business-activities"-Theorie, die auf die operative, werbende Tätigkeit und damit auf die Umsetzung der von der Unternehmensführung getroffenen Entscheidungen abstellt.

2. Internationale Zuständigkeit (IZVR)

Sie richtet sich nach der EuGVVO, dem LugÜ, der EuInsVO oder auch nach den §§ 12 ff. ZPO.

3. Parteifähigkeit ausländischer Gesellschaften (IPR)

Hier spielen die Sitz- und Gründungstheorie eine Rolle.

II. Ebene der **Begründetheit** einer Klage vor einem deutschen Gericht

Hier stellt sich die Frage des anwendbaren materiellen Rechts.

Das in Rede stehende Rechtsverhältnis muss in einem ersten Schritt als gesellschaftsrechtlich, kapitalmarktrechtlich, deliktsrechtlich, insolvenzrechtlich, etc. qualifiziert werden.

Anschließend kann mit Hilfe einer Kollisionsnorm das anwendbare Recht bestimmt werden. Beispiele sind:

Gesellschaftsrecht ⇒ keine geschriebene Kollisionsnorm; daher Bestimmung des anwendbaren Rechts über die Sitz- und Gründungstheorie.

Deliktsrecht ⇒ Bestimmung des anwendbaren Rechts mit Hilfe der Rom-II-VO.

Insolvenzrecht ⇒ Bestimmung des anwendbaren Rechts über die Art. 4, 3 EuInsVO (COMI); §§ 335 ff. InsO.

2. Regelung der Zuständigkeit in Deutschland

Das in Deutschland örtlich zuständige Gericht richtet sich nach § 3 I InsO. Demnach ist ausschließlich das Insolvenzgericht zuständig, in dessen Bezirk der Schuldner seinen allgemeinen Gerichtsstand hat, sofern nicht der Mittelpunkt einer selbstständigen wirtschaftlichen Tätigkeit des Schuldners an einem anderen Ort liegt, § 3 I 2 InsO. Gemäß § 17 I 1 ZPO wird der allgemeine Gerichtsstand juristischer Personen durch ihren Sitz bestimmt. § 17 ZPO gilt auch für eine englische Limited, deren Rechtsfähigkeit in Deutschland nach der Gründungstheorie beurteilt und damit bejaht wird. Als Sitz gilt gemäß § 17 I 2 ZPO der Ort, wo die Verwaltung geführt wird, es sei denn, es ergibt sich etwas anderes. Dies ist der Fall, wenn der Mittelpunkt einer selbstständigen wirtschaftlichen Tätigkeit des Schuldners an einem anderen Ort liegt, § 3 I 2 InsO.

Vorliegend liegt die Verwaltung der Railways Ltd in München, § 17 I 2 ZPO. Es fehlt an Anhaltspunkten, dass der Mittelpunkt einer selbstständigen wirtschaftlichen Tätigkeit an einem anderen Ort liegt. Örtlich zuständig ist damit das Insolvenzgericht München.[11] Diese örtliche Zuständigkeit des AG München ist eine ausschließliche Zuständigkeit, § 3 I 1 InsO.

11 § 3 I 2 InsO würde nur in den Fällen zu einem anderen Gerichtsstand führen, wenn der Mittelpunkt einer selbstständigen wirtschaftlichen Tätigkeit des Schuldners nicht am Verwaltungssatz liegt.

Exkurs: Gründungs- und Sitztheorie. Während Art. 7 EuInsVO der Bestimmung des auf internationale Sachverhalte anwendbaren Insolvenzrechts dient, kann mithilfe der Gründungs- und Sitztheorie das anwendbare Gesellschaftsrecht bestimmt werden.

In Deutschland fehlt es bislang an einer gesetzlichen Regelung zum Gesellschaftskollisionsrecht. Soweit die Frage nicht in Staatsverträgen geregelt ist, sind daher die ungeschriebenen Kollisionsregeln der Sitz- und Gründungstheorie anzuwenden. Die beiden Theorien spielen in der Zulässigkeit einer Klage zur Klärung der Parteifähigkeit eine Rolle, sowie in der Begründetheit der Klage bei der Bestimmung des anwendbaren Gesellschaftsrechts.

Gründungstheorie: Der Gründungstheorie folgend ist die Rechtsordnung maßgeblich, nach der die Gesellschaft gegründet wurde. Da die Railways Ltd nach englischem Recht wirksam gegründet wurde, wird sie in Deutschland als rechts- und parteifähig anerkannt.

Sitztheorie: Gemäß der Sitztheorie ist der tatsächliche Sitz der Hauptverwaltung maßgeblich. Danach wäre auf die Railways Ltd deutsches Gesellschaftsrecht anwendbar. Da dem deutschen Recht die Rechtsform der Limited fremd ist, würde die Railways Ltd als einzelkaufmännisches Gewerbe oder Personengesellschaft behandelt.

Der BGH folgt für den Bereich der Europäischen Union inzwischen nicht mehr der Sitztheorie, da sie gegen die Niederlassungsfreiheit verstößt. Dies war Gegenstand wegweisender Entscheidungen des EuGH.[12]

3. Ergebnis zur Zuständigkeit des AG München

Das AG München ist als Insolvenzgericht für die Entscheidung über den Insolvenzantrag zuständig.

II. Teilfrage b)

Nach Art. 7 I EuInsVO ist, soweit nicht in den Art. 8 ff. EuInsVO für bestimmte Tatbestände, wie dingliche Rechte Dritter, die Aufrechnung, Arbeitsverträge oder die Anfechtung, ein anderes Recht als anwendbar bestimmt wird, das Insolvenzrecht des Staates der Verfahrenseröffnung maßgeblich (*lex fori concursus*). Da Deutschland Staat der Verfahrenseröffnung ist, ist deutsches Recht auf das Insolvenzverfahren der Railways Ltd anwendbar. Die Ausnahmetatbestände zum Schutz der Gläubiger sind durchaus beachtlich, siehe z.B. Art. 8 EuInsVO, der dingliche Rechte eines Gläubigers der *lex rei sitae* unterwirft.

III. Teilfrage c)

Es war lange umstritten, ob der Director einer Ltd nach § 64 S. 1 GmbHG haftet. Diese Frage entscheidet sich nach der Qualifikation des § 64 S. 1 GmbHG. In Betracht kommen die gesellschaftsrechtliche und die insolvenzrechtliche Qualifikation. Die Qualifi-

---

12 EuGH, NJW 1989, 2186 (Daily Mail); NJW 1999, 2028 (Centros); NJW 2002, 3614 (Überseering); NJW 2003, 3331 (Inspire Art); NJW 2006, 425 (Sevic); NJW 2009, 569 (Cartesio); NJW 2012, 2715 (Vale).

kation ist notwendig, um anschließend die richtige Kollisionsnorm bestimmen zu können. Qualifiziert man § 64 S. 1 GmbHG gesellschaftsrechtlich, sind als (ungeschriebene) gesellschaftsrechtliche Kollisionsnormen die Sitz- und Gründungstheorie einschlägig. Nach der im EU-Raum anzuwendenden Gründungstheorie wäre englisches Gesellschaftsrecht anzuwenden. Qualifiziert man § 64 S. 1 GmbHG dagegen insolvenzrechtlich, ist Art. 7 EuInsVO die einschlägige Kollisionsnorm und die Anwendung der Norm in einem deutschen Insolvenzverfahren wäre möglich.

Der BGH hatte sich mit Vorlagebeschluss vom 2.12.2014 für die insolvenzrechtliche Qualifikation ausgesprochen, dem EuGH jedoch die Frage zur Entscheidung vorgelegt, ob die Haftung für Zahlungen nach Zahlungsunfähigkeit unter das deutsche Insolvenzrecht im Sinn des Art. 7 I EuInsVO (Art. 4 EuInsVO a.F.) fällt.[13] Der EuGH ist der Argumentation des BGH gefolgt.[14]

Da § 64 GmbHG zum 1.1.2021 durch § 15b InsO ersetzt wurde, lässt sich diese Frage nun erst recht eindeutig zugunsten der insolvenzrechtlichen Qualifikation beantworten.

IV. Teilfrage d)

Wenn sich der Sachverhalt mit der in Delaware registrierten Railways Corporation abgespielt hätte, wäre der Anwendungsbereich der EuInsVO nicht eröffnet. Der Anwendungsbereich der EuInsVO ist auf die Europäische Union begrenzt.[15] Es ist daher die Insolvenzordnung zu Rate zu ziehen.

In der InsO findet sich, anders als in Art. 3 EuInsVO, keine explizite Regelung der internationalen Zuständigkeit. Für Verfahren, die nicht in den Anwendungsbereich der EuInsVO fallen, sind die Regelungen zur örtlichen Zuständigkeit in § 3 InsO ebenso zur Bestimmung der internationalen Zuständigkeit heranzuziehen (sogenannter Grundsatz der Doppelfunktionalität).[16] Die internationale Zuständigkeit ergibt sich somit aus § 3 InsO. Demnach ist das Insolvenzgericht des Landes zuständig, in dem der Schuldner seinen allgemeinen Gerichtsstand hat. Der allgemeine Gerichtsstand juristischer Personen wird in § 17 ZPO normiert. Er wird durch ihren Sitz bestimmt. Als Sitz gilt, wenn sich nichts anderes ergibt, der Ort, wo die Verwaltung geführt wird. Die Verwaltung der Railways Corporation wird in München geführt. International zuständig sind damit die deutschen Insolvenzgerichte. In Deutschland ist das Insolvenzgericht München örtlich zuständig.

---

13 BGH, NZI 2015, 85. Zu § 64 II GmbHG a.F., der Vorgängernorm des § 64 S. 1 GmbHG. Auch der § 64 S. 1 GmbHG wurde zum 1.1.2021 durch § 15b InsO ersetzt.

14 EuGH, NJW 2016, 223; siehe zur Zuständigkeit auch EuGH NZI 2015, 88.

15 Anders als im Rahmen der Rom-I-VO und der Rom-II-VO ist der Anwendungsbereich der EuInsVO auf europäische Sachverhalte begrenzt. Die beiden römischen Verordnungen regeln dagegen für die Mitgliedsstaaten der EU das anwendbare Recht auch im Verhältnis zu Drittstaaten wie den USA.

16 Siehe OLG Köln, NZI 2001, 380; AG Düsseldorf NZI 2017, 63.

Das anwendbare Recht ergibt sich aus dem §§ 335 ff. InsO. § 335 InsO stellt, vergleichbar Art. 7 I EuInsVO, auf das Rechts des Staates ab, in dem das Verfahren eröffnet wurde. Da Deutschland für die Eröffnung des Insolvenzverfahrens zuständig ist, ist somit deutsches Insolvenzrecht anwendbar.

V. Teilfrage e)

1. Anwendungsbereich eines Scheme of Arrangement

Bei einem *Scheme of Arrangement* (*Scheme*) handelt es sich um ein vorinsolvenzliches Verfahren des englischen Rechts.[17] Das Verfahren kann ohne Vorliegen eines Insolvenzgrundes eingeleitet werden.

Die Gläubiger, zum Beispiel eines syndizierten Kredits oder einer Anleihe, können mit Mehrheit unter anderem über eine Verlängerung der Fälligkeit ihrer Forderungen oder über eine Verringerung ihrer Forderung beschließen. Der Beschluss bindet dann alle Gläubiger dieser Forderungen. Einzelne Gläubiger, die sich der Sanierung verweigern (*hold-out creditors*), können überstimmt werden („*cram down*"). In Deutschland gab es diese Möglichkeit bis vor kurzem erst nach Insolvenzeröffnung innerhalb eines Planverfahrens,[18] beziehungsweise vor der Insolvenz für nach deutschem Recht begebene Anleihen, die dem Anwendungsbereich des Schuldverschreibungsgesetzes unterfallen.[19] Seit dem 1.1.2021 ist diese Möglichkeit auch in Deutschland außerhalb des Insolvenzverfahrens durch das StaRUG gegeben. Zudem sehen in manchen Fällen die Finanzierungsverträge die Möglichkeit von Mehrheitsentscheidungen der Vertragsparteien vor (allerdings selten für „Money Terms" wie eine Verlängerung der Laufzeit oder Herabsetzung der Forderungen).

In den vergangenen Jahren wurden unter anderem die Unternehmen Rodenstock, Tele Columbus, Primacom und APCOA über ein *Scheme* saniert. Ein Vorteil des *Scheme* liegt aus deutscher Sicht auch darin, dass die negative Publizität eines Insolvenzverfahrens vermieden wird.

Im Ergebnis wird eine Vereinbarung zwischen bestimmten oder allen Klassen von Gläubigern und dem Unternehmen getroffen und durch ein Gericht bestätigt.

2. Ablauf eines Scheme of Arrangement

Auf Anordnung des Gerichts im sogenannten *Convening Hearing* werden ein oder mehrere Treffen der Gläubiger abgehalten. Vergleichbar dem deutschen Insolvenzplanverfahren beschließen die Gläubiger in Klassen. Beschlüsse können mit einer 50 % Kopf- und 75 % Summenmehrheit getroffen werden. Die Anteilseigner müssen eine 75 % Summenmehrheit erreichen. Jeder Gruppe muss dem *Scheme* zustimmen. Weiter bedarf

17 Sec. 895 ff. Companies Act (CA). Vgl. dazu u.a. *Bork*, IILR 2012, 477; *Eidenmüller/Frobenius*, WM 2011, 1210; *Thole*, ZGR 2013, 109; *Carli/Weissinger*, DB 2014, 1474.

18 Vgl. § 245 InsO.

19 Vgl. insbesondere § 5 SchVG (2009). Siehe dazu im Übungsfall 12.

es der Zustimmung des Gerichts im sogenannten *Sanction Hearing*. Das Gericht prüft insbesondere, ob das *Scheme* fair und vernünftig (*fair and reasonable*) ist. Mit der Bestätigung durch das Gericht ist die Vereinbarung für alle Gläubiger der Klassen bindend.[20]

Damit die englischen Gerichte für das *Scheme* zuständig sind, bedarf es entweder der Zuständigkeit nach der EuGVVO, die sich insbesondere aus einer Gerichtsstandvereinbarung nach Art. 24 EuGVVO ergeben kann. Hält man die EuGVVO für nicht anwendbar, ergibt sich die Zuständigkeit nach autonomem englischem Recht und es bedarf einer „*sufficient connection*" zu England, die sich in erster Linie aus der Vereinbarung englischen Rechts ableiten lässt. So wurde im Fall des Parkhausbetreibers APCOA mit einer Zwei-Drittel-Mehrheit der Gläubiger das anwendbare Recht der Kreditverträge von deutschem Recht auf englisches Recht geändert und ein Gerichtsstand in England vereinbart.[21]

3. Anerkennung eines Scheme of Arrangement

Eine intensiv diskutierte Frage ist die Anerkennung des *Scheme* in Deutschland. Kann ein dissentierender Gläubiger seine ursprüngliche Forderung in Deutschland weiterhin einklagen oder muss das deutsche Gericht das *Scheme* anerkennen? Eine Anerkennung über die Art. 16 ff., 25 EuInsVO oder § 343 InsO scheidet aus, denn das *Scheme* ist kein Insolvenzverfahren im Sinne der EuInsVO oder des § 343 InsO.[22] Das *Scheme* unterfällt auch nicht der reformierten EuInsVO. Seit dem Brexit kommt die Anerkennung über Art. 32 EuGVVO ebenfalls nicht mehr in Betracht. Es bleibt die Möglichkeit, dass ein *Scheme* in Deutschland über § 328 ZPO anerkannt wird. Im Fall einer beidseitigen exklusiven Gerichtsstandsvereinbarung kommt eine Anerkennung nach dem 37. Haager Übereinkommen über Gerichtsstandsvereinbarungen vom 30.6.2005 in Betracht, dem Großbritannien mit Wirkung zum 1.1.2021 beigetreten ist.[23] Leichter wird die Anerkennung, wenn das Vereinigte Königreich dem Lugano Abkommen beitritt.[24]

---

20 Sec. 899 (3) CA.

21 Die notwendige Mehrheit für eine solche Änderung des Kreditvertrags ist von dem jeweiligen Kreditvertrag abhängig.

22 BGH, NJW 2012, 2113 (Equitable Life). Vgl. dazu *Cranshaw*, DZWIR, 2012, 223; *Thole*, ZGR 2013, 109. Der BGH hatte die Zuständigkeit englischer Gerichte aufgrund einer ausschließlichen Zuständigkeit für Versicherungssachen nach Art. 8 ff. EuGVVO verneint. Siehe auch OLG Celle, DZWIR 2012, 256; besprochen v. *Nienerza/ Commandeur*, NZG 2009, 1220. Vgl. auch *Eidenmüller/Frobenius*, WM 2011, 1210; *Thole*, ZGR 2013, 109 ff.

23 Die Anerkennung nach dem Haager Abkommen setzt nach Artikel 8 voraus, dass eine beidseitige exklusive Gerichtsstandsvereinbarung getroffen wurde. Diese beidseitige Exklusivität wird bisher selten vereinbart, sondern die Finanzverträge sehen meist lediglich eine einseitige Exklusivität vor.

24 Das Vereinigte Königreich hat im April 2020 den Antrag auf Beitritt gestellt. Der Beitritt bedarf jedoch der Zustimmung aller Vertragsparteien.

Übungsfall 11

Die Privatinsolvenz

Der Geschäftsführer Herr Dr. Glas hatte 2019 folgende Erklärung abgegeben:

> Hiermit verpflichte ich mich gegenüber den Gläubigern der Pellet GmbH, für den Fall, dass die Pellet GmbH ihre Verbindlichkeiten nicht erfüllen kann, diese Verbindlichkeiten selbst zu bezahlen, maximal jedoch bis zu einem Betrag von insgesamt 1 000 000 EUR. Diese Verpflichtung endet automatisch am 31.3.2022.
> 17.9.2019 Dr. Glas

Nachdem das Insolvenzverfahren über das Vermögen der Pellet GmbH eröffnet worden war, traten verschiedene Gläubiger an Herrn Glas heran. Unter anderem wurde er durch das Finanzamt schriftlich aufgefordert, eine Forderung gegen die Pellet GmbH in Höhe von EUR 800 000 zu begleichen. Nachdem Herr Glas im darauf folgenden Schriftverkehr mehrfach geäußert hatte, er könne diese Forderung nicht begleichen, da es ihm an liquiden Mitteln fehle, stellte das Finanzamt Insolvenzantrag über das Vermögen von Herrn Glas wegen Zahlungsunfähigkeit. Das Insolvenzgericht informiert ihn von diesem Antrag mit einem Schreiben mit dem Az. 1501 (Az. … IN …).

Eine weitere Gläubigerin, die Asset GmbH stellte ebenfalls Insolvenzantrag über sein Vermögen und legte im Antrag dar, dass die Verbindlichkeiten der Pellet GmbH das Vermögen des Herrn Glas übersteigen.

Herr Glas bittet Frau Simon um eine kurzfristige Beratung. Er möchte wissen:

Fragen:

1. Wie ist die Erklärung vom 17.9.2019 rechtlich einzuordnen (Bürgschaft, Garantie, Patronat)?
2. Sind die beiden Insolvenzanträge zulässig? Was müssen die Gläubiger dafür darlegen?
3. Welche Rechtsmittel sind möglich?
4. Dürfen die Gläubiger ihre Forderungen sowohl im Insolvenzverfahren der Pellet GmbH als auch im Insolvenzverfahren des Herrn Glas zur Tabelle anmelden?
5. Was ist ein Verbraucherinsolvenzverfahren?
6. Um was handelt es sich bei der Restschuldbefreiung? Umfasst sie alle Forderungen?
7. Für wie viele Jahre muss das pfändbare Vermögen an einen Treuhänder abgetreten werden?
8. Ist die Restschuldbefreiung nur für Verbraucher möglich?
9. Was sind die nächsten Schritte für Herrn Glas?
10. Was müsste Herr Glas veranlassen, wenn er während des Insolvenzverfahrens eine Heraufsetzung des pfändungsfreien Betrags erreichen möchte?

Lösung

1. Wie ist die Erklärung vom 17.9.2019 rechtlich einzuordnen (Bürgschaft, Garantie, Patronat)?

Bei der Erklärung von Herrn Glas handelt es sich um eine Patronatserklärung (*letter of comfort*), zur Verbesserung der Kreditwürdigkeit der Gesellschaft. Da die Erklärung gegenüber den Gläubigern und nicht gegenüber der Gesellschaft abgegeben wurde, handelt es sich um eine „externe" Patronatserklärung (im Gegensatz zur „internen" Patronatserklärung, die gegenüber der Gesellschaft abgegeben wird). Häufig werden Patronatserklärungen gegeben, wenn die Prüfer des Jahresabschlusses diese Erklärung des Gesellschafters als Voraussetzung dafür fordert verlangen, um die Bewertung zu Fortführungswerten zu rechtfertigen, § 252 I Nr. 2 HGB.

Exkurs: Patronatserklärungen und Insolvenzgründe. Interne Patronatserklärungen, das heißt solche des Gesellschafters gegenüber der Gesellschaft, können unter Umständen die Insolvenzgründe Zahlungsunfähigkeit und Überschuldung abwenden. Im Rahmen der Zahlungsunfähigkeit wird eine interne Patronatserklärung berücksichtigt, wenn der Tochtergesellschaft ungehinderter Zugriff auf die Mittel ermöglicht wird.[1] Gleiches gilt für die Fortführungsprognose als ersten Schritt der Überschuldungsprüfung. Für Zwecke der Überschuldung wird eine interne Patronatserklärung berücksichtigt, wenn ein Ausstattungsanspruch gegenüber dem Gesellschafter besteht, das heißt wenn auch das „Wie" der Leistung geregelt wurde.

Die Haftung aus einer Patronatserklärung kann immens hoch sein, insbesondere wenn der Patron seine Verpflichtungen aus der Patronatserklärung verletzt und es zur Insolvenz des begünstigten Unternehmens kommt. Der Insolvenzverwalter wird dann Schadensersatzansprüche geltend machen und vom Patron verlangen, den Zustand herzustellen, der ohne seine Pflichtverletzung bestünde, d.h. die Insolvenz zu beseitigen.

Beispiel: Die Patronatserklärung, die Etihad Airways Abu Dhabi am 28.4.2017 zugunsten von Air Berlin abgegeben hatte, lautete:

"For the purpose of the finalisation of the financial statement of Air Berlin plc for the year ended 31 December 2016, having had sight of your forecasts for the two years ending 31 December 2018, we confirm our intention to continue to provide the necessary support to Air Berlin to enable it to meet its financial obligations as they fall due for payment for the foreseeable future and in any event for 18 months from the date of this letter. Our commitment is evidenced by our historic support through loans and support on obtaining financing for Air Berlin."[2]

Der Air Berlin Insolvenzverwalter hat den Patron verklagt und der Streitwert wurde durch das LG Berlin auf EUR 2 Milliarden festgelegt.[3]

---

1 BGH, NZG 2011, 913, 915.

2 Lothar Müller-Güldemeister, Rechtsanwalt, Schriftliche Stellungnahme zur Vorbereitung der Anhörung des Ausschusses für Recht und Verbraucherschutz des Deutschen Bundestages am 13. März 2019, S. 6, abgerufen am 3.1.2021 unter https://www.bundestag.de/resource/blob/628058/e04ec1de169c0c50acbfeaa235e4c683/mueller_gueldemeister-data.pdf

3 https://www.airliners.de/london-high-court-air-berlin-schadenersatz-etihad/52710 (3.1.2021).

Weiter ist zwischen „weichen" und „harten" Patronatserklärungen zu unterscheiden. Eine weiche Patronatserklärung hat unverbindlichen Charakter (*Good-will*-Erklärung). Sie umfasst keine Liquiditätszusage, sondern Zusagen anderer Art, beispielsweise die Erklärung, die Beteiligung an der Tochtergesellschaft nicht zu veräußern. Eine harte Patronatserklärung weist dagegen Züge einer Bürgschaft oder Garantie auf. Anders als die Bürgschaft ist die Patronatserklärung jedoch gesetzlich nicht geregelt. Damit findet auch das Schriftformerfordernis des § 766 BGB keine Anwendung.

Exkurs: Kündigung einer Patronatserklärung. Eine Patronatserklärung kann unter Umständen mit Wirkung für die Zukunft gekündigt werden. Der BGH entschied dies bisher nur für die Kündigung einer internen Patronatserklärung.[4] Es spricht für die Zulässigkeit der Kündigung einer externen Patronatserklärung, dass sie nur für die Zukunft wirken würde und damit Gläubiger, die die Kreditwürdigkeit mit Rücksicht auf das Patronat beurteilt haben, weiterhin in den Genuss des Patronats kommen.

2. Sind die beiden Insolvenzanträge zulässig? Was müssen die Gläubiger dafür darlegen?

Nur der Insolvenzantrag des Finanzamts ist zulässig, da er sich auf die Zahlungsunfähigkeit des Herrn Glas stützt. Überschuldung ist hingegen kein Insolvenzgrund für natürliche Personen (vgl. § 19 I InsO).[5]

Die Gläubiger müssen ihr rechtliches Interesse, das heißt das Rechtsschutzbedürfnis, an der Eröffnung des Insolvenzverfahrens glaubhaft machen (§ 14 I InsO). Das rechtliche Interesse fehlt ausnahmsweise, wenn beispielsweise ein absonderungsberechtigter Gläubiger vollständig gesichert ist und daher an dem zu eröffnenden Verfahren nicht als Gläubiger beteiligt wäre oder wenn der Antrag rechtsmissbräuchlich gestellt wird, um Druck auf einen zahlungsunwilligen, aber solventen Schuldner auszuüben.

Weiter muss das Finanzamt seine Forderung und den Eröffnungsgrund (hier: Zahlungsunfähigkeit) glaubhaft machen.

Exkurs: Glaubhaftmachung. Glaubhaftmachung bedeutet, dass der Richter, anders als im Normalfall, nicht von der Wahrheit der Behauptung überzeugt sein muss (§ 294 ZPO). Es genügt, wenn ihm die Behauptung wahrscheinlich erscheint. Zudem ist der Beweisführer nicht auf den Strengbeweis beschränkt (Zeuge, Augenschein, Parteivernehmung, Urkunde, Sachverständiger), sondern kann sich insbesondere auch einer eidesstattlichen Versicherung bedienen. Die Beweismittel müssen allerdings präsent sein.

4 BGH, ZIP 2010, 2092 (Star 21).
5 Vgl. *Zimmermann*, Grundriss des Insolvenzrechts, 11. Aufl. 2018, Rn. 47 ff.

3. Welche Rechtsmittel sind möglich?

Im Eröffnungsverfahren sieht § 21 I 2 InsO die sofortige Beschwerde gegen die Anordnung von Sicherungsmaßnahmen durch das Gericht vor.

Gegen den Eröffnungsbeschluss des Gerichts steht nur dem Schuldner die sofortige Beschwerde zu (§ 34 II InsO). Daher kann Herr Glas gegen den Eröffnungsbeschluss Beschwerde einlegen.[6]

Exkurs: Beschwerde im Insolvenzverfahren. Im Insolvenzverfahren sind Rechtsmittel nur statthaft, wenn die InsO die sofortige Beschwerde vorsieht (vgl. § 6 I 1 InsO). Über § 4 InsO sind dann die §§ 567 ff. ZPO anwendbar. Die Beschwerde wird beim Insolvenzgericht eingereicht. Dieses hilft der Beschwerde entweder ab, oder legt sie dem Beschwerdegericht vor. Beschwerdegericht ist das Landgericht (§ 72 I GVG). Gegen die Entscheidung des Beschwerdegericht ist nur unter strengen Voraussetzungen die Rechtsbeschwerde zum BGH zulässig (vgl. § 133 GVG).[7]

4. Dürfen die Gläubiger ihre Forderungen sowohl im Insolvenzverfahren der Pellet GmbH als auch im Insolvenzverfahren des Herrn Glas zur Tabelle anmelden?

Ja, die Gläubiger können ihre Forderung sowohl im Verfahren der Pellet GmbH als auch im Verfahren über das Vermögen von Herrn Glas in voller Höhe anmelden (§ 43 InsO).

5. Was ist ein Verbraucherinsolvenzverfahren?

Das Verbraucherinsolvenzverfahren steht natürlichen Personen offen, die keine selbstständige Tätigkeit ausüben.[8] Sofern die natürliche Person früher eine selbstständige Tätigkeit ausgeübt hat, steht ihr das Verbraucherinsolvenzverfahren dennoch offen, wenn die Vermögensverhältnisse überschaubar sind (§ 304 I 2, II InsO). Das Besondere am Verbraucherinsolvenzverfahren ist die Notwendigkeit, mit dem Antrag auf Eröffnung des Insolvenzverfahrens einen Schuldenbereinigungsplan vorzulegen. Häufig ist der Versuch der Schuldenbereinigung ein reines Durchgangsstadium, insbesondere, wenn den Gläubigern sogenannte „Null-Pläne“ vorgelegt werden, die keine Befriedigung der Gläubiger vorsehen.

Laut Aktenzeichen „IN“ wird das Verfahren von Herrn Glas als Regelverfahren geführt (Verbraucherinsolvenz: „IK“).

---

6 Wenn der Schuldner einen Eigenantrag gestellt hat, fehlt ihm allerdings die formelle Beschwer, vgl. BGH, NZI 2012, 318.
7 Vgl. *Zimmermann*, Grundriss des Insolvenzrechts, 11. Aufl. 2018, Rn. 77 f.
8 Vgl. *Zimmermann*, Grundriss des Insolvenzrechts, 11. Aufl. 2018, Rn. 577 ff.

6. Um was handelt es sich bei der Restschuldbefreiung? Umfasst sie alle Forderungen?

Die §§ 286 ff. InsO regeln die Restschuldbefreiung, das heißt die Befreiung einer natürlichen Person von ihren restlichen Verbindlichkeiten, die bei Verfahrensende bestehen (§ 301 InsO).[9] Neuverbindlichkeiten und Verbindlichkeiten des Schuldners aus einer vorsätzlich begangenen unerlaubten Handlung, aus rückständigem gesetzlichen Unterhalt, aus Steuerstraftaten, Geldstrafen und zinslose Verfahrenskostendarlehen sind allerdings von der Restschuldbefreiung ausgenommen (§ 302 InsO).

Die Restschuldbefreiung macht damit eine Ausnahme zu dem grundsätzlichen Nachforderungsrecht der Gläubiger (vgl. § 201 InsO). Sie soll einen Ausweg aus der Überschuldung mit ihren diversen Nebenwirkungen (psychische und soziale Destabilisierung) bieten. Dies macht umso mehr Sinn, als dem Nachforderungsrecht der Gläubiger in der Regel kaum wirtschaftlicher Wert zukommt.

Gemäß § 287a II Nr. 1 InsO besteht nach erteilter Restschuldbefreiung allerdings eine Sperrfrist von elf Jahren, bevor erneut Restschuldbefreiung beantragt werden kann.

Die Restschuldbefreiung ist sowohl im Regelinsolvenzverfahren wie auch im Verbraucherinsolvenzverfahren möglich.

Die Restschuldbefreiung setzt voraus, dass der Schuldner einen Eigenantrag auf Insolvenzeröffnung gestellt hat (§ 287 I 1 InsO). Weiter muss der Schuldner seine laufenden Bezüge für drei Jahre abgetreten haben (§ 287 II InsO).[10] Die Abtretungsfrist beginnt mit der Eröffnung des Verfahrens (§ 287 II InsO). Die Abtretung läuft damit nach Beendigung des Insolvenzverfahrens über das Vermögen des Schuldners weiter (sogenannte Wohlverhaltensperiode).[11]

7. Für wie viele Jahre muss das pfändbare Vermögen an einen Treuhänder abgetreten werden?

Grundsätzlich läuft die Abtretungsfrist für drei Jahre, § 287 II InsO.

Sofern die Verfahrenskosten beglichen wurden und wurden keine Forderungen angemeldet oder alle Forderungen befriedigt, kann die Entscheidung des Gerichts über die Restschuldbefreiung bereits vor Ablauf der Abtretungsfrist erfolgen. Die Neufassung des § 300 InsO trat am 1.10.2020 in Kraft.

---

9 Vgl. *Zimmermann*, Grundriss des Insolvenzrechts, 11. Aufl. 2018, Rn. 546 ff.
10 Für Verfahren, die vor dem 1.10.2020 beantragt wurden, belief sich die Frist auf sechs Jahre.
11 Vgl. *Zimmermann*, Grundriss des Insolvenzrechts, 11. Aufl. 2018, Rn. 559 f.

Exkurs: Insolvenzplan. Über einen Insolvenzplan kann bereits mit Aufhebung des Verfahrens dieselbe Wirkung wie über die Restschuldbefreiung erzielt werden, sodass der Antrag auf Restschuldbefreiung dann durch den Schuldner zurückgenommen werden kann. Auch die deliktischen Verbindlichkeiten können im Insolvenzplan abgehandelt werden, da die Regeln zum Planverfahren (§§ 217 ff. InsO) keine dem § 302 InsO entsprechende Norm vorsehen. Die Wirkung des § 227 InsO erstreckt sich daher auch auf deliktische Forderungen der Gläubiger, es sei denn der Insolvenzplan sieht eine andere Regelung vor.

8. Ist die Restschuldbefreiung nur für Verbraucher möglich?

Nein. Nach § 286 InsO steht die Restschuldbefreiung allen natürlichen Personen offen. Das bedeutet, dass die Restschuldbefreiung sowohl mit einem Verbraucherinsolvenzverfahren nach den §§ 304 ff. InsO kombiniert werden kann, als auch mit dem Regelinsolvenzverfahren. Die Restschuldbefreiung steht somit als eigener Regelungskomplex neben Regel- und Verbraucherinsolvenzverfahren.

9. Was sind die nächsten Schritte für Herrn Glas?

Herr Glas sollte einen Eigenantrag auf Insolvenzeröffnung und den Antrag auf Restschuldbefreiung stellen. Um die Restschuldbefreiung zu erhalten, müssen diese Anträge zwingend vor Verfahrenseröffnung gestellt werden.

Mit dem Eigenantrag nimmt sich Herr Glas die Möglichkeit, Beschwerde gegen den Eröffnungsbeschluss einzulegen. Es fehlt dann die formelle Beschwer.[12]

10. Was müsste Herr Glas veranlassen, wenn er während des Insolvenzverfahrens eine Heraufsetzung des pfändungsfreien Betrags erreichen möchte?

Herr Glas müsste einen Antrag auf Änderung des unpfändbaren Betrags nach § 850f ZPO (§ 36 I 2 InsO) stellen. Zuständiges Gericht ist nicht wie im Rahmen der Zwangsvollstreckung das Vollstreckungsgericht, sondern das Insolvenzgericht (§ 36 IV InsO). Im Fall von Herrn Glas macht dies keinen Unterschied, da das Amtsgericht München sowohl Vollstreckungsgericht (§§ 828 II, 13 ZPO) als auch Insolvenzgericht ist. Beim Insolvenzgericht ist der Rechtspfleger zuständig (§ 3 Nr. 2 lit. e) RPflG, außer der Richter behält sich die Entscheidung vor (§ 18 II RPflG).[13]

12 BGH, NZI 2012, 318. Das ist misslich, da die Rechtsschutzmöglichkeiten des Schuldners verkürzt werden, wenn ein Gläubiger den Insolvenzantrag gestellt hat und der Schuldner sich grds. dagegen wehren möchte, dann aber einen Eigenantrag stellen muss, um Restschuldbefreiung zu erhalten.

13 Außerhalb des Insolvenzverfahrens ergibt sich die Zuständigkeit des Rechtspflegers aus § 20 Nr. 17 RPflG.

Übungsfall 12

Der Restrukturierungsplan nach dem StaRUG

Die Automobil AG ist Darlehensnehmerin unter einem Konsortialdarlehen. Fünf Banken hatten der Automobil AG im November 2017 insgesamt EUR 50 Mio. zur Verfügung gestellt. Das Darlehen ist im November 2022 zur Rückzahlung fällig. Aufgrund des schwierigen wirtschaftlichen Umfelds hält der Vorstand der Automobil AG die Refinanzierung des Darlehens für unwahrscheinlich. Stattdessen möchte er die Darlehensgeber zu einer Verlängerung der Laufzeit bewegen. Im Gegenzug bietet die Automobil AG den Banken einen erhöhten Zinssatz (Margin Uplift) und weitere Sicherheiten (Amend & Extend). Unter dem Darlehensvertrag ist eine Verlängerung der Laufzeit nur mit Zustimmung aller Kreditgeber möglich.

Der Vorstand nimmt an, dass einige der Banken im Fall einer negativen Entwicklung des operativen Betriebs im ersten Halbjahr 2021 ihre Forderungen zu einem Discount an spezialisierte Investoren verkaufen. So könnte eine Bank zum Beispiel eine Darlehensforderung über EUR 10 Mio. für einen Kaufpreis von nur EUR 4 Mio. an einen Distressed Debt Fund veräußern. Der neue Gläubiger könnte seine Zustimmung zu dem Vorschlag des Vorstands verweigern, da er andere Vorstellungen hat und zum Beispiel beabsichtigt, seine Forderung in Eigenkapital zu tauschen (Debt-Equity-Swap).

Der Vorstand tritt im März 2021 an Frau Rechtsanwältin Simon heran, um zu erfahren, ob das zum 1.1.2021 neu eingeführte Sanierungsverfahren zur Verfügung steht und Abhilfe schaffen könnte, wenn die unter dem Darlehensvertrag nötige 100% Zustimmung für den Vorschlag des Vorstands nicht erreicht wird. Insbesondere interessieren den Vorstand folgende Themen:

1. Worin liegen die Vorteile des Sanierungsverfahrens?
2. Welches sind die Instrumente des Stabilisierungs- und Restrukturierungsrahmens? Hilft das StaRUG auch gegen Vollstreckungsbescheide?
3. Welche Gestaltungsmöglichkeiten sieht der Restrukturierungsplan vor? Können Verträge mit Wirkung für die Zukunft geändert werden?
4. Wie erfolgt die Abstimmung über den Restrukturierungsplan? Müssen alle Gruppen dem Plan zustimmen?
5. Welche Rechtsmittel gibt es gegen den Restrukturierungsplan?
6. Kann die Automobil AG jederzeit in das Sanierungsverfahren eintreten oder gibt es bestimmte Voraussetzungen zu beachten?
7. Welche Pflichten hat der Vorstand während des Verfahrens?
8. Wird in jedem Fall ein Restrukturierungsbeauftragter ernannt?
9. Welches Gericht ist zuständig
10. Welche Rolle werden Lock-up Vereinbarungen im Rahmen des StaRUG spielen?

11. Wozu dient § 89 StaRUG?
12. Inwiefern ist das Schuldverschreibungsgesetz (SchVG) dem StaRUG ähnlich?
13. Wie und wann wird ein gemeinsamer Vertreter nach dem SchVG bestellt. Können auch juristische Personen bestellt werden? Welche Rolle spielt der gemeinsame Vertreter?

Lösung

1. Worin liegen die Vorteile des Sanierungsverfahrens?

Das Sanierungsverfahren nach dem StaRUG ermöglicht bei Vorliegen drohender Zahlungsunfähigkeit, ähnlich dem Insolvenzplan und dem SchVG, die Implementierung einer Restrukturierung mit Mehrheitsentscheidung. Die Mehrheit zur Annahme des Restrukturierungsplans beträgt 75% in jeder Klasse (§ 25 I StaRUG). Anstelle der sonst regelmäßig nötigen 100% Zustimmung der Gläubiger (oder sonstigen Planbetroffenen) lässt sich die Restrukturierung ohne die Notwendigkeit der Zustimmung aller Gläubiger implementieren.

Anders als der Insolvenzplan ist das StaRUG-Verfahren ein selektives Verfahren, das beispielsweise nur die Banken involviert. Und anders als das SchVG ist das StaRUG nicht auf Schuldverschreibungen, die unter deutschem Recht begeben wurden, beschränkt. Es können auch andere Verbindlichkeiten des Schuldners in das Verfahren einbezogen werden und auch Verbindlichkeiten, die ausländischem Recht unterliegen. So unterliegen High Yield Anleihen zum Beispiel häufig New Yorker Recht und syndizierte Darlehen häufig Englischem Recht.

Die für Änderungen vorgesehen Mehrheiten in den Darlehensverträgen oder Anleihebedingungen (Indentures) sehen zwar für bestimmte Entscheidungen i.d.R. Mehrheiten von 50% oder 66 2/3% vor. Für wichtige Entscheidungen wie eine Verlängerung der Laufzeit braucht es jedoch 90% (High Yield Anleihen) oder 100%.

2. Welches sind die Instrumente des Stabilisierungs- und Restrukturierungsrahmens? Hilft das StaRUG auch gegen Vollstreckungsbescheide?

Die vier Instrumente des Stabilisierungs- und Restrukturierungsrahmens sind nach § 29 StaRUG:

(1) **Gerichtliche Planabstimmung** (§§ 45-46 StaRUG): Optional auf Antrag des Schuldners. Das Gericht wird dann eine Planannahmeverhandlung anberaumen (Erörterungs- und Abstimmungstermin). Die Einberufungsfrist beträgt 14 Tagen. 3. Die betroffenen Parteien werden den Plan in der Anhörung diskutieren und darüber abstimmen.

(2) **Vorprüfung durch das Gericht** (§ 47-48 StaRUG): Optional auf Antrag des Schuldners. Gegenstand der Vorprüfung kann jede Frage sein, die für die Bestätigung des Restrukturierungsplans erheblich ist. Der Vorprüfung kommt keine Bindungswirkung zu.

(3) **Moratorium / Stabilisierung** (§§ 49-59 StaRUG): Optional auf Antrag des Schuldners. Untersagung oder Einstellung von Maßnahmen der Zwangsvollstreckung gegen den Schuldner (Vollstreckungssperre). Rechte an Gegenständen des beweglichen Vermögens, die im Fall der Eröffnung eines Insolvenzverfahrens als Ab-oder Aussonderungsrecht geltend gemacht werden könnten, dürfen von dem Gläubiger nicht durchge-

setzt werden und zur Fortführung des Unternehmens des Schuldners eingesetzt werden, soweit sie hierfür von erheblicher Bedeutung sind (Verwertungssperre). Aufgrund des weitgehenden Eingriffs in die Rechte der Gläubiger muss der Antrag die Anforderungen des § 50 StaRUG erfüllen (Restrukturierungsplanung). Die Anordnung erfolgt für bis zu 3 Monate (§ 53 StaRUG). Grundsätzlich können Folge-und Neuanordnungen nur innerhalb dieser Anordnungshöchstdauer ergehen, es sei denn: (i) der Schuldner hat den Gläubigern ein Planangebot unterbreitet; und (ii) es sind keine Umstände bekannt, aus denen sich ergibt, dass mit der Planannahme innerhalb eines Monats nicht zu rechnen sind. In diesen Fällen besteht die Verlängerung der Anordnungshöchstdauer um einen Monat. Hat der Schuldner die gerichtliche Planbestätigung beantragt, können Folge-und Neuanordnungen bis zur Rechtskraft der Planbestätigung (höchstens bis zu 8 Monate nach Erlass der Erstanordnung) ergehen (für Rückausnahmen siehe § 53 IV StaRUG).

(4) **Gerichtliche Planbestätigung** (§§ 60 ff. StaRUG): Zwar optional auf Antrag des Schuldners. Die Bestätigung wird aber immer benötigt, wenn keine 100% Zustimmung zum Restrukturierungsplan erfolgt (siehe auch § 17 I 1 StaRUG). Da kein StaRUG Verfahren nötig ist, wenn sich vorab eine 100% Zustimmung abzeichnet, wird die gerichtliche Planbestätigung in fast allen StaRUG Verfahren in Anspruch genommen werden.

3. Welche Gestaltungsmöglichkeiten sieht der Restrukturierungsplan vor? Können Verträge mit Wirkung für die Zukunft geändert werden?

(1) Gestaltung von Forderungen: Forderungen gegen den Schuldner und Sicherheiten am Vermögen des Schuldners können gestaltet werden, d.h. zum Beispiel gekürzt werden oder mit einer längeren Laufzeit versehen werden (§ 2 I Nr. 1). Die Forderungen von Arbeitnehmer (einschl. Pensionsansprüchen) können nicht gestaltet werden (§ 4 S. 1 Nr. 1 StaRUG). Gleiches gilt für Forderungen aus vorsätzlich begangenen unerlaubten Handlungen (§ 4 S. 1 Nr. 2 StaRUG) und bestimmte Geldstrafen etc. (§ 4 S. 1 Nr. 1 StaRUG).

(2) Änderung von Verträgen mit mehreren Parteien: Verträge mit mehreren Parteien können gestaltet werden (d.h. nicht nur die Forderungen aus diesen Verträgen (§ 2 II StaRUG). Das trifft regelmäßig auf syndizierte Darlehensverträge und Anleihebedingungen zu und erlaubt z.B. die Anpassung von Financial Covenants, Laufzeiten und sonstigen Verpflichtungen. Relevant ist auch die Veränderung von Intercreditor Vereinbarungen, vorausgesetzt der Schuldner ist Partei zu der Intercreditor Vereinbarung.

(3) Freigabe von Sicherheiten u. Garantien verbundener Unternehmen: Bürgschaften, Mitschuld oder Sicherheiten von verbundenen Unternehmen (§ 15 AktG) können durch den Plan gestaltet werden (§ 2 IV StaRUG). Die Gläubiger sind durch eine angemessene Entschädigung zu kompensieren und stimmen in einer eigenen Gruppe ab (§ 9 I 2 StaRUG).

(4) Umwandlung von Forderungen in Eigenkapital: Die Anteils- oder Mitgliedschaftsrechte der an dem Schuldner beteiligten Personen können durch den Restrukturierungsplan gestaltet bzw. übertragen werden (§ 2 III StaRUG). Das erlaubt es, Forderungen über eine Sacheinlage in Eigenkapital umzuwandeln (Debt-Equity-Swap).

Der Regierungsentwurf zum StaRUG hatte außerdem die Beendigung von nicht vollständig erfüllten gegenseitigen Verträgen ähnlich den §§ 103 ff. InsO vorgesehen. Das wäre insbesondere für Mietverträge interessant gewesen. Das finale StaRUG sieht diese Option jedoch nicht vor.

4. Wie erfolgt die Abstimmung über den Restrukturierungsplan? Müssen alle Gruppen dem Plan zustimmen?

Die Abstimmung erfolgt in Gruppen (§ 25 I StaRUG). Die Gruppen werden zunächst nach der rechtlichen Stellung der Planbetroffenen im Insolvenzverfahren gebildet (§ 9 I 1 StaRUG), d.h. Absonderungsanwartschaften (Sicherungsrechte), ungesicherte Gläubiger, Gesellschafterdarlehen und andere nachrangige Forderungen und Gesellschafter. Drittbesicherte Gläubiger bilden eine eigene Gruppe (§ 9 I 2 StaRUG). Davon ausgehend können weitere Gruppen nach dem wirtschaftlichen Interesse der Gläubiger gebildet werden, so dass der Planersteller eine hohe Flexibilität bei der Gruppenbildung hat (§ 9 II StaRUG). Die Auswahl der Gläubiger und die Gruppenbildung nach wirtschaftlichen Interessen müssen sachgerecht sein (§§ 8, 9 II 2 StaRUG).

Zur Annahme des Restrukturierungsplans ist erforderlich, dass in jeder Gruppe auf die dem Plan zustimmenden Gruppenmitglieder mindestens 75% Stimmrechte in dieser Gruppe entfallen (aller Stimmrechte, nicht nur der an der Abstimmung teilnehmenden Stimmrechte). Eine Kopfmehrheit ist anders als beim Insolvenzplan nicht erforderlich (§ 25 StaRUG).

Wenn die Mehrheit von 75% in einer Gruppe nicht erreicht wird, erlangt der Plan für die überstimmten Planbetroffenen in der Gruppe dennoch Wirkung, wenn das Gericht den Plan bestätigt (Cram-Down).

Unter bestimmten Umständen kann ähnlich dem § 245 InsO auch die Zustimmung einer ganzen Gruppe ersetzt werden (Cross-Class Cram-Down). Diese Voraussetzungen sind nach § 26 StaRUG:

(1) Die Mitglieder der überstimmten Gruppe stehen durch den Plan nicht schlechter als ohne Plan (dafür braucht es eine Vergleichsrechnung, die der Schuldner mit dem Plan vorlegen muss u. die grds. Fortführungswert vorsehen soll).

(2) Die Mehrheit der abstimmenden Gruppen stimmt für den Plan. Bei zwei Gruppen genügt die Zustimmung einer Gruppe; und

(3) Die Mitglieder der überstimmten Gruppe werden angemessen am Planwert beteiligt. Der Punkt bedeutet gemäß § 27 StaRUG wiederum:

- Kein anderer planbetroffener Gläubiger erhält wirtschaftliche Werte, die den vollen Betrag seines Anspruchs übersteigen,
- Kein nachrangiger Gläubiger, der am Plan teilnimmt, noch der Schuldner oder eine an dem Schuldner beteiligte Person erhalten einen nicht durch Leistung in das Vermögen des Schuldners vollständig ausgeglichenen wirtschaftlichen Wert. Diese Regelung (*absolute priority rule*) kann zugunsten des Gesellschafters aufgeweicht

werden, wenn die Mitwirkung des Gesellschafters unbedingt notwendig für das Unternehmen ist oder der Eingriff in die Gläubigerrechte nicht zu weit geht (insbesondere: Verlängerung von Darlehen oder Anleihen bis maximal 18 Monate, siehe § 27 II StaRUG) und
- Kein *pari passu* Gläubiger, der am Plan teilnimmt, wird bessergestellt als die Gläubiger in der überstimmten Klasse. Auch diese Regelung kann in besonderen Umständen etwas aufgeweicht werden, wenn das nach den Umständen und den zu bewältigenden wirtschaftlichen Schwierigkeiten sachgerecht ist (siehe § 27 I StaRUG).

Es gibt damit viele Ähnlichkeiten zum Insolvenzplan für den nach § 222 InsO ebenfalls Gruppen zu bilden sind und bei dem es ebenfalls die Möglichkeit gibt, die Zustimmung einer ganzen Gruppe zu ersetzen, § 245 InsO. Anders als der Restrukturierungsplan erfordert der Insolvenzplan jedoch eine Kopfmehrheit in der Gruppe, § 244 I Nr. 2 InsO. Statt 75% der Stimmrechte in einer Gruppe wie nach § 25 I StaRUG sind für den Insolvenzplan 50% der Summe der Ansprüche der abstimmenden Gläubiger in der Gruppe ausreichend, § 244 I Nr. 1 InsO. Die Durchbrechung der absoluten Priorität nach § 28 StaRUG sieht der Insolvenzplan nicht vor.

5. Welche Rechtsmittel gibt es gegen den Restrukturierungsplan?

Das Gericht versagt die Bestätigung des Restrukturierungsplans von Amts wegen (§ 63 StaRUG), wenn die Vorschriften über den Inhalt und die verfahrensmäßige Behandlung des Restrukturierungsplans sowie über die Annahme des Plans durch die Planbetroffenen in einem wesentlichen Punkt nicht beachtet worden sind und der Mangel nicht korrigiert werden kann bzw. nicht korrigiert wird.

Im Rahmen des Minderheitenschutzes nach § 64 StaRUG können Planbetroffene einen Antrag gegen die Bestätigung des Plans stellen, wenn sie durch den Restrukturierungsplan voraussichtlich schlechter gestellt werden, als sie ohne den Plan stünden.

Unter bestimmten Umständen ist zudem eine sofortige Beschwerde gegen den Planbestätigungsbeschluss möglich (§ 66 StaRUG). U.a. muss der Beschwerdeführer glaubhaft machen, „dass er durch den Plan wesentlich gestellt wird, als er ohne den Plan stünde“ (§ 64 II Nr. 3 StaRUG). Ähnlich dem § 6 InsO unterliegen Entscheidungen des Restrukturierungsgerichts nur in den Fällen einem Rechtsmittel, in denen StaRUG die sofortige Beschwerde vorsieht (§ 40 I StaRUG). Über § 38 StaRUG sind die Vorschriften über die sofortige Beschwerde nach §§ 567 ff. ZPO anwendbar, soweit das StaRUG nicht anderes bestimmt (wie z.B., dass die sofortige Beschwerde bei dem Restrukturierungsgericht einzulegen ist, § 40 1 2 StaRUG).

6. Kann die Automobil AG jederzeit in das Sanierungsverfahren eintreten oder gibt es bestimmte Voraussetzungen zu beachten?

Der Stabilisierungs- und Restrukturierungsrahmen (German Scheme) steht allen Schuldnern zur Verfügung, die noch nicht zahlungsunfähig oder überschuldet sind, aber deren Zahlungsunfähigkeit droht, und deren Mittelpunkt der wirtschaftlichen Interessen (centre of main interest, COMI) sich in Deutschland befindet.

Eine drohende Zahlungsunfähigkeit liegt vor, wenn der Schuldner voraussichtlich seine fälligen Verbindlichkeiten innerhalb eines Prognosezeitraums von in der Regel 24 Monaten nicht begleichen kann (§ 18 II InsO). Gleichzeitig darf kein Insolvenzgrund nach den § 17 InsO (Zahlungsunfähigkeit) oder § 19 InsO (Überschuldung) vorliegen.

Nach dem Sachverhalt wird das Darlehen im November 2022 fällig. Die Fälligkeit liegt damit in dem 24-Monatszeitraum der drohenden Zahlungsunfähigkeit. Der Vorstand muss sich ein Bild davon machen, ob die Gesellschaft die Verbindlichkeit bei Fälligkeit voraussichtlich, d.h. mit jedenfalls mehr als 50% Wahrscheinlichkeit begleichen kann. Ein Verfahren nach dem StaRUG zur Verschiebung der Fälligkeit kann er nicht berücksichtigen, denn das wäre ein Zirkelschluss.

Eine wichtige Frage gerade für die Geschäftsführung der GmbH ist die Frage, ob der Gesellschafter dem Eintritt in das Verfahren zustimmen muss. Anders als im Regierungsentwurf vorgesehen (§ 2 StaRUG-Entwurf), sieht das finale Gesetz keinen Shift of Fiduciary Duties der Geschäftsführung mehr vor. Dabei ging es um die Pflicht des Vorstands zur Wahrnehmung der Gläubigerinteressen in dem Stadium der drohenden Zahlungsunfähigkeit. Die Geschäftsführung hätte dann keine Gesellschafterbeschlüsse mehr beachten müssen, die nicht mit diesem Interesse übereinstimmen und entsprechend keine Zustimmung einholen müssen. Der Shift of Fiduciary Duties ist nicht Gesetz geworden und es spricht viel dafür, dass die Geschäftsführung im Innenverhältnis die Zustimmung der Gesellschafter einholen sollte. Gegen die zwingend notwendige Einbindung der Gesellschafter sprechen eine mögliche Vorwirkung von § 43 I StaRUG, der grundsätzlich erst ab Rechtshängigkeit des StaRUG Verfahrens Anwendung findet, und die Gläubigerinteressen als wesentlicher Bezugspunkt des Unternehmensinteresses eines Unternehmens im Stadium drohender Zahlungsunfähigkeit.

7. Welche Pflichten hat der Vorstand während des Verfahrens?

§ 1 StaRUG normiert rechtsformübergreifend die Pflicht zur Krisenfrüherkennung und Gegenmaßnahmen (siehe für die AG auch § 91 II AktG). Geschäftsleiter haben fortlaufend Entwicklungen zu überwachen, die den Bestand der Gesellschaft gefährden können. Diese Pflichten gelten immer d.h. unabhängig davon, ob ein Instrument nach dem Stabilisierungs- und Restrukturierungsrahmen in Anspruch genommen wird oder das Unternehmen an einem Restrukturierungsplan arbeitet.

Nach Anhängigkeit der Restrukturierungssache (§ 31 III StaRUG) sind durch die Geschäftsleitung – aber auch durch den Schuldner – Gläubigerinteressen zu berücksichtigen (§ 43 I StaRUG). Der Regierungsentwurf zum StaRUG (als Art. 1 des SanInsFoG sah in § 2 StaRUG vor, dass die Geschäftsleitung ab Eintritt der drohenden Zahlungsunfähigkeit ausdrücklich die Gläubigerinteressen hätte berücksichtigen müssen und ihnen in der vorgeschrittenen Krise Vorrang vor den Interessen der Gesellschafter geben müssen. Das finale Gesetz sieht diesen einen „Shift of Fiduciary Duties" nicht länger vor.

Aber die durch das Gesetzgebungsverfahren angestoßene Diskussion gibt ein Argument dafür, in der Krise des Unternehmens, d.h. bei drohender Zahlungsunfähigkeit, die Gläubigerinteressen als wesentlicher Bezugspunkt des Unternehmensinteresses zu verstehen. Die Pflichten der Geschäftsleitung nach § 43 I StaRUG sind schadensersatzbewehrt. Dabei besteht eine Schadensersatzhaftung nur gegenüber dem Schuldner (Binnenhaftung) und der Schaden ist insgesamt auf den vom Gläubiger entstandenen Schaden begrenzt (§ 43 I 2 StaRUG).

Nach § 42 StaRUG ruht die Insolvenzantragspflicht während der Rechtshängigkeit der Restrukturierungssache. Die Antragspflichtigen müssen jedoch den Eintritt der Zahlungsunfähigkeit oder Überschuldung ohne schuldhaftes Zögern anzeigen. Ähnlich wie nach § 15a IV und V InsO ist diese Pflicht strafbewehrt (§ 42 III StaRUG).

Generell unterscheidet das StaRUG zwischen Pflichten des Schuldners (z.B. § 32 StaRUG) und Pflichten der Geschäftsleitung (z.B. § 43 StaRUG).

8. Wird in jedem Fall ein Restrukturierungsbeauftragter ernannt?

Das Restrukturierungsgericht bestellt einen Restrukturierungsbeauftragten von Amts wegen (§ 73 StaRUG) nur, wenn im Rahmen der Restrukturierung die (i) Rechte von Verbrauchern oder mittleren, kleinen oder Kleinstunternehmen berührt werden sollen; (ii) bei Stabilisierungsanordnungen gegen alle / im wesentlichen alle Gläubiger; oder (iii) wenn der Plan eine Überwachung der Erfüllung vorsieht (§ 72). Das Gericht kann im Einzelfall von einer Bestellung absehen, wenn die Bestellung zur Wahrung der Rechte der Beteiligten nicht erforderlich oder offensichtlich unverhältnismäßig ist.

Weiter kann das Gericht den Restrukturierungsbeauftragten bestellen, um Prüfungen als Sachverständiger vorzunehmen (§ 73 III StaRUG). Es ist damit zu rechnen, dass die Gerichte hiervon ähnlich dem Insolvenzverfahren großzügig Gebrauch machen. Der als Sachverständige bestellte Restrukturierungsbeauftragte hat allerdings weniger Aufgabe (§ 76 I StaRUG).

Bestellung erfolgt auch, wenn absehbar ist, dass die Ersetzung der Zustimmung einer Gruppe nach § 26 StaRUG nötig wird, es sei denn, es nehmen nur Finanzgläubiger als Planbetroffene teil, da der Gesetzgeber davon ausgeht, dass diese in der Lage sind ihre Interessen zu wahren.

Die fakultative Bestellung eines Restrukturierungsbeauftragten auf Antrag des Schuldners oder 25% der Gläubiger (nach Stimmrechten in einer Klasse) ist möglich (§ 77 StaRUG).

Neben dem Restrukturierungsbeauftragten gibt es noch die fakultative Möglichkeit der Sanierungsmoderation nach den §§ 94 ff. StaRUG.

9. Welches Gericht ist zuständig

Nach § 34 I StaRUG ist grundsätzlich das Amtsgericht, in dessen Bezirk ein Oberlandesgericht seinen Sitz hat, als Restrukturierungsgericht für den Bezirk des Oberlandesgerichts für Entscheidungen in Restrukturierungssachen ausschließlich zuständig.

Örtlich ist gemäß § 35 StaRUG ausschließlich das Restrukturierungsgericht zuständig ist, in dessen Bezirk der Schuldner seinen allgemeinen Gerichtsstand hat. Liegt der Mittelpunkt einer wirtschaftlichen Tätigkeit des Schuldners an einem anderen Ort, so ist ausschließlich das Restrukturierungsgericht zuständig, in dessen Bezirk dieser Ort liegt. Die Regelung entspricht damit weitgehend dem § 3 InsO und dem Art. 3 I EuInsVO, der auf den Mittelpunkt der hauptsächlichen Interessen (centre of main interest, COMI) abstellt.

§ 37 StaRUG sieht einen Gruppengerichtsstand vor (ähnlich den §§ 3a ff. InsO).

10. Welche Rolle werden Lock-up Vereinbarungen im Rahmen des StaRUG spielen?

In einer Lock-up Vereinbarung im Zusammenhang mit der Restrukturierung verpflichten sich Gläubiger, die zuvor verhandelte Restrukturierungslösung zu unterstützen und zum Beispiel in einem Restrukturierungsplanverfahren zugunsten dieser Restrukturierungslösung zu stimmen. Diese Restrukturierungslösung kann jeden denkbaren Deal beinhalten, zum Beispiel eine Verlängerung der Fälligkeiten im Gegenzug für eine Kapitaleinlage des Gesellschafters oder auch einen Debt-Equity-Swap (siehe dazu Übungsfall 5).

Wenn es dem Schuldner gelingt, dass eine ausreichende Anzahl von Gläubigern mit hohen Forderungen die Lock-up Vereinbarung unterzeichnet, kann der Schuldner davon ausgehen, dass in der Abstimmung über einen Restrukturierungsplan nach dem StaRUG die nötige Mehrheit für die Annahme des Restrukturierungsplans erreicht wird. Dies ist insbesondere der Fall, wenn die Parteien der Lock-up Vereinbarungen 75% in jeder Klasse repräsentieren. Aber auch, wenn sie weniger repräsentieren, aber mit der Zustimmung einiger weiterer Gläubiger gerechnet werden kann, erhöht die Lock-up Vereinbarung die Transaktionssicherheit.

In ähnlicher Weise können sich auch Gläubiger untereinander verpflichten, ein bestimmtes Angebot des Schuldners nicht anzunehmen (negativer Lock-up). Wenn eine ausreichende Anzahl von Gläubigern die Lock-up Vereinbarung unterzeichnet haben, kann es sein, dass das Angebot des Schuldners von vornherein zum Scheitern verurteilt ist. Das kann beispielweise der Fall sein, wenn der Schuldner ein Rückkauf- oder Umtauschangebot für eine Anleihe veröffentlicht hat, welches eine Mindestannahmeschwelle von 66 2/3% vorsieht. Verpflichten sich hier mehr als 33 1/3% der Anleihegläubiger untereinander dazu, das Angebot nicht anzunehmen, weil es aus ihrer Sicht nicht attraktiv genug ist, wird das Rückkauf- oder Umtauschangebot scheitern und der Schuldner, bzw. der Gesellschafter des Schuldners, muss sein Angebot an die Gläubiger verbessern.

Die Lock-up Vereinbarung wird i.d.R. vorsehen, dass ein Gläubiger, der seine Forderungen verkauft, dies nur tun darf, wenn der Käufer (und Zessionar) in die Verpflichtungen unter der Lock-up Vereinbarung einsteigt.

Es geht also um eine schuldrechtliche Vereinbarung der Gläubiger untereinander, die in größeren Restrukturierungen die Planung und Umsetzung der Restrukturierung erheblich erleichtert und die Transaktionssicherheit erhöht.

11. Wozu dient § 89 StaRUG?

§ 89 StaRUG dient dazu, die Haftung von Gläubigern nach § 826 BGB im Zusammenhang mit der Restrukturierung und das Risiko einer Vorsatzanfechtung zu reduzieren.

Leisten einzelne Gläubiger einen Beitrag zur Insolvenzverschleppung oder verschaffen sie sich Vorteile auf Kosten der anderen Gläubiger haften sie u.U. gegenüber den anderen Gläubigern auf Schadensersatz nach § 826 BGB. Weiter droht einer Bank als regelmäßig gut informierter Gläubigerin die Nichtigkeit von Darlehensvertrag und Sicherheiten nach § 138 BGB. Als Ergebnis hätte die Bank nur einen Bereicherungsanspruch gegen den Kreditnehmer aus § 812 I 1 Alt. 1 BGB, der in der Insolvenz des Konditionsschuldners eine einfache Insolvenzforderung darstellt.

Die Haftung nach § 826 BGB tritt nicht ein, wenn der Schuldner sanierungsfähig ist. Das lässt sich i.d.R. nur durch ein Sanierungsgutachten eines externen, objektiven und branchenkundigen Wirtschaftsfachmanns nachweisen. In komplexeren Fällen folgt dieses Gutachten dem Standard S6 des Instituts der Wirtschaftsprüfer (IDW S6).[1] Zudem muss der Gläubiger zur Sanierung gewillt sein.

Der Zeitraum bis zum Vorliegen des Sanierungsgutachtens kann durch einen Überbrückungskredit bzw. eine Zwischenfinanzierung überbrückt werden. Dieses Darlehen darf nur zweckgebunden zur kurzfristigen Überlebensfähigkeit bis zum Abschluss der Sanierungsprüfung gewährt werden und der Umfang des Darlehens muss sich an dem für diesen Zeitraum benötigten Betrag orientieren.

12. Inwiefern ist das Schuldverschreibungsgesetz (SchVG) dem StaRUG ähnlich?

Ähnlich dem StaRUG erlaubt es das SchVG, dass eine Mehrheit von Gläubigern eine Entscheidung trifft, die alle Gläubiger bindet. Das SchVG findet Anwendung auf nach deutschem Recht begebene Schuldverschreibungen, d.h. insbesondere für Anleihen, die deutschem Recht unterliegen.

Nach § 5 IV SchVG entscheiden die Gläubiger grundsätzlich mit der einfachen Mehrheit, während besonders einschneidende Maßnahmen eine qualifizierte Mehrheit von 75% erfordern. Die Anleihebedingungen können eine höhere Mehrheit vorsehen.

1 Der IDW publizierter zahlreiche Standards, z.B. auch zur Unternehmensbewertung (IDW S1) und zur Beurteilung von Insolvenzeröffnungsgründen (IDW S11). Die Bescheinigung bei Antrag auf ein Schutzschirmverfahren nach § 270d InsO (bis zum 1.1.2021 war das § 270b InsO) folgt dem IDW S9 Standard.

Anders als beim StaRUG geht es dabei nur um die einfache oder qualifizierte Mehrheit der an der Abstimmung teilnehmenden Stimmrechte.[2] Die erste Anleihegläubigerversammlung ist beschlussfähig, wenn 50 % der ausstehenden Schuldverschreibungen vertreten sind (§ 15 III 1 SchVG). Ist dieses Quorum nicht anwesend bzw. vertreten kann eine zweite Gläubigerversammlung einberufen werden, für die ein noch ein Quorum, d.h. die Anwesenheit oder Vertretung, von 25 % der ausstehenden Schuldverschreibungen für Beschlüsse erforderlich ist, welche die qualifizierte Mehrheit von 75 % erfordern. Soweit in den Anleihebedingungen keine höhere qualifizierte Mehrheit vorgesehen ist, können damit 75 % der anwesenden Gläubiger Beschlüsse fassen, die alle Anleihegläubiger gelten; im Extremfall bindet ein Beschluss von Gläubigern, die 18,75 % der ausstehenden Anleihe vertreten, alle anderen Anleihegläubiger.[3]

§ 5 III SchVG zählt beispielhaft Maßnahmen auf, über welche die Gläubiger bestimmen können. So können die Fälligkeit von Zinsen und Hauptforderung verändert werden. Die Gläubiger können auch per Mehrheitsbeschluss auf (einen Teil von) Zinsen und Hauptforderung verzichten.

13. Wie und wann wird ein gemeinsamer Vertreter nach dem SchVG bestellt. Können auch juristische Personen bestellt werden? Welche Rolle spielt der gemeinsame Vertreter?

Der gemeinsame Vertreter kann bereits in den Anleihebedingungen bestellt werden. Anders als beim Insolvenzverwalter (§ 56 I 1 InsO) oder dem Restrukturierungsbeauftragten (§ 74 I StaRUG) erlaubt das SchVG auch die Bestellung von sachkundigen juristischen Personen (§ 7 I SchVG).

Soweit bis zur Insolvenz der Emittentin kein gemeinsamer Vertreter bestellt wurde, können die Gläubiger mit 50% Mehrheit (der abstimmenden Gläubiger) im Insolvenzverfahren einen gemeinsamen Vertreter wählen (§ 19 II SchVG).

Der gemeinsame Vertreter hat grds. die Aufgaben und Befugnisse, die ihm durch Gesetz oder von den Gläubigern durch Mehrheitsbeschluss eingeräumt wurden (§ 7 II SchVG). Im Insolvenzverfahren ist der gemeinsame Vertreter für alle Gläubiger allein berechtigt und verpflichtet, die Rechte der Gläubiger im Insolvenzverfahren geltend zu machen (§ 19 III SchVG) und z.B. die Forderungsanmeldungen zur Insolvenztabelle vorzunehmen.

---

2 Beim StaRUG bezieht sich die 75 % Mehrheit auf die gesamten Stimmrechte in der Klasse, nicht auf die Stimmrechte, die an der Abstimmung teilnehmen. Wenn weniger Planbetroffene an der Abstimmung teilnehmen, wird es entsprechend schwieriger, die 75 % Mehrheit in jeder Klasse zu erreichen.

3 D.h. eine qualifizierte Mehrheit von 75 % der 25 % vertretenen Stimmrechte.

Der letzte Schliff – 24 Abschlussfälle

Sachverhalte

1. Abschlussfall

Sie sind Insolvenzrichter am AG München und beurteilen die Zulässigkeit des Insolvenzantrags der P-GmbH. Was prüfen Sie?

2. Abschlussfall

Wie verhält es sich mit der Begründetheit des Insolvenzantrags?

3. Abschlussfall

Was geschieht, wenn sich nach Eröffnung des Verfahrens herausstellt, dass die Insolvenzmasse nicht ausreicht:

a) Um die Kosten des Verfahrens zu decken?
b) Um die sonstigen Masseverbindlichkeiten zu decken?

4. Abschlussfall

Ein Gläubiger stellt trotz dürftiger Aktenlage mit Bezug auf seine Forderung Antrag auf Eröffnung eines Insolvenzverfahrens über das Vermögen der P-GmbH, „gesetzt den Fall, es wird kein Gutachten zu den Eröffnungsgründen verlangt". Der Gläubiger möchte sich so die Kosten für das Gutachten sparen, die er zu tragen hätte, wenn der Antrag als unzulässig abgewiesen wird, § 4 InsO, § 269 III ZPO i.V.m. § 11 IV InsVV, § 9 II JVEG. Ist der Antrag zulässig?

5. Abschlussfall

Erläutern Sie den Begriff „Massegläubiger"?

6. Abschlussfall

Können bereits im Eröffnungsverfahren Masseverbindlichkeiten geschaffen werden?

7. Abschlussfall

Die P-GmbH hat ihrer Hausbank zwei Dienst-PKW sicherungsübereignet. Welche Rechte kann die Hausbank im Insolvenzverfahren der P-GmbH geltend machen?

8. Abschlussfall

Wer darf die beiden PKW verwerten?

9. Abschlussfall

Um was handelt es sich bei der Ersatzaussonderung?

10. Abschlussfall

Wie verhält es sich mit dem gutgläubigen Erwerb im eröffneten Insolvenzverfahren?

11. Abschlussfall

Warum werden die Vormerkung und der Eigentumsvorbehalt des Käufers aus dem Erfüllungswahlrecht der §§ 103 ff. InsO ausgenommen (Vgl. § 106, 107 I InsO)?

12. Abschlussfall

Wie unterscheidet sich die insolvenzrechtliche Anfechtung nach den §§ 129 ff. InsO von der zivilrechtlichen Anfechtung nach §§ 119 ff. BGB?

13. Abschlussfall

Erstellen Sie ein Schema für die Tatbestandsprüfung einer Insolvenzanfechtung.

14. Abschlussfall

Wonach richtet sich die Zuständigkeit für das Insolvenzverfahren bei einem Verfahren mit Auslandsbezug im Anwendungsbereich der EuInsVO? Welches Insolvenzrecht ist auf das Insolvenzverfahren anwendbar?

15. Abschlussfall

Die Stadtsparkasse München (S) hat der P-GmbH einen Kontokorrentkredit über 500 000 EUR eingeräumt. Er wurde in dieser Höhe auch von der P-GmbH in Anspruch genommen. In Höhe von 300 000 EUR ist der Kredit durch eine Globalzession gesichert. Nun findet ein Insolvenzplanverfahren statt. Welche Stimmrechte hat S in der Abstimmung über den Plan?

16. Abschlussfall

Die Hellberger GmbH & Co. KG (H) hat der Pellet GmbH einen Gabelstapler vermietet. Der Insolvenzverwalter der P-GmbH wählt Nichterfüllung des Mietvertrags und die H verlangt Rückgabe des Gabelstaplers. Der Insolvenzverwalter verweist sie darauf, dass ein Insolvenzplan in Vorbereitung sei und sie dort schon „entsprechend bedacht" sei, beziehungsweise „sich fügen müsse". Hat die Aussage des Verwalters Substanz?

17. Abschlussfall

Herr Dr. Glas verspricht dem Geschäftsführer der Aluminiumwerke-AG (G) die volle Befriedigung ihrer Forderungen, wenn G im Abstimmungstermin dem Insolvenzplan zustimmt. Was ist davon zu halten?

18. Abschlussfall

Um was handelt es sich bei dem sogenannten Obstruktionsverbot?

19. Abschlussfall

Welche Handlungen kann der Schuldner auch bei einem Verfahren in Eigenverwaltung nicht vornehmen?

20. Abschlussfall

Welche Anspruchsgrundlagen gibt es, wenn ein Gläubiger durch Insolvenzverschleppung einen Schaden erleidet?

21. Abschlussfall

Die Südberg AG hat eine Forderung von 18 000 EUR zur Tabelle angemeldet. Welche Folgen hat ein Bestreiten

a) des Insolvenzverwalters oder eines Gläubigers

b) des Schuldners

auf die Feststellung zur Tabelle und auf die Geltendmachung der Forderung nach Aufhebung des Insolvenzverfahrens.

22. Abschlussfall

Die Pellet GmbH hatte lange vor Verfahrenseröffnung einen Prozess gegen einen säumigen Kunden auf Zahlung einer Rechnung über 20 000 EUR angestrengt. Wie wirkt sich das Insolvenzverfahren auf den Prozess aus? Unter welchen Umständen kann der Prozess fortgeführt werden?

23. Abschlussfall

Wie würde es sich im vorgenannten Fall verhalten, wenn die Pellet GmbH Beklagte des Prozesses gewesen wäre? Wiederum geht es um eine Kaufpreisforderung, die diesmal von der Pellet GmbH nicht erfüllt worden ist.

24. Abschlussfall

Angenommen die Stadt München ist im Jahr 2021 zahlungsunfähig. Wie würde das Insolvenzgericht München über einen Insolvenzantrag durch den Bürgermeister entscheiden?

Lösungen

1. Abschlussfall

Sie sind Insolvenzrichter am AG München und beurteilen die Zulässigkeit des Insolvenzantrags der P-GmbH. Was prüfen Sie?

Lösung

Das Gericht prüft insbesondere das Vorliegen der allgemeinen Prozessvoraussetzungen, die Zuständigkeit des Gerichts, § 2 InsO, und die Insolvenzfähigkeit des Schuldners, §§ 11, 12 InsO. Bei einem Gläubigerantrag prüft es zusätzlich die Glaubhaftmachung von Forderung und Eröffnungsgrund, § 14 I 1 InsO, § 294 ZPO, sowie das rechtliche Interesse des Gläubigers an der Verfahrenseröffnung. An diesem rechtlichen Interesse fehlt es, wenn der Gläubiger zu 100 % gesichert ist.[1]

Während für die Prüfung des Insolvenzantrags der Richter funktionell zuständig ist (§ 18 I RPflG), nimmt im Übrigen im Insolvenzverfahren der Rechtspfleger zahlreiche Aufgaben des Gerichts wahr (§ 3 Nr. 2 lit. e) RPflG).

2. Abschlussfall

Wie verhält es sich mit der Begründetheit des Insolvenzantrags?

Lösung

Hier ist zu prüfen, ob ein Eröffnungsgrund nach den §§ 16 ff. InsO vorliegt.

Weiter ist zu prüfen, ob die Masse voraussichtlich ausreichen wird, um die Kosten des Verfahrens zu decken. Ist dies das Fall, beschließt das Insolvenzgericht die Eröffnung des Verfahrens (§ 27 InsO). Ist dies nicht der Fall, weist das Gericht den Antrag auf Insolvenzeröffnung ab, § 26 I InsO.

Bei einer juristischen Person hat die Abweisung mangels Masse, ebenso wie die Eröffnung des Insolvenzverfahrens, die Auflösung der Gesellschaft zur Folge.[2] Die GmbH wird bei einer Abweisung der Verfahrenseröffnung mangels Masse durch den Geschäftsführer liquidiert, § 66 I GmbHG, und am Ende der Liquidation im Handelsregister gelöscht, § 74 I 2 GmbHG. Wird das Insolvenzverfahren eröffnet, ersetzt es das Liquidationsverfahren im gesellschaftsrechtlichen Sinne.

Rechtsmittel bei der Ablehnung der Eröffnung des Insolvenzverfahrens ist die sofortige Beschwerde nach den §§ 34, 6 InsO, §§ 567 ff. ZPO.

---

1 Vgl. *Zimmermann*, Grundriss des Insolvenzrechts, 11. Aufl. 2018, Rn. 73 ff.
2 Vgl. für die GmbH § 60 I Nr. 4 u. 5 GmbHG.

3. Abschlussfall

Was geschieht, wenn sich nach Eröffnung des Verfahrens herausstellt, dass die Insolvenzmasse nicht ausreicht:

a) Um die Kosten des Verfahrens zu decken?

b) Um die sonstigen Masseverbindlichkeiten zu decken?

Lösung

a) Wenn sich erst nach Eröffnung des Verfahrens herausstellt, dass die Masse nicht ausreicht um die Kosten des Verfahrens zu decken, stellt das Gericht das Verfahren ein (§ 207 InsO).

b) Wenn zwar die Kosten des Verfahrens gedeckt sind, jedoch die sonstigen Masseverbindlichkeiten nicht erfüllt werden können, hat der Insolvenzverwalter diese Masseunzulänglichkeit dem Gericht anzuzeigen (§ 208 InsO). Die Masseverbindlichkeiten werden dann in der Reihenfolge des § 209 InsO befriedigt und anschließend das Verfahren eingestellt (§ 211 I InsO).

4. Abschlussfall

Ein Gläubiger stellt trotz dürftiger Aktenlage mit Bezug auf seine Forderung Antrag auf Eröffnung eines Insolvenzverfahrens über das Vermögen der P-GmbH, „gesetzt den Fall, es wird kein Gutachten zu den Eröffnungsgründen verlangt". Der Gläubiger möchte sich so die Kosten für das Gutachten sparen, die er zu tragen hätte, wenn der Antrag als unzulässig abgewiesen wird, § 4 InsO, § 269 III ZPO i.V.m. § 11 IV InsVV, § 9 II JVEG. Ist der Antrag zulässig?

Lösung

Nein, als Prozesshandlung darf der Antrag weder befristet noch bedingt sein, weil die mit einer außerprozessualen Bedingung verbundene Unsicherheit nicht gewollt ist.

5. Abschlussfall

Erläutern Sie den Begriff „Massegläubiger".

Lösung

Die Massegläubiger werden in § 53 InsO definiert. Es geht dabei um die Gläubiger der Kosten des Insolvenzverfahrens und der sonstigen Masseverbindlichkeiten. In den §§ 54 f. InsO werden diese beiden Kostenpunkte näher aufgeschlüsselt.

Die Kosten des Verfahrens sind die Gerichtskosten und die Vergütungen und Auslagen des (vorläufigen) Insolvenzverwalters, und der Mitglieder des Gläubigerausschusses (§ 54 InsO). Die Gerichtskosten ergeben sich aus KV 2310 ff. (Anlage 1 GKG). Die Gebühr bezieht sich auf den Wert der Insolvenzmasse zur Zeit der Beendigung des Verfahrens (§ 58 I GKG). Die Vergütung und Auslagen des (vorläufigen Insolvenzverwalters ergeben sich aus der Insolvenzrechtlichen Vergütungsverordnung (InsVV). Gleiches gilt für die Mitglieder des Gläubigerausschusses (§§ 17 f. InsVV).

Bei den sonstigen Masseverbindlichkeiten handelt es sich zum Beispiel um Verbindlichkeiten, die erst nach Eröffnung des Verfahrens begründet worden sind (§ 55 I Nr. 1 InsO). Damit wird Gläubigern ein Anreiz gegeben, weiter mit dem Schuldner zu kontrahieren (Strom, Wasser, Lieferungen, etc.). Die Massegläubiger sind vor den Insolvenzgläubigern zu befriedigen. Sie unterliegen nicht den Beschränkungen der §§ 87 und 89 InsO, das heißt sie können nach Maßgabe des § 90 InsO gegen den Verwalter klagen und in die Masse vollstrecken.

6. Abschlussfall

Können bereits im Eröffnungsverfahren Masseverbindlichkeiten geschaffen werden?

Lösung

Ja, durch einen „starken" vorläufigen Verwalter (§§ 21 II Nr. 2 Var. 1, 55 II 1 InsO).

Ein „schwacher" vorläufiger Verwalter, das heißt ein vorläufiger Verwalter mit Zustimmungsvorbehalt, kann Masseverbindlichkeiten nur dann begründen (§§ 21 II Nr. 2 Var. 2, 22 II, 23, 24 I InsO), sofern er im Einzelfall durch das Gericht dazu ermächtigt worden ist.[3] Dieser „schwache" Verwalter ist der Regelfall, um zu vermeiden, dass zu viele Masseverbindlichkeiten im Eröffnungsverfahren anfallen.

Exkurs: Bekanntmachungen im Insolvenzverfahren. Die Einsetzung eines „schwachen" oder „starken" vorläufigen Verwalters ist öffentlich bekanntzumachen, § 23 InsO. Das ist häufig die erste öffentliche Bekanntmachung in einem Insolvenzverfahren, denn ein Insolvenzantrag per se ist keine Tatsache, die öffentlich bekanntgemacht wird.

Ebenfalls bekanntgemacht wird der Eröffnungsbeschluss, § 30 I InsO, der auch die Terminbestimmungen für den Berichtstermin und Prüfungstermin nach § 29 InsO und die Aufforderungen nach § 28 InsO beinhaltet.

Ein weiteres Beispiel für eine öffentliche Bekanntmachung ist die Festsetzung der Vergütung des Insolvenzverwalters, § 64 II 1 InsO.

Die öffentliche Bekanntmachung erfolgt nach § 9 InsO, d.h. über die Seite www.insolvenzbekanntmachungen.de (auch abrufbar über www.unternehmensregister.de).

3 BGH, NJW 2002, 3326.

7. Abschlussfall

Die P-GmbH hat ihrer Hausbank zwei Dienst-PKW sicherungsübereignet. Welche Rechte kann die Hausbank im Insolvenzverfahren der P-GmbH geltend machen?

Lösung

Die Hausbank kann im Insolvenzverfahren lediglich ein Absonderungsrecht geltend machen, § 51 Nr. 1 Var. 1 InsO.

8. Abschlussfall

Wer darf die beiden PKW verwerten?

Lösung

Dies richtet sich nach den §§ 165 ff. InsO. Gemäß § 166 I InsO verwertet der Verwalter bewegliche Sachen, die sich in seinem Besitz befinden und kehrt den Erlös an den gesicherten Gläubiger aus, § 170 I 2 InsO. Da es sich bei den PKW um bewegliche Sachen im Besitz des Verwalters handelt, werden sie vom Insolvenzverwalter verwertet. Selber verwerten darf der Gläubiger nur, wenn der Verwalter die Sache zur Verwertung freigibt, vgl. § 170 II InsO, oder wenn es sich um eine bewegliche Sache handelt, die nicht seinem Besitz steht. Das ist zum Beispiel bei Pfandrechten der Fall, da hier zwangsläufig der Besitz auf den Sicherungsnehmer übergeht.

9. Abschlussfall

Um was handelt es sich bei der Ersatzaussonderung?

Lösung

§ 48 InsO begründet das Recht, bei unberechtigter Veräußerung eines Aussonderungsgegenstands auf den Erlös zurückzugreifen. In Satz 1 regelt er den Fall, dass die Gegenleistung noch aussteht. Es kann dann die Abtretung des Kaufpreisanspruchs verlangt werden. In Satz 2 wird die Situation bedacht, dass die Gegenleistung bereits erbracht worden und noch unterscheidbar in der Masse vorzufinden ist.[4]

10. Abschlussfall

Wie verhält es sich mit dem gutgläubigen Erwerb im eröffneten Insolvenzverfahren?

4 Zur Unterscheidbarkeit vergleiche den Übungsfall 2.

Lösung

Nur an Grundstücken ist ein gutgläubiger Erwerb möglich, §§ 81 I 2, 91 II InsO.[5]

11. Abschlussfall

Warum werden die Vormerkung und der Eigentumsvorbehalt des Käufers aus dem Erfüllungswahlrecht der §§ 103 ff. InsO ausgenommen (Vgl. § 106, 107 I InsO)?

Lösung

Der Erwerber hat hier jeweils ein Anwartschaftsrecht erlangt. Diese Rechtsposition soll in der Insolvenz nicht mehr zerstört werden.

12. Abschlussfall

Wie unterscheidet sich die insolvenzrechtliche Anfechtung nach den §§ 129 ff. InsO von der zivilrechtlichen Anfechtung nach §§ 119 ff. BGB?

Lösung

Anfechtbarkeit nach den §§ 129 ff. InsO: Das Erlangte muss an die Masse zurückgewährt werden, § 143 InsO. Der Anfechtung ging eine Schmälerung der Masse voraus, die nun zum Schutz der Gläubiger rückgängig gemacht wird (Schutz vor Vermögensverschiebungen zum Schaden der Gläubiger).

Anfechtbarkeit nach den §§ 119 ff. BGB: Das Rechtsgeschäft ist von Anfang an (*ex tunc*) nichtig, § 142 BGB. Der Anfechtung ging eine fehlerhafte Willenserklärung voraus, sodass hier der Wille des Erklärenden geschützt wird (Schutz der Privatautonomie).

13. Abschlussfall

Erstellen Sie ein Schema für die Tatbestandsprüfung einer Insolvenzanfechtung.

Lösung

(1) Rechtshandlung (§ 129 InsO)

(2) Vor Eröffnung des Verfahrens (§§ 129, 140, 147 InsO)

(3) Gläubigerbenachteiligung, (§§ 129, 142 I InsO)

(4) Anfechtungsgrund (inklusive Frist / subjektiven Voraussetzungen, §§ 130 bis 136 InsO)

(5) Rechtsfolg (§§ 143, 144 InsO).

5 Zu den Details vergleiche den Übungsfall 1.

14. Abschlussfall

Wonach richtet sich die Zuständigkeit für das Insolvenzverfahren bei einem Verfahren mit Auslandsbezug im Anwendungsbereich der EuInsVO? Welches Insolvenzrecht ist auf das Insolvenzverfahren anwendbar?

Lösung

Die Zuständigkeit richtet sich nach Art. 3 I EuInsVO:[6]

Der „Mittelpunkt seiner hauptsächlichen Interessen" wird nach seiner englischen Formulierung „center of main interest" auch COMI genannt.

Das anwendbare Recht richtet sich nach Art. 7 I EuInsVO nach dem „Insolvenzrecht des Mitgliedstaats, in dem das Verfahren eröffnet wird".

Als Ziel von *Forum Shopping* ist insbesondere England von Interesse. Früher aufgrund des sogenannten *Company Voluntary Arrangement*, heute aufgrund des *Scheme of Arrangement.*

15. Abschlussfall

Die Stadtsparkasse München (S) hat der P-GmbH einen Kontokorrentkredit über EUR 500 000 eingeräumt. Er wurde in dieser Höhe auch von der P-GmbH in Anspruch genommen. In Höhe von EUR 300 000 ist der Kredit durch eine Globalzession gesichert. Nun findet ein Insolvenzplanverfahren statt. Welche Stimmrechte hat S in der Abstimmung über den Plan?

Lösung

Mit 300 000 EUR ist sie in der Gruppe der absonderungsberechtigten Gläubiger stimmberechtigt, § 238 InsO. Mit 200 000 EUR ist sie als Insolvenzgläubigerin stimmberechtigt, § 237 I 2 InsO. Die Gruppenbildung richtet sich nach § 222 InsO.

16. Abschlussfall

Die Hellberger GmbH & Co. KG (H) hat der Pellet GmbH einen Gabelstapler vermietet. Der Insolvenzverwalter der P-GmbH wählt Nichterfüllung des Mietvertrags und die H verlangt Rückgabe des Gabelstaplers. Der Insolvenzverwalter verweist sie darauf, dass ein Insolvenzplan in Vorbereitung sei und sie dort schon „entsprechend bedacht" sei, beziehungsweise „sich fügen müsse". Hat die Aussage des Verwalters Substanz?

6 Für Details siehe Übungsfall 10.

Lösung

Die Aussage des Verwalters hätte keine Substanz, wenn es sich bei der Hellberger GmbH & Co. KG um eine aussonderungsberechtigte Gläubigerin handeln würde. Die Rechte von Aussonderungsberechtigten können in einem Plan nicht behandelt werden. Das geht aus § 217 InsO hervor, der die aussonderungsberechtigten Gläubiger in seiner enumerativen Aufzählung nicht nennt.

Die Hellberger GmbH & Co. KG hätte ein Aussonderungsrecht, wenn die Voraussetzungen des § 47 InsO vorlägen. Sie müsste auf Grund eines dinglichen oder persönlichen Rechts geltend machen können, dass der Gabelstapler nicht zur Insolvenzmasse gehört.

Ein dingliches Recht gibt insbesondere § 985 BGB. Die Hellberger GmbH & Co. KG müsste Eigentümerin, der Insolvenzverwalter Besitzer ohne Recht zum Besitz sein. Die Hellberger GmbH & Co. KG ist Eigentümerin, der Insolvenzverwalter Besitzer. Da der Insolvenzverwalter Nichterfüllung des Mietvertrags gewählt hat, § 103 I InsO, ist das Recht zum Besitz erloschen. Eine Ausnahme zum Erfüllungswahlrecht nach den §§ 104 ff. InsO liegt nicht vor. So ist § 108 I 2 InsO ist nicht einschlägig, da es sich bei dem Gabelstapler nicht um einen „unbeweglichen Gegenstand“ handelt.[7] Die Hellberger GmbH & Co. KG kann die Rückgabe des Gabelstaplers nach § 985 BGB verlangen.

Sie könnte die Rückgabe auch nach einem persönlichen Recht verlangen. Ein solches Recht geben schuldrechtliche Herausgabeansprüche. Vorliegend kann die Hellberger GmbH & Co. KG nach § 547 BGB die Herausgabe des Gabelstaplers verlangen und ist daher auch in dieser Hinsicht aussonderungsberechtigt.

17. Abschlussfall

Herr Dr. Glas verspricht dem Geschäftsführer der Aluminiumwerke-AG (G) die volle Befriedigung ihrer Forderungen, wenn G im Abstimmungstermin dem Insolvenzplan zustimmt. Was ist davon zu halten?

Lösung

Ausweislich des § 226 III InsO ist die Absprache nichtig. Eine ähnliche Regelung findet sich für den Stabilisierung- und Restrukturierungsrahmen in § 10 III StaRUG.

18. Abschlussfall

Um was handelt es sich bei dem sogenannten Obstruktionsverbot?

7 Zu § 108 I InsO, vgl. *Zimmermann*, Grundriss des Insolvenzrechts, 11. Aufl. 2018, Rn. 354 ff.; *Gleußner*, Insolvenzrecht, 2015, S. 118.

Lösung

Das Obstruktionsverbot findet sich in § 245 InsO geregelt. In der Abstimmung über einen Insolvenzplan kann die Zustimmung dissentierender Gläubigergruppen ersetzt werden, sofern sie voraussichtlich keinen Nachteil im Vergleich zum Regelinsolvenzverfahren zu erwarten haben.

Eine vergleichbare Regelung findet sich in § 26 StaRUG.

19. Abschlussfall

Welche Handlungen kann der Schuldner auch bei einem Verfahren in Eigenverwaltung nicht vornehmen?

Lösung

Nach § 280 InsO kann im Verfahren in Eigenverwaltung nur der Sachwalter Haftungsansprüche geltend machen und Rechtshandlungen nach §§ 129 ff. InsO anfechten. Hintergrund der Regelung ist der Interessenskonflikt, der beim Schuldner vorliegen würde, müsste er sich selber in Haftung nehmen oder von ihm veranlasste Vermögensverschiebungen rückgängig machen.

Der Schuldner kann im Verfahren in Eigenverwaltung aber die Rechte der §§ 103 ff. InsO (Erfüllungswahl und -ablehnung) wahrnehmen (vgl. § 279 InsO) und die mit Absonderungsrechten belasteten Gegenstände verwerten (vgl. § 282 InsO).

20. Abschlussfall

Welche Anspruchsgrundlagen gibt es, wenn ein Gläubiger durch Insolvenzverschleppung einen Schaden erleidet?

Lösung

Zu überlegen ist ein Anspruch aus c.i.c. (§§ 280 I, 241 II i.V.m. 311 II BGB). Der Anspruch richtet sich gegen die Gesellschaft. Nach § 311 III BGB kann unter Umständen auch die Geschäftsführung in Anspruch genommen werden, die Norm sollte aber restriktiv gehandhabt werden.

Mehr Erfolg verspricht ein Anspruch nach § 823 II BGB i.V.m. § 15a I InsO. Bei der haftungsausfüllenden Kausalität muss darauf geachtet werden, dass Altgläubigern nur der sogenannte Quotenschaden, das heißt die durch die Insolvenzverschleppung eingetretene Verschlechterung ihrer Quote, Neugläubigern hingegen der gesamte Schaden ersetzt wird (Argumente: Nach der Differenzhypothese ist auf die hypothetische Lage der Gläubiger ohne das schädigende Ereignis, also das Unterlassen des Insolvenzantrags, abzustellen. In diesem Fall hätten sie nicht mit dem Schuldner kontrahiert. Auch der Normzweck des § 15a InsO, der Schutz des Rechtsverkehrs vor insolventen Gesellschaften, spricht dafür, Neugläubigern den gesamten Schaden zu ersetzen.

Daneben kann man weitere Schutzgesetze i.V.m. § 823 II BGB als Anspruchsgrundlage in Betracht ziehen, wie zum Beispiel § 15a IV, V InsO, § 263 I StGB.

21. Abschlussfall

Die Südberg AG hat als Insolvenzgläubigerin eine Forderung von EUR 18 000 zur Tabelle angemeldet. Welche Folgen hat ein Bestreiten

a) des Insolvenzverwalters oder eines Gläubigers

b) des Schuldners

auf die Feststellung zur Tabelle und auf die Geltendmachung der Forderung nach Aufhebung des Insolvenzverfahrens?

Lösung

Jeder Insolvenzgläubiger und der Insolvenzverwalter können eine Forderung bestreiten. In der Tabelle wird das Bestreiten vermerkt. Um bei der Verteilung im Insolvenzverfahren berücksichtigt zu werden, muss der Gläubiger auf Feststellung gegen die Bestreitenden klagen (§ 179 I InsO, § 256 ZPO).[8] Damit die Beendigung des Insolvenzverfahrens nicht bis zur Entscheidung des Gerichts über die Klage verzögert wird, wird für den klagenden Gläubiger ein Betrag hinterlegt, § 198 InsO.[9] Anders verhält es sich, wenn der Gläubiger bereits eine titulierte Forderung hat. In diesem Fall muss der Bestreitende die Forderung angreifen (§ 179 II InsO).

Bestreitet dagegen nur der Schuldner, wird die Forderung dennoch zur Tabelle festgestellt. Der Gläubiger erhält die Insolvenzquote. Im Unterschied zu einer Situation, in der niemand bestreitet, hat der Gläubiger dann jedoch keinen Titel, mit dem er nach Aufhebung des Verfahrens die Zwangsvollstreckung gegen den Schuldner betreiben kann (§ 201 II InsO). Stattdessen muss der Gläubiger einen Titel erstreiten, zum Beispiel indem er den Schuldner auf Zahlung verklagt (§ 184 I InsO).

Bestreitet niemand die Forderung, kann der Insolvenzgläubiger nach Aufhebung des Verfahrens aufgrund des Tabellenauszugs gegen den Schuldner vollstrecken (§ 201 II InsO).

22. Abschlussfall

Die Pellet GmbH hatte lange vor Verfahrenseröffnung einen Prozess gegen einen säumigen Kunden auf Zahlung einer Rechnung über EUR 20 000 angestrengt. Wie wirkt sich das Insolvenzverfahren auf den Prozess aus? Unter welchen Umständen kann der Prozess fortgeführt werden?

8 Der Streitwert richtet sich nach der voraussichtlichen Quote, § 182 InsO. Zur Anmeldung siehe *Gleußner*, Insolvenzrecht, 2015, S. 144 ff.

9 Vgl. *Zimmermann*, Grundriss des Insolvenzrechts, 11. Aufl. 2018, Rn. 483 ff.

Lösung
Nach § 240 ZPO werden Prozesse unterbrochen, wenn über das Vermögen einer Partei, sei es der Kläger oder Beklagte, das Insolvenzverfahren eröffnet wird.

Ein Prozess, bei dem der Schuldner Kläger war (sogenannter Aktivprozess), kann durch den Insolvenzverwalter aufgenommen werden (§ 85 I InsO, § 250 ZPO).

Lehnt der Verwalter die Aufnahme des Prozesses ab, können der Schuldner oder der Gegner den Rechtsstreit aufnehmen (§ 85 II InsO). Der Prozess tangiert die Insolvenzmasse dann nicht mehr. Der streitige Anspruch zählt zum insolvenzfreien Vermögen des Schuldners.[10]

23. Abschlussfall

Wie würde es sich im vorgenannten Fall verhalten, wenn die Pellet GmbH Beklagte des Prozesses gewesen wäre? Wiederum geht es um eine Kaufpreisforderung, die diesmal von der Pellet GmbH nicht erfüllt worden ist.

Lösung
Prozesse, in denen der Schuldner Beklagter ist (Passivprozesse), können in bestimmten Fällen (§ 86 I InsO), nämlich soweit sie die Aussonderung, die abgesonderte Befriedigung oder eine Masseverbindlichkeiten betreffen, sowohl vom Insolvenzverwalter wie auch vom Kläger aufgenommen werden.[11]

Insolvenzgläubiger hingegen können ihre Forderung nur im Insolvenzverfahren geltend machen (§ 87 InsO). Da es sich bei der Kaufpreisforderung um eine Insolvenzforderung handelt, kann der Kläger den Prozess nicht aufnehmen, sondern muss seine Forderung zur Tabelle anmelden.

24. Abschlussfall

Angenommen die Stadt München ist im Jahr 2021 zahlungsunfähig. Wie würde das Insolvenzgericht München über einen Insolvenzantrag durch den Bürgermeister entscheiden?

Lösung
Das Insolvenzgericht würde den Insolvenzantrag als unzulässig abweisen, wenn die Stadt München nicht insolvenzfähig wäre.[12]

10 Vgl. *Zimmermann*, Grundriss des Insolvenzrechts, 11. Aufl. 2018, Rn. 317 ff.; *Gleußner*, Insolvenzrecht, 2015, S. 98.
11 Vgl. *Zimmermann*, Grundriss des Insolvenzrechts, 11. Aufl. 2018, Rn. 321 ff.; *Gleußner*, Insolvenzrecht, 2015, S. 99 f.
12 Vgl. *Zimmermann*, Grundriss des Insolvenzrechts, 11. Aufl. 2018, Rn. 41.

Exkurs: Insolvenzfähigkeit von Kommunen. Nach § 12 I Nr. 2 InsO ist das Insolvenzverfahren über das Vermögen einer juristischen Person des öffentlichen Rechts, die der Aufsicht eines Landes untersteht, unzulässig, wenn das Landesrecht dies bestimmt. Art. 77 BayGO bestimmt, dass über das Vermögen der Gemeinde ein Insolvenzverfahren nicht stattfindet. Stattdessen muss die Aufsicht des Landes die Situation lösen.